水利部国库集中支付管理

工作手册

水利部预算执行中心　赫崇成　等　编著

中国水利水电出版社
www.waterpub.com.cn

·北京·

内 容 提 要

本书主要涉及水利部国库集中支付管理、预算执行进度统计管理、预算执行动态监控管理等实务内容。书中不仅详细列明水利部国库集中支付、预算执行进度统计、预算执行动态监控等的工作内容、工作流程、注意事项，还运用大量图表和部分实例进行描述，并汇编了近年来财政部和水利部的相关制度文件。

本书将操作实务与制度文件相结合，有利于指导水利部各级预算单位相关工作人员全面了解国库集中支付管理的政策规定，掌握相应的系统操作，对加强财政资金监管、提高财政资金使用效益、提升单位财务管理水平具有重要意义。

图书在版编目（CIP）数据

水利部国库集中支付管理工作手册 / 赫崇成等编著. -- 北京：中国水利水电出版社，2018.12
ISBN 978-7-5170-7319-2

Ⅰ. ①水… Ⅱ. ①赫… Ⅲ. ①水利系统－国库－财政收支－管理－中国－手册 Ⅳ. ①F812.2-62

中国版本图书馆CIP数据核字(2018)第302394号

书　　名	**水利部国库集中支付管理工作手册** SHUILIBU GUOKU JIZHONG ZHIFU GUANLI GONGZUO SHOUCE
作　　者	水利部预算执行中心　赫崇成　等　编著
出版发行	中国水利水电出版社 （北京市海淀区玉渊潭南路1号D座　100038） 网址：www.waterpub.com.cn E-mail: sales@waterpub.com.cn 电话：(010) 68367658（营销中心）
经　　售	北京科水图书销售中心（零售） 电话：(010) 88383994、63202643、68545874 全国各地新华书店和相关出版物销售网点
排　　版	北京时代澄宇科技有限公司
印　　刷	北京瑞斯通印务发展有限公司
规　　格	184mm×260mm　16开本　20.25印张　397千字
版　　次	2018年12月第1版　2018年12月第1次印刷
印　　数	0001—1200册
定　　价	85.00元

凡购买我社图书，如有缺页、倒页、脱页的，本社营销中心负责调换

版权所有·侵权必究

《水利部国库集中支付管理工作手册》
编写委员会

主　　编：赫崇成
副 主 编：刘鹏鸿　张振洋
编写人员：向梁欢　姚绍兰　王利刚　张　品
　　　　　徐立元　周　玄　高　西　葛　宁
　　　　　焦秀丽　王永刚　姜福森　王立卿

前　言

党的十八大以来，中央对水利改革发展做出一系列重大决策部署。习近平总书记明确提出"节水优先、空间均衡、系统治理、两手发力"的新时期治水方针，为我们做好水利工作提供了科学的思想武器和重要的行动指南。这使得水利财务工作面更宽、量更大、任务更重，对水利财务人员的业务能力提出了更高的要求。水利财务人员必须要在抓好资金保障上下功夫，在提高资金使用绩效上出新招，在加强资金监管上见实效。深化水利部国库集中支付管理制度改革，完善国库集中支付运行机制，加强国库集中支付资金的监督管理，提高资金使用效益，是深入贯彻习近平总书记重要指示精神的重要举措，是为推进水利改革发展提供坚实支撑和保障的重要环节。

为便于水利部各级预算单位相关工作人员全面掌握水利部国库集中支付的操作规程，系统了解水利部国库集中支付管理的相关制度，本书对水利财务管理信息系统中有关国库集中支付、预算执行进度统计（旬报管理）、预算执行动态监控等相关操作流程进行了认真梳理，并将近年来财政国库管理改革的相关制度、规定及办法等文件资料进行了汇编，以便于水利财务人员在国库集中支付管理工作中学习使用。

《水利部国库集中支付管理工作手册》共分为两大部分。第一部分为国库集中支付管理实务，主要依据现行的国库集中支付管理制度，全面梳理了国库集中支付、预算执行进度统计（旬报管理）、预算执行动态监控等业务环节的基本概念、要求和注意事项，并按照相应的业务流程，对实际业务操作步骤进行了描述；第二部分为制度文件汇编，主要汇编了近年来财政部和水利部印发的办法及相关文件。

由于时间紧促，编者水平有限，本书难免有疏漏和不足之处，敬请广大读者批评指正。

本书编写委员会
2018 年 11 月

目 录

前　言

第一部分　国库集中支付管理实务

第一章　概述 ……………………………………………………………… 3
第二章　国库集中支付管理实务 ………………………………………… 10
　第一节　国库单一账户管理 …………………………………………… 10
　第二节　用款计划管理 ………………………………………………… 17
　第三节　财政直接支付管理 …………………………………………… 34
　第四节　科目对账管理 ………………………………………………… 50
　第五节　结转结余资金管理 …………………………………………… 61
第三章　预算执行进度统计管理实务 …………………………………… 72
　第一节　预算执行进度统计管理概述 ………………………………… 72
　第二节　旬报填报软件操作实务 ……………………………………… 74
第四章　预算执行动态监控管理实务 …………………………………… 86
　第一节　预算执行动态监控管理概述 ………………………………… 86
　第二节　预算执行动态监控软件操作实务 …………………………… 87

第二部分　制度文件汇编

第五章　财政部国库集中支付管理相关文件 …………………………… 103
　国务院办公厅关于财政国库管理制度改革方案有关问题的通知 …… 103
　财政部　中国人民银行关于印发《财政国库管理制度改革试点方案》的
　　通知 …………………………………………………………………… 104
　财政部　中国人民银行关于印发《中央单位财政国库管理制度改革试点
　　资金支付管理办法》的通知 ………………………………………… 111
　财政部关于中央单位 2008 年深化国库集中支付改革若干问题的通知 … 128
　财政部关于进一步加强预算执行管理的通知 ………………………… 136
　关于零余额账户管理有关事项的通知 ………………………………… 141
　财政部关于进一步做好预算执行工作的指导意见 …………………… 143

财政部关于印发《2013年全年用款计划编报有关规定》的通知 …………… 146
财政部关于中央预算单位2013年预算执行管理有关问题的通知 ………… 150
财政部关于中央预算单位2014年预算执行管理有关问题的通知 ………… 154
财政部关于进一步加强财政支出预算执行管理的通知 …………………… 158
财政部关于中央预算单位2015年预算执行管理有关问题的通知 ………… 161
财政部关于中央预算单位2016年预算执行管理有关问题的通知 ………… 165
关于调整完善国库集中支付有关凭证和报表格式的通知 ………………… 169
财政部关于印发《中央部门结转和结余资金管理办法》的通知 ………… 213
财政部关于中央预算单位2017年预算执行管理有关问题的通知 ………… 218
关于调整中央预算单位银行账户管理有关事项的通知 …………………… 223
财政部关于进一步加强财政部门和预算单位资金存放管理的指导意见 … 226
关于加强和规范中央预算单位未纳入财政统发范围的工资支付管理
　有关事项的通知 …………………………………………………………… 231
财政部关于中央预算单位2018年预算执行管理有关问题的通知 ………… 233
关于印发《机构改革涉及部门办理资金支付和采购业务服务指南》
　的通知 ……………………………………………………………………… 239
关于机构改革涉及部门预算划转后预算执行调整有关事项的通知 ……… 244

第六章　水利部国库集中支付管理相关文件 ………………………… 247

水利部财务司转发财政部关于中央单位2008年深化国库集中支付改革
　若干问题的通知 …………………………………………………………… 247
关于预算执行进度实行旬报的通知 ………………………………………… 250
水利部转发财政部关于2013年全年用款计划编报有关规定的通知 ……… 252
水利部办公厅关于转发财政部关于中央预算单位2013年预算执行管理
　有关问题的通知 …………………………………………………………… 254
水利部办公厅关于进一步加强财政支出预算执行管理的通知 …………… 258
水利部关于做好2015年预算执行管理有关工作的通知 …………………… 261
水利部关于做好2016年预算执行管理有关问题的通知 …………………… 265
水利部办公厅关于清理水利财政存量资金　加快水利资金支付进度的
　通知 ………………………………………………………………………… 270
水利部关于做好2017年预算执行管理有关工作的通知 …………………… 272
水利部办公厅关于进一步加强预算单位资金存放管理的通知 …………… 276
水利部关于做好2018年预算执行管理有关工作的通知 …………………… 278

第七章　水利部2017年修订的"三项机制"办法 …………………… 281

水利部关于印发《水利部预算项目储备管理办法》的通知 ……………… 281
水利部关于印发《水利部预算执行动态监控办法》的通知 ……………… 299
水利部关于印发《水利部预算执行考核办法》的通知 …………………… 306

第一部分

国库集中支付管理实务

第一章　概　　述

国家金库简称"国库",是国家财政收支的保管出纳机构,国库管理制度与国家财政制度、税收制度、金融制度等高度相关,国库管理制度改革在国家财政、税收、金融体制改革中具有十分重要的意义。

一、国库的产生

国库,是伴随着国家的概念逐步发展起来的,是社会生产力发展到一定阶段的产物。在原始社会时期,社会生产力水平低,生产资料归氏族公社所有,生产物只能维持人们最低的生活需要,没有剩余产品,没有阶级,也没有国家,没有税赋,也没有财政的痕迹,因此也完全没有国库的概念。随着社会生产力的提高,剩余产品开始出现,社会分工逐步明显,物物交换逐步形成,私有制慢慢产生,社会逐渐分裂成奴隶主阶级和奴隶阶级。奴隶主阶级为了维护这一特有的剥削制度,逐步产生了一些税赋的现象,随着社会的不断发展,部落社会发展成奴隶制国家,出现了国家财政现象。为了执行国家职能,维持国家政权机关的存在,就要有一个机构来管理国家征收的各种收入和支出,以及支出后剩余的金、银等贵重物品和其他物资,从事这项工作的机构就是国库的雏形。

二、国库与国库管理体制

从国库的产生不难看出,国库的本意是随着生产力的发展,剩余产品的不断增多,伴随着阶级和国家的出现,用来存储和保管金、银等贵重金属和其他物资的场所。但是随着社会的不断发展,尤其是政府职能与公共财政规模的不断扩大,国库的职能不断延伸至财政管理的各个方面。虽然现代的国库依然履行着保管的职能,但其更为核心的是财政管理的职能,这一职能通常以国库为中心,由包括中央银行在内的相关职能部门共同完成。从国库管理的角度看,国库依其发展历史,管理体制经过以下阶段:

(1) 独立国库制。在这一体制下,政府设立专门的机构直接办理现金出纳及管理实务。采用这一体制的国家现已不多见。

(2) 委托国库制。在这一体制下,政府委托银行办理国家财政预算资金收支的保管出纳工作,对银行提供的金融服务支付费用。银行只负责保管,不得运用库款。多数国家采用这一体制。

(3) 银行存款制。在这一体制下,国库现金出纳与保管统一由银行经理,银行所收到的现金作为存款处理，与收到的其他存款并无二致，同样可作为营运资金之用。日本从1922年至今，采用的就是这种体制。

需要明确的是，即便采用同一种管理体制的国家，也有可能存在较大的差异。如同样采取委托国库制的国家，有的国家重心在政府，由政府核心部门而不是代理银行，负责监控政府财政交易以及现金流动、余额等情况，从而掌握财政监督和会计控制的主导权；而有的国家是以银行为重心，充分利用银行的网点优势来完成财政资金的收缴和拨付，国库系统的功能相对单一，主要为政府提供银行业务。各个国家根据本国的实际情况和核心管理需求，选择适合自己国家发展的国库制度。我国从1950年由原政务院颁布《中央金库条例》，明确由中国人民银行具体经理国库至今，国家颁布了多项法律制度，均明确由中国人民银行具体经理国库，实行的是委托国库制。

三、我国国库制度的发展沿革

从历史发展来看，我国历代国库的设立虽有不同的名称，但整体上可以按照历史发展划分为实物库和银行代理国家金库两个阶段。按行政系统设立实物库的制度，大约始于西周时期，直到1905年的清末，随着中央银行机构的设立，国家金库逐步过渡为由中央银行代理的形式。

（一）历史的"库藏"制度

《论语·宪问》记载"君薨，百官总己，以听于冢宰三年"，说的就是周武王死时，成王年少，周公曾以冢宰之职摄政，掌管王家财务、宫内事务及全国大事。秦汉时期国家财政与皇室财政已有明确的区别，由治粟内史管理国家财政，主管国家田租和各种钱物的收支，汉景帝时改称为大农令。到魏晋南北朝时期，大农令虽存，其职权已大为缩小，仅为收粟之官。三国时期魏始设度支尚书，职掌全国赋税收入，西晋沿用魏制，南北朝以度支尚书领度支、金部、仓部、起部四曹。隋初仍置度支尚书，到了唐代管理财政的为户部，户部下设户部司、度支部司、金部司、仓部司，金部司掌库藏出纳及度量衡之事，仓部司掌军储、禄粮、仓廪之事。元朝国家财政机构在中央也称为户部，掌管全国户口、钱粮、田土之政令，并且根据顾炎武《日知录》记载，田赋用银始于元，可见国库不仅有实物库，也有金银库。到明朝，不仅有分别储藏各类金银、缎匹、宝石、粮食等物资的里库、外库，还有会计和审计制度，财政监管得到加强。

（二）近代出现的中央银行代理国家金库制度

清光绪三十一年（1905年）户部奏准设立户部银行，户部出入款项均可通过户部银行办理，可以视为我国银行经理国库的发端。光绪三十四年（1908年），户部银行改称为大清银行,并确定大清银行为国家银行,由大清银行经理国库,除户部出入款项外,大清银行还可以代国家经理公债及各种证券。1911年10月辛亥革命爆发,1912年年初,大清银行改组为中国银行,1913年4月北京临时参议院通过《中国银行则例》三十条,明确中国银行为中央银行。1914年交通银行修改章程,除原有经理"四政"(轮、路、电、邮)以外,还代理国库。因此,北洋政府统治时期,以中国银行和交通银行代理国库。南京国民党政府成立后,1928年成立中央银行,于是改由中央银行代理国库,负责国库出纳事宜。

(三) 中华人民共和国国库管理制度

中华人民共和国的国库管理制度原型可以追溯到1933年,当时的苏维埃中央人民委员会公布的《国库暂行条例》中明确规定:"由国家银行代理国库业务""总行设总金库,分行设分金库,支行设支金库,红军中由总政治部代理国库。各级金库由主任、会计、出纳三人组成。"中央到达陕北后,不断加大力度整顿金融工作,1941年公布了《陕甘宁边区财政金库条例》,银行专门设立了金库处,下设总、分、支三级金库。这些特殊时期建立的国库管理制度,在战争年代有力保障了革命根据地的财政收付任务,但是由于受到客观环境的限制,并没有建立起全国统一的国库管理制度。

中华人民共和国成立后,党和政府高度重视国库的建设管理工作,1950年,国家政务院即颁布《中央金库条例》,明确由中国人民银行具体经理国库。1985年颁布实施的《国家金库条例》、1994年颁布的《预算法》、1995年颁布的《预算法实施条例》以及2003年修正的《中国人民银行法》、2015年1月1日施行修正后的《预算法》等,都明确了中国人民银行具体经理国库。从新中国成立初到21世纪初的半个世纪里,我国财政资金的缴库和拨付都是分散进行的,由财政部门和预算单位分别在银行开设账户,财政资金分为预算内和预算外两部分。预算内资金的收入由征收机关层层上报,支出由财政部门根据同级人民代表大会审定的部门预算,划拨资金给主管单位,再由主管单位层层下拨至基层单位;预算外资金收入则由征收单位先征收在单位过渡户,再由过渡户上缴财政预算外专户,也有部分征收单位自己并未涉足财政专户,转而由单位自行开设的专户进行预算外收入管理,预算外支出则由财政部门扣除统筹后,按照预算单位的支出计划,拨付给预算单位。

在传统的分散管理体制下,我国的国库职能在历史的基础上得到了有效的突破,除原有的预算收支外,承担起了一定的管理职能,国库机构的设置也更为优化合理,对我国国民经济的快速发展起到了积极的促进作用。然而随着经济的进一步发展,传统的国库管理体制也呈现出较大的弊端,主要有:一是造成了财政资金的分散和转移,尤其是预算外资金的存在,为了获取财政资金的外部收益,不少单位通过多头开户的办法，将预算内资金转入预算外，形成了事实上国家财政资金的分散，降低了国家财政资金的有效应用和实施效果；二是资金层层拨付，资金处理环节多、停留时间长，导致财政支出信息反馈迟缓，难以及时为预算编制、执行分析和宏观调控提供可靠依据，国库资金使用效率低下；三是低效率监督造成了极大的腐败隐患，在分散收支型的传统体制下，国库管理部门的监管意识低下，预算单位又可以通过"多头账户"逃避监管，再加上国库存款不计利息的规定与金融市场化的矛盾以及国库资金层层拨付的弊端，截留、挤占、挪用国库资金等问题一度非常严重，因国库管理的弊端导致的腐败问题也时有发生。

传统国库管理制度的弊端表明，传统的分散收付制已经不能满足国民经济发展和国家财政管理的需要，亟须建立起以国库集中收付管理、国库现金管理以及国库动态监控管理为核心内容的现代国库管理制度。

四、我国国库集中支付制度改革简介

我国传统的分散型国库管理制度，是适应计划经济条件下的一种管理制度，管理模式较为粗放，管理边界不甚清晰，非规范性操作较多。随着我国经济体制改革的不断深化，这一管理制度的弊端逐步显现，因此国库管理的高级方式，即适应市场经济条件下政府公共财政管理的集中收付的国库管理制度应运而生。

（一）国库集中收付制度的概念

国库集中收付制度一般也称为国库单一账户制度，包括国库集中支付制度和收入收缴管理制度，是指由财政部门代表政府设置国库单一账户体系，所有的财政性资金均纳入国库单一账户体系收缴、支付和管理的制度。财政收入通过国库单一账户体系，直接缴入国库；财政支出通过国库单一账户体系，以财政直接支付和财政授权支付的方式，将资金支付到商品和劳务供应者；未支用的资金均保留在国库单一账户，由财政部门代表政府进行管理运作，降低政府筹资成本，为实施宏观调控政策提供可选择的手段。

国库集中收付制度并不是我国首创的新制度，发达国家普遍实行国库集中收付制度，其基本特征主要体现在三个方面：一是财政统一开设国库单一账户；二是所有财政收入直接缴入国库，所有财政支出均根据部门预算由财政集中支付到商品或劳务供应者；三是建立高效的预算执行机构、科学的信息管理系统和完善的监督检查机制。多国的实践经验都表明，国库集中收付能够加快资金运作，提高财政资金使用效率，同时能够有效加强对财政资金的监督管理，提高资金支付的透明度，有力防止截留、挤占、挪用财政资金；此外通过国库集中收付，还能及时、准确、系统地提供预算执行信息，对于国家加强宏观经济调控，充分发挥财政政策的作用起到积极的作用。

（二）我国国库集中支付制度改革

随着我国市场经济改革、金融体制改革的不断深化发展，1994年，按照征收管理权和税款支配权的标准，我国实行了分税制改革，凡征收管理权、税款所有权划归中央财政的税种，属于中央税；凡征收管理权、税款所有权划归地方财政固定收入的税种，属于地方税；凡征收管理权、税款所有权由中央和地方按一定方式分享的税种，属于共享税。至此，我国在财政收入管理改革方面取得了极大成功，然而与此相配套的，财政支出管理改革则明显滞后。在这一背景下，中国人民银行首先提出了国库单一账户制度改革的课题。

1995年，中国人民银行与国际货币基金组织、联合国开发计划署共同协商建立了"中国国库单一账户改革"技术援助项目，由国际货币基金组织的高级财政与国库事务专家为课题提供咨询、培训等技术援助。1998年起，中国人民银行与财政部对我国国库管理制度的改革进行了多次调查研究，在此基础上，双方联合制订了国库单一账户改革的初步方案。2001年2月国务院第95次总理办公会原则同意财政部会同中国人民银行制定的《财政国库管理制度改革试点方案》，确定了我国国库制度改革的目标、指导思想、原则、主要内容、配套措施及实施步骤，明确了我国国库集中收付制度的总体框架。时任国务院副总理李岚清同志专门批示：国库集中收付制度是规范财政资金最彻底、最完善、最可靠的模式，有关部门要尽快协同起来，加快实施这项改革。

《财政国库管理制度改革试点方案》明确国库集中收付制度改革的指导思想是：按照社会主义市场经济体制下公共财政的发展要求，借鉴国际通行做法和成功经验，结合我国具体国情，建立和完善以国库单一账户体系为基础、资金缴拨以国库集中收付为主要形式的国库管理制度，进一步加强财政监督，提高资金使用效益，更好地发挥财政在宏观调控中的作用。

根据上述指导思想，我国国库集中收付制度改革遵循以下原则：

（1）有利于规范操作。合理确定财政部门、征收单位、预算单位、中国人民银行和代理银行的管理职责，不改变预算单位的资金使用权，所有财政性收支都按规范的程序在国库单一账户体系内运作。

（2）有利于监督管理。增强财政收支活动透明度，不改变预算单位财务管理权和会计核算权，使收入缴库和支出拨付的整个过程都处于有效的监督管理之下。

（3）有利于方便用款。减少资金申请和拨付环节，使预算单位用款更加及时和便利。

（4）有利于分步实施。改革方案体现了系统性和前瞻性，使改革目标逐步得到实现。

根据《财政国库管理制度改革试点方案》精神，2001年3月，中国人民银行、财政部共同颁布了《中央国库管理制度改革试点资金支付管理办法》，确定了水利部等六部委作为国库集中支付首批试点单位；同年8月底，新成立的财政部国库支付中心拨出了第一笔财政直接支付资金。至2002年，中央部门试点单位扩大至38个，2005年年末，全部160多个中央部门实行了国库集中支付制度，70多个有非税收入的中央部门全部纳入非税收入收缴制度改革的范围，36个省、自治区、直辖市和计划单列城市也基本上全面推行了国库集中收付制度改革，如期实现了《财政国库管理制度改革试点方案》确定的"十五"期间全面推行改革的目标。

五、水利部国库集中支付改革情况

水利部是我国财政国库管理制度改革的首批试点单位，十余年来，在水利部党组的正确领导下，在财政部的指导下，水利部国库集中支付改革进展顺利，改革范围逐年扩大，级次不断延伸，成效十分显著。

（1）实施范围广。水利部高度重视国库集中支付改革工作，所有具备条件的单位都按要求实施了国库集中支付改革，实施改革的预算单位级次共五级，基本实现了财政部"横向到边，纵向到底"的国库改革目标。

（2）资金支付量大。2008年以后，为进一步促进经济发展，国家采取了扩大内需的举措，水利基础建设不断加强，水利投资规模逐步加大。2010年年底《中共中央 国务院关于促进水利改革发展》发布，水利工作被摆上了党和国家事业发展更加突出的位置，水利投资实现了跨越式的发展，水利部部门预算规模逐年增加，国库集中支付的任务量也不断加大。2013年水利部公共财政预算当年预算63.95亿元，当年国库集中支付63.48亿元，到2015年这一规模分别是108.55亿元和105.63亿元，2017年这两个数字已攀升至142.67亿元和140.30亿元，5年间分别增长123.10%和121.01%，国库集中支付量显著增加。

（3）预算执行进度整体提升。近些年，水利部都较好地完成了预算执行工作任务，水利部当年公共财政预算执行进度在中央农口部门均排在了前列，每年年底支付进度均达到98%以上。水利部的预算执行管理工作得到了财政部的认可和赞扬，财政部原部长谢旭人同志曾在水利部预算执行情况报告上批示指出，"水利部加强预算执行管理的经验很好，要进行推广"。2017年水利部关于预算执行的有关工作经验，被财政部内部刊物《中央预算支出执行情况通报》刊印。

（4）预算执行考核机制基本建立。水利部制定了《水利部预算执行考核办法》，建立了预算执行考核机制，从预算执行管理、资金安全、预算执行进度等多角度，联合部机关有关司局和有关单位，对部直属各单位预算执行进行考核打分，按照月考、季考、年考进行考核。每次考核结束后，由财务司将考核结果在所有预算单位进行通报。同时，强化考核结果的运用，对于考核结果低于90分的二级预算单位，由财务司牵头，会同有关司局或单位进行约谈等；对考核结果低于85

分的单位，提出建议，与下一年度预算安排挂钩，并且和单位的评先评优挂钩。

（5）预算执行动态监控机制基本形成。水利部制定了《水利部预算执行动态监控办法》，建立动态监控工作机制，明确监控责任，对部属所有预算单位的资金支付进行跟踪，监控每一笔财政资金的支付情况，有效发挥了"事先预防、事中控制、事后反馈"的积极作用，防范和化解了一些支付风险，提高了财政资金的安全性、规范性和有效性。

（6）信息化管理程度逐步提高。为提高预算执行效率，水利部从改革伊始就高度重视信息化工作，2003年即开发了水利部财政资金国库集中支付信息管理系统，是为数不多的使用自建系统进行国库业务处理的中央部门之一。此后，根据国库改革的不断深化和业务办理不断细化的要求，水利部不断开发、升级新的国库业务系统，信息化程度不断提高。目前，水利部开发了水利财务管理信息系统，所有水利财务业务都集成在这个平台上运转。水利部国库集中支付管理所涉及的各项业务均通过水利财务管理信息系统办理，本书所梳理的各项工作均基于这一平台。

六、水利财务信息系统操作说明

本书涉及的软件操作是以2016年水利部建设的水利财务管理信息系统（系统网址是http：//10.1.58.25/）为平台。水利财务操作人员通过本单位水利专网，凭个人密钥（USB KEY）登录平台，根据权限进入相应的操作模块。

（一）角色说明

水利财务管理信息系统将所有单位分成水利部、主管单位和基层单位三大类。系统权限也和这三类单位保持一致，使不同层次的单位具有不同的权限以及业务操作流程。

（1）水利部。水利部是负责国库业务的主管部门。

（2）主管单位。主管单位是完成所有下级单位审核业务的单位，也可称为汇总单位，负责接收和汇总下级的数据，并上报到上级单位。如二级单位、三级单位和四级单位（不包含这些单位的本级单位）。

（3）基层单位。基层单位是完成所有业务的底层单位，如五级单位。同时各级主管单位的本级和水利部本级也作为基层单位完成业务，如三级单位本级等。

（二）人员权限

水利财务管理信息系统中各单位操作人员由本单位自行确定，本系统采用由水利部统一管理用户的模式，以身份证号码区分用户身份，如果存在一人多岗的情况也只需要一次登录，然后在系统中进行切换。

第二章 国库集中支付管理实务

第一节 国库单一账户管理

现代财政国库制度，是以国库单一账户体系为基础，资金缴拨以国库集中收付为主要方式的财政资金管理制度，涵盖了国库集中收付、政府采购管理、国债管理、国库现金管理、政府会计管理和财政国库动态监控等预算执行管理内容。

国库管理制度改革以前，我国财政资金缴库和拨付方式是通过征收机关和预算单位设立多重账户分散进行的，存在很多弊端。为了改变各预算单位拥有大量财政资金账户的混乱状况，国家逐步建立和完善了国库单一账户体系，即国库资金实行"单一账户制"。

一、国库单一账户

国库单一账户，是指财政部门代表政府在中国人民银行设立的，用于记录、核算和反映财政收入和支出活动，并用于财政部门在商业银行开设的和财政部门为预算单位在商业银行开设的零余额账户进行清算、实现支付的国库存款账户。目前，由于各项改革还难以完全配套进行，很难立即做到将所有财政性资金都纳入国库单一账户管理，并直接支付到商品或劳务供应者。因此，需要建立一个国库单一账户体系，这一账户体系，以财政国库存款账户为核心，集合了各类财政性资金账户，所有财政性资金的收入、支付、存储及资金清算活动均在该账户体系运行。国库单一账户体系由下列银行账户构成：

（1）财政部门在中国人民银行开设的国库单一账户（简称"国库单一账户"）。

（2）财政部门按资金使用性质在商业银行开设的零余额账户（简称"财政部门零余额账户"）。

（3）财政部门在商业银行为预算单位开设的零余额账户（简称"预算单位零余额账户"）。

（4）财政部门在商业银行开设的财政专户。

（5）经国务院和省级人民政府批准或授权财政部门批准开设的特殊专户（简称"特设专户"）。

二、预算单位零余额账户

上述账户中,水利部直属单位使用的是预算单位零余额账户。预算单位零余额账户是财政部门为预算单位在商业银行开设的用于办理预算资金支付清算的账户,其日终余额与设立在中央银行的国库单一账户清算后结零。预算单位可以使用该账户办理转账、提取现金等结算业务,可以向本单位按账户管理规定保留的相应账户划拨工会经费、住房公积金及提租补贴,以及经财政部门批准的特殊款项,不得违反规定向本单位其他账户和上级主管单位、所属下级单位账户划拨资金。

预算单位使用财政性资金,应当按照规定的程序和要求,向财政部门提出设立零余额账户的申请。财政部门审核同意后,书面通知代理银行,为预算单位开设预算单位零余额账户,一个基层预算单位一般只开设一个零余额账户。

(一)开设条件

凡纳入水利部部门预算管理的单位,均可依程序为本单位申请开设零余额账户。

(二)申请材料

(1) 开户申请表。
(2) 财政授权支付开户银行情况汇总申请表。
(3) 组织机构代码证复印件。
(4) 法人资格证书复印件。
(5) 中编办批复文件复印件。

(三)零余额账户设立程序

零余额账户开设流程如图2-1所示。

1. 预算单位提出申请

预算单位要及时提出零余额账户开设申请,填写"财政授权支付银行开户申请表"(表2-1)、"预算单位基本信息登记表"(表2-2),提供本单位组织机构代码证复印件、法人资格证书复印件、中编办批复文件复印件等资料。其中开户银行由预算单位在财政部通过招标确定的办理国库集中支付业务的银行系统内自主选择其分支机构。财政部确定的财政授权支付代理银行有工行、农行、中行、建行、交行、光大、中信、招行、邮储、民生、浦发11家,水利部预算单位原则上就近选择建设银行的营业网点。

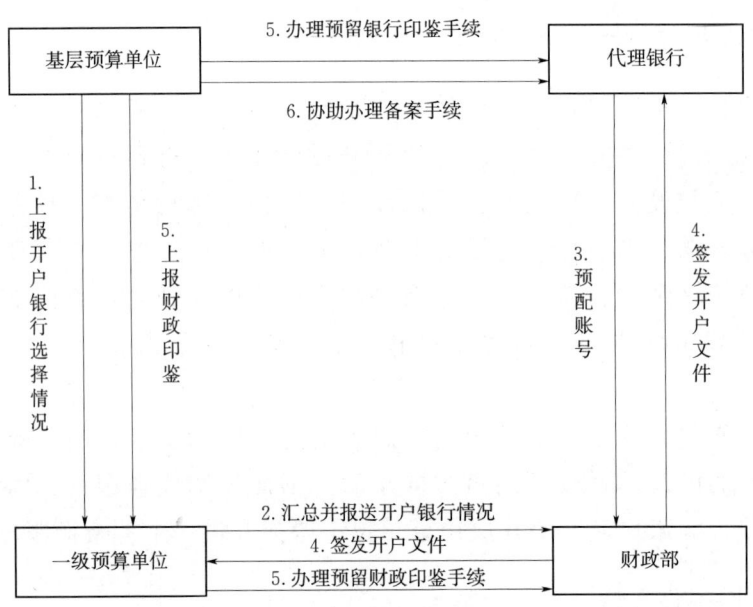

图 2-1 零余额账户开设流程

2. 逐级上报

预算单位按照隶属关系将上述材料以文件形式，逐级报主管单位审核同意后，报水利部预算执行中心（以下简称"预算中心"）。

3. 上报财政部国库司

预算中心审核各单位上报材料，确实符合开设零余额账户条件的，由预算中心汇总上报至财政部国库司。

4. 财政部国库司审批同意新增国库改革单位

财政部国库司审核预算中心上报材料，审批同意将申请单位纳入国库集中支付改革单位。

5. 财政部为基层预算单位开设零余额账户

财政部商相关银行为申请单位配置账号，将所开账户的开户银行名称、零余额账号等情况通知预算中心。

6. 预算中心通知申请单位

预算中心将财政部为申请单位开设的零余额账户信息通知有关二级单位，二级单位再按照预算单位级次逐级向下通知。

7. 申请单位填写拨款印鉴卡

申请单位根据上级审批同意通知，填写《中央基层预算单位预算资金拨款印鉴卡》，逐级上报至预算中心，由预算中心上报至财政部国库司。印鉴卡一式三份，申请单位自留一份、预算中心留存一份、财政部国库司留存一份。

第二章 国库集中支付管理实务

表2-1 财政授权支付银行开户申请表（单位公章）

一级预算单位编码：
一级预算单位名称：

第 页共 页 年 月 日

单位国标码	预算单位名称	申请开户行	单位经办机构	单位负责人	财务负责人	经办人	账户性质	电话	邮政编码	单位地址

单位负责人（签章） 财务负责人（签章） 经办人（签章）
年 月 日 年 月 日 年 月 日

表 2-2 预算单位基本信息登记表

一级预算单位（公章）：　　　　　　　　　　预算码：　　　　　　　　　　填表日期：　　年　　月　　日

预算单位名称（国库执行）	组织机构代码（国标码）	预算码（国库执行）	预算码（预算编制）	预算单位名称（预算编制）	预算级次	直接上级主管部门	所在行政区划	单位详细地址	邮政编码	财务负责人	电话	联系人	电话	备注

说明：1. "预算单位名称（国库执行）"与零余额账户开户名称一致。
2. "组织机构代码（国标码）"填写规则：字母大写，去掉横线。没有国标码的单位财政部国库司信息管理处确定临时国标码并通知预算单位。
3. "预算码（国库执行）"填写国库执行使用的预算码，"预算码（预算编制）"填写对应预算编制使用的预算码，两个代码原则上要求一致。
4. "直接上级主管部门"填写直接管理本预算单位的部门，如三级预算单位填写它的二级预算单位名称，二级预算单位填写一级预算单位名称。
5. "所在行政区划"填写到所在省（如在大连、青岛、宁波、厦门、深圳单独列出）。
6. 本表由一级预算单位填写，并及时报送财政部国库司信息管理处，盖章纸质文件和电子数据各一份。
7. 以后相关内容如有变动，请及时告知我处。联系电话：68852035 或 68852368。

表2-3 零余额账户信息变更表

一级预算单位名称：
一级预算单位机构代码：

序号	统一社会信用代码	单位名称	变更后单位名称	备注
1				

表2-4 预算单位印鉴卡变更申请表

一级预算单位编码：
一级预算单位名称：

统一社会信用代码	单位名称	预算级次	主管单位	银行账户	单位地址
变更内容					
变更原因					
单位负责人：		经办人：		单位公章	
		电话：			

8. 申请单位办理预留银行印鉴手续

申请单位根据财政部的通知,到开户银行具体办理预留银行印鉴手续。

至此,预算单位零余额账户开立完毕。

(四)零余额账户变更

(1) 单位负责人、财务负责人、经办人、联系电话、单位地址、邮政编码等内容发生变动,预算单位应及时填写新的"中央基层预算单位预算资金拨款印鉴卡",逐级报主管单位审核,由预算中心报财政部备案。

(2) 预算单位国标码、单位名称、开户银行名称、账号以及预算单位级次等内容发生变更,预算单位要及时将"零余额账户信息变更表"(表2-3)、"预算单位印鉴卡变更申请表"(表2-4)以文件的形式提出变更申请,逐级上报至预算中心,由预算中心上报文件至财政部审批,财政部审批同意后,基层单位填写新的"中央基层预算单位预算资金拨款印鉴卡",办理印鉴更换手续。

第二节 用款计划管理

为促进预算编制、预算执行与业务工作有机结合,前瞻性地把握预算执行总体情况,跟踪监测重点项目执行情况,及时发现并有针对性地解决预算执行中存在的问题,要实行用款计划管理,以落实预算执行责任制,建立科学合理的预算执行考核机制。

一、用款计划的概念

用款计划即指预算单位分月用款计划,是预算单位按照财政部制定的统一格式,根据批准的部门预算和有关编制方法申请财政资金的一种凭据。预算单位编报的用款计划逐级上报,经财政部审核后,一方面,财政部将批复的电子数据在财政国库管理外围系统发布,一级预算单位登录系统查看批复情况,接收批复的电子数据;另一方面,财政部将每月用款额度下达到预算单位代理银行零余额账户,作为零余额账户支出额度的控制指标。预算单位的分月用款计划经财政部逐级批复后,才能在批复的额度范围之内按规定使用财政资金,不得超额度办理有关支付业务。

二、用款计划的作用

(1) 用款计划是办理财政性资金支付的重要环节和依据。编制用款计划是支付资金的第一步,是预算执行的重要组成部分。预算单位应依据批复的年度财政预算或预算控制数认真测算需用资金,科学合理地编制用款计划并及时上报,使财政资金的各项用款额度及时下达到各有关预算单位,使各预算单位及时用上资金,保证工作的正常开展和顺利进行。

（2）科学合理地编制用款计划，可以避免用款额度不足和过剩的现象发生。合理的用款计划既可保证预算单位各项业务发展所需资金，提高资金的使用效益，又可以避免因额度不足而影响本单位各项任务的完成和工作的开展。

三、用款计划的特征

用款计划的特征是按年分月编制，基本支出按照功能分类科目和经济分类的类级科目编制，项目支出按项目和经济分类的类级科目编制。

四、用款计划的编报范围

用款计划的编报适用于一般公共预算资金当年预算的用款计划编制，政府性基金预算、国有资本经营预算和其他财政性资金可参照执行。

五、用款计划的编报依据和编制原则

用款计划的编报依据是部门预算批复前，按"二上"预算编制；部门预算批复后，按批复的部门预算编制；执行中若有调整预算，按财政部下达的调整预算编制。

基本支出按照年度均衡性原则编制，项目支出按照项目实施进度和政府采购计划编制。

六、用款计划的编报方法

预算单位应根据财政部下达的年度预算或预算控制数，根据财政直接支付和财政授权支付的额度，按基本支出按科目编报、项目支出按项目编报分月用款计划，经主管单位逐级审核汇总后，由一级预算单位统一报财政部核批。

（1）预算单位全年用款计划原则上每年集中编制两次。1—5月用款计划依据"二上"预算编制，6—12月用款计划依据财政部下达的部门预算和调整预算编制。

（2）当年预算与上年结转结余（正常结转结余计划不需上报，财政直接恢复，仅结转结余调整计划需要上报）分单编报。为便于区分预算来源，各类分月用款计划表均设置"预算来源"选项，有"当年预算"和"上年结余"两个选项，预算单位根据预算来源做选择。

（3）预算单位根据预算指标的密级区分用款计划是否包含涉密信息，涉密和非密用款计划分单编报。非密用款计划通过水利财务管理信息系统编报，涉密用款计划通过财政部8.0单机版软件通过涉密电脑编报，通过光盘报送数据。

七、编报注意事项

（1）预算单位根据资金支付方式的需要确定用款计划的支付方式，尽量在全年用款计划的报送时确定好支付方式，减少资金支付时由于临时确定支付方式造

成原用款计划反向调整，如确需调整，则必须为调整用款计划预留足够时间，避免影响财政资金的支付。

（2）预算单位进行资金支付方式的划分时需要先确定单位范围和资金范围，包括列入部门预算、使用财政性资金的单位和一般公共预算资金、政府性基金、国有资本经营预算资金。

依据每年印发的《财政部关于中央预算单位20××年预算执行管理有关问题的通知》，按照规定的支付方式划分标准自行选择对应的资金支付方式。2018年的划分标准是：除下列规定外，单笔支付金额在500万元（含）以上的支出实行财政直接支付，单笔支付金额在500万元以下的支出实行财政授权支付。纳入财政统发范围的工资津贴补贴、离退休费，国有资本经营预算支出，以及财政部规定的有特殊管理要求的支出，实行财政直接支付；未纳入财政统发范围的工资津贴补贴、离退休费、奖助学金、国家助学贷款贴息及风险补偿金、来华留学经费，社会保险缴费，住房改革支出，日常运行的水费、电费、应由单位承担的支付给供热企业的取暖费，需兑换外汇进行支付的支出，以及经财政部批准的其他支出，实行财政授权支付。

八、用款计划软件操作实务

用款计划操作流程如图2-2所示。

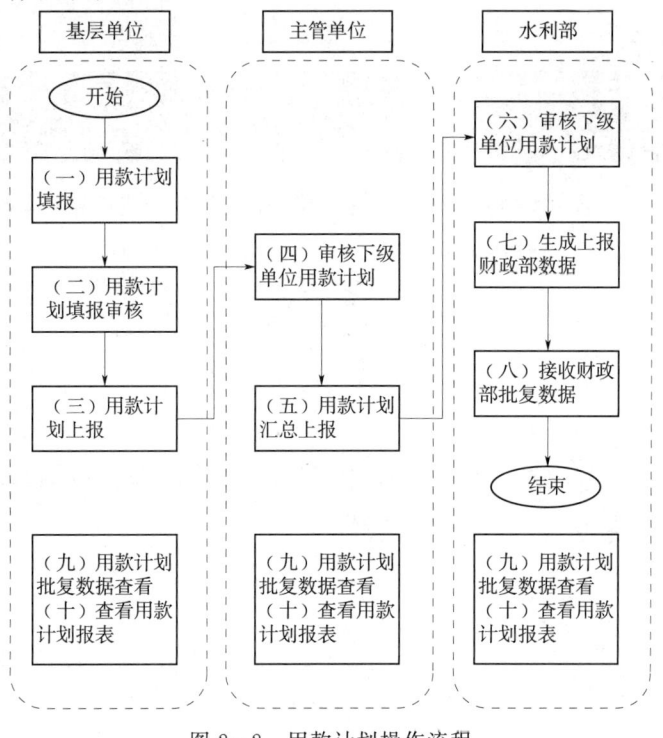

图2-2 用款计划操作流程

(一) 用款计划填报（基层单位）

登录水利财务管理信息系统，在左侧功能导航中选择"国库支付"—"用款计划管理"—"用款计划填报"（图2-3）。

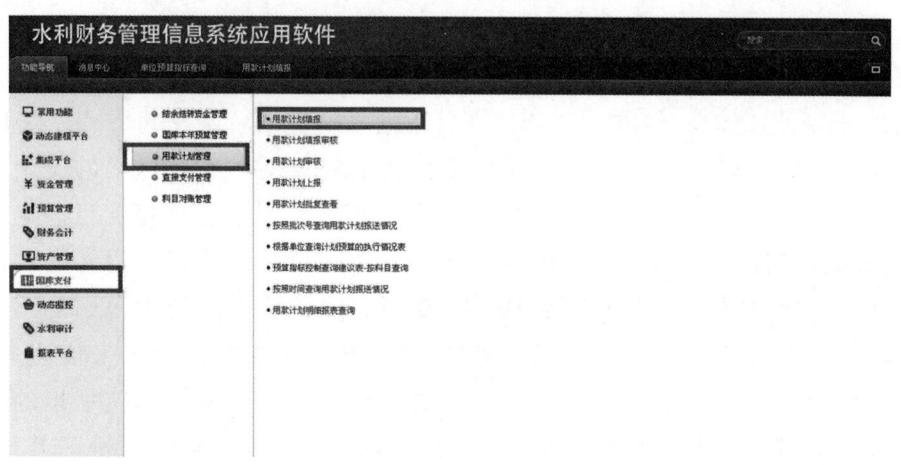

图2-3 在功能导航中选择"用款计划填报"

进入"用款计划填报"界面，点击"新增"按钮，系统弹出"新增用款计划"填报框，在"选择来源指标"栏目中勾选此次需要申请的指标，在"录入计划金额"栏目中选择编制区间，把需要填报的金额分别填入对应的月份并选择支付方式，点击保存（图2-4）。

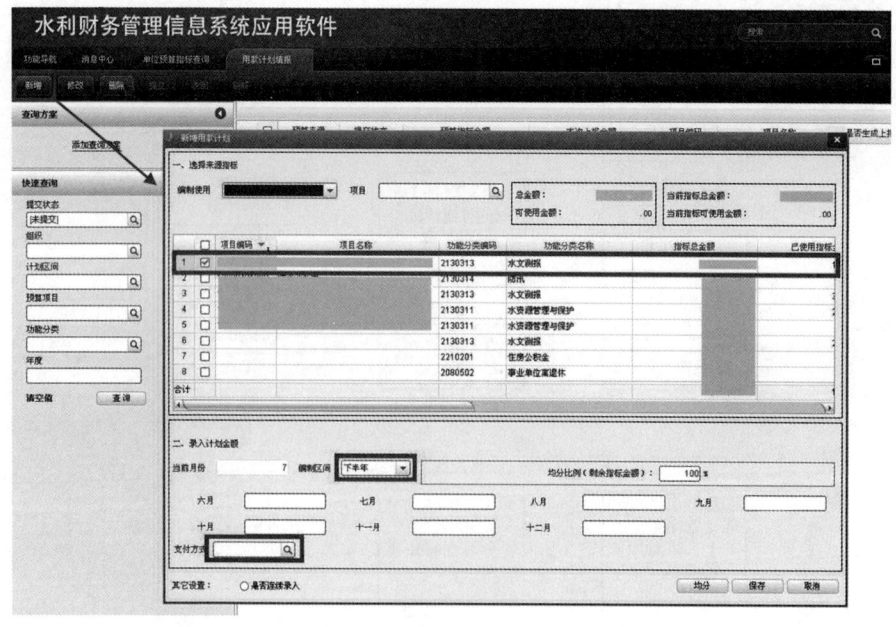

图2-4 "用款计划填报"界面

操作中有两个快速填报方式，一是在填报每月支付金额的时候，如果每月金额相同，可选择"均分"按钮，系统会自动计算填出每月的金额；二是如需要连续录入多条指标，点击下方"是否连续录入"，保存后在当前界面可继续填报其他项目（图2-5）。

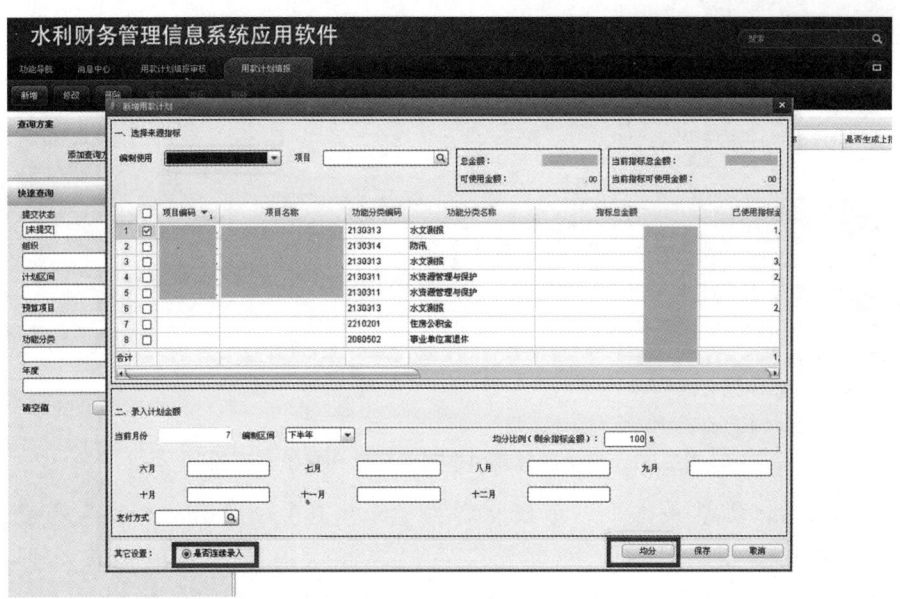

图2-5　快速填报方式

待所有指标全部录完后，在"用款计划填报"页面（提交状态为"未提交"）点击查询，页面查询结果显示填写完成的用款计划（图2-6）。若填报有误，可点击"修改"按钮对本条用款计划进行修改；若无需上报该条用款计划，则点击"删除"按钮进行删除操作；若核对无误，则勾选该条用款计划点击"提交"按钮。数据提交后，进入用款计划审核节点。

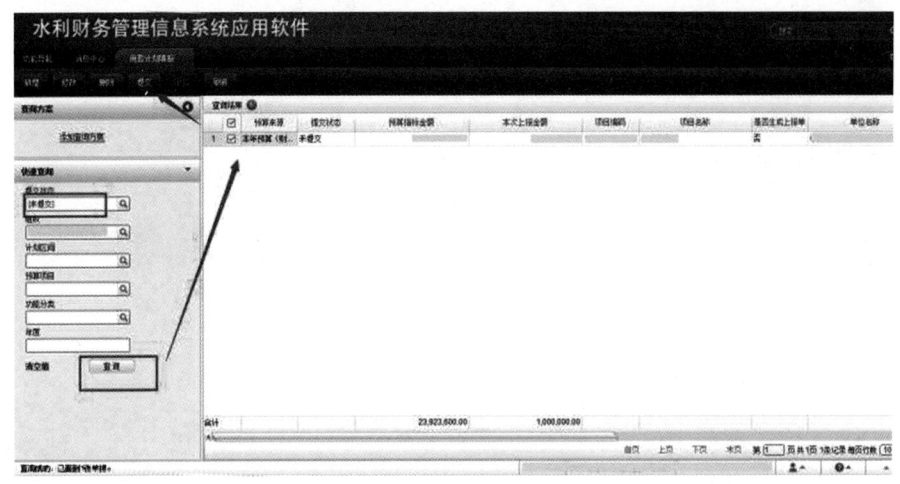

图2-6　用款计划查询界面

(二) 用款计划填报审核 (基层单位)

在水利财务管理信息系统左侧功能导航中选择"国库支付"—"用款计划管理"—"用款计划填报审核"（图2-7）。

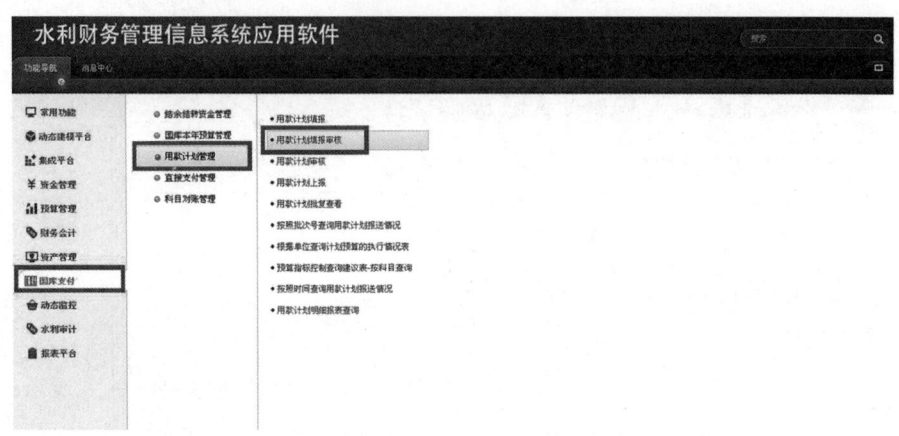

图2-7 在功能导航中选择"用款计划填报审核"

进入界面后，默认条件下（审核状态为"未审核"）点击"查询"按钮，页面显示所有已提交的用款计划，核对无误后勾选此次需要审核的用款计划并点击"审核"按钮；若填报有误需要修改，则点击"驳回"按钮，数据退回至填报界面（图2-8）。

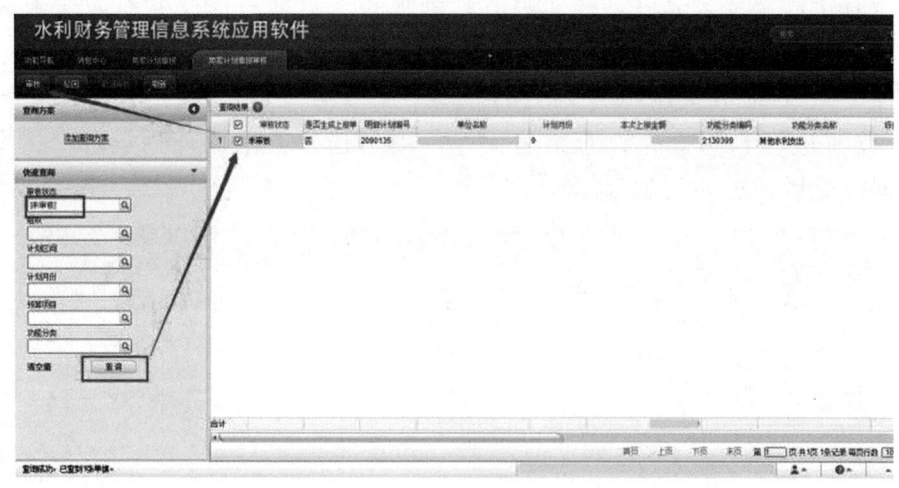

图2-8 "用款计划填报审核"界面

(三) 用款计划上报 (基层单位)

在水利财务管理信息系统左侧功能导航中选择"国库支付"—"用款计划管理"—"用款计划上报"（图2-9）。

第二章 国库集中支付管理实务

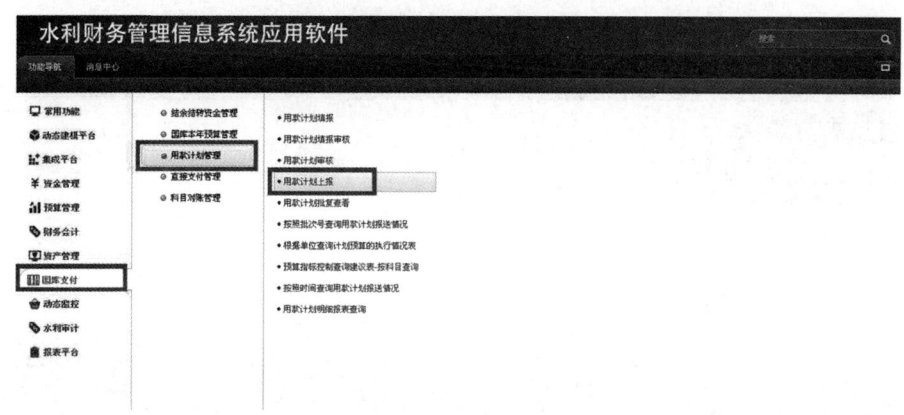

图 2-9 在功能导航中选择"用款计划上报"

在该页面点击"生成上报单"按钮，显示"生成上报单"对话框，点击"搜索"按钮，下方显示需要上报的用款计划（基本支出和项目支出分别汇总），勾选需要上报的用款计划，点击"生成"按钮（图 2-10）。

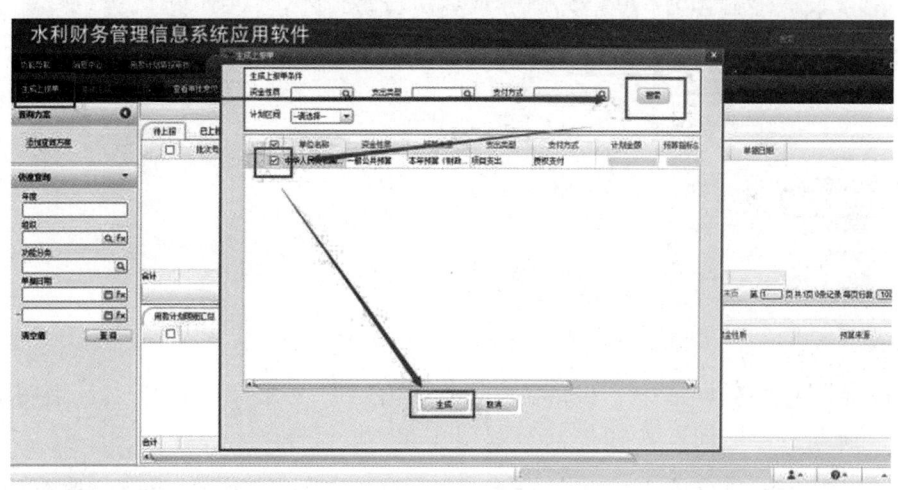

图 2-10 "生成上报单"界面

返回"用款计划上报"页面，点击左侧"查询"按钮，在"待上报"条件框下显示已生成上报单，若填报有误，则点击"撤销生成"按钮，驳回修改；若核对无误，点击"上报"按钮。上报完成后，在"已上报"条件框下查看上报的用款计划数据（图 2-11）。

（四）审核下级单位用款计划（主管单位）

在水利财务管理信息系统左侧功能导航中选择"国库支付"—"用款计划管理"—"用款计划审核"（图 2-12）。

点击"查询"按钮，显示基层单位已上报的用款计划（图 2-13），在"待审核"条件框下勾选该条用款计划，若核对无误点击"审核"按钮，系统弹出"审

· 23 ·

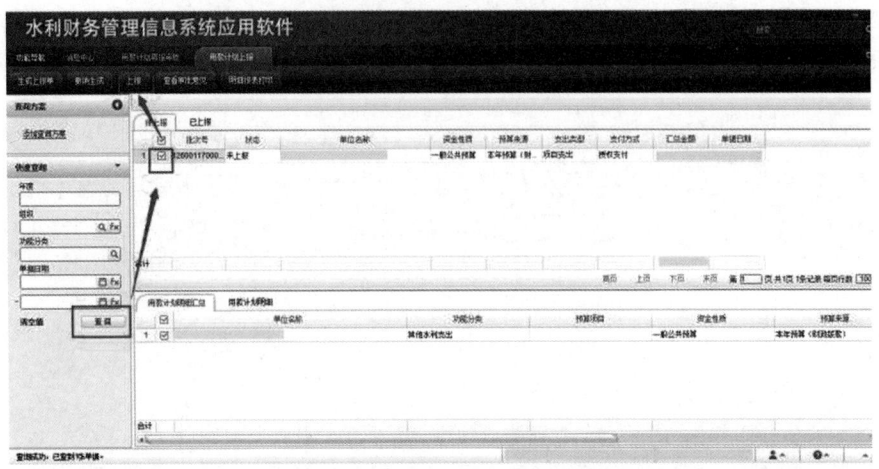

图 2-11 "用款计划上报查询"界面

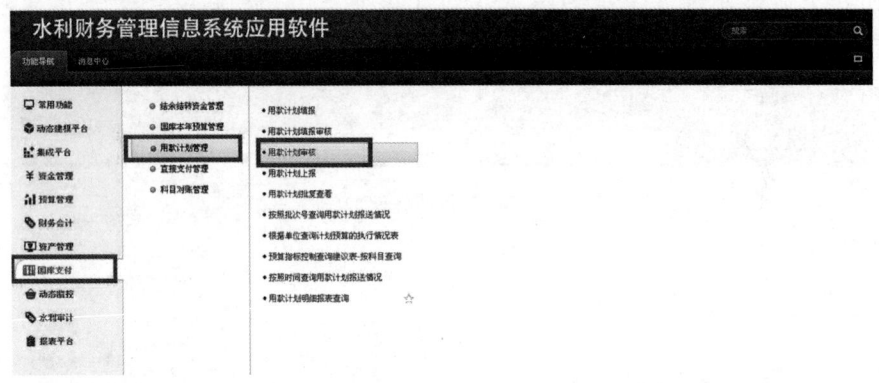

图 2-12 在功能导航中选择"用款计划审核"

批处理情况"对话框,选中"批准",点击"确定"按钮完成审核;若填报有误需要修改,则点击"驳回"按钮退回至基层单位。

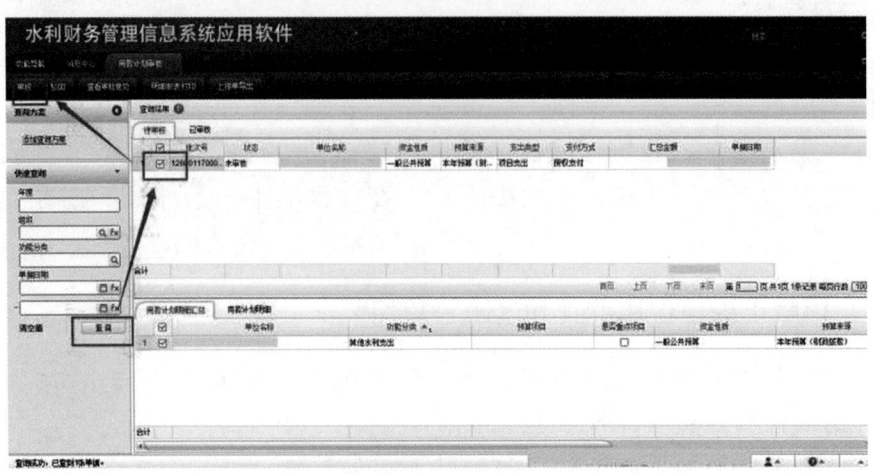

图 2-13 基层单位已上报的用款计划查询界面

（五）用款计划汇总上报（主管单位）

在水利财务管理信息系统左侧功能导航中选择"国库支付"—"用款计划管理"—"用款计划上报"（图 2-14）。主管单位在该页面点击"生成上报单"按钮，选中待上报的用款计划，点击"生成"按钮生成上报单。在左侧选项中查询待上报的数据，选中数据后点击"上报"按钮。主管单位逐级审核汇总下级单位上报的用款计划，经二级单位审核汇总后，上报至水利部审核。

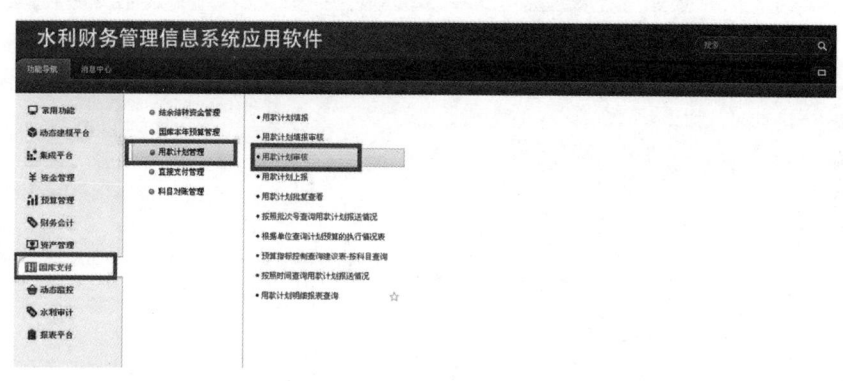

图 2-14　在功能导航中选择"用款计划上报"

（六）审核下级单位用款计划（水利部）

水利部根据二级单位上报的用款计划进行审核。在水利财务管理信息系统左侧功能导航中选择"国库支付"—"用款计划管理"—"用款计划审核"（图 2-15）。点击"查询"按钮，显示主管单位已上报的用款计划，在"待审核"条件框下勾选该条用款计划，若核对无误点击"审核"按钮，系统弹出"审批处理情况"对话框，选中"批准"，点击"确定"按钮完成审核；若填报有误需要修改，则点击"驳回"按钮退回至主管单位。

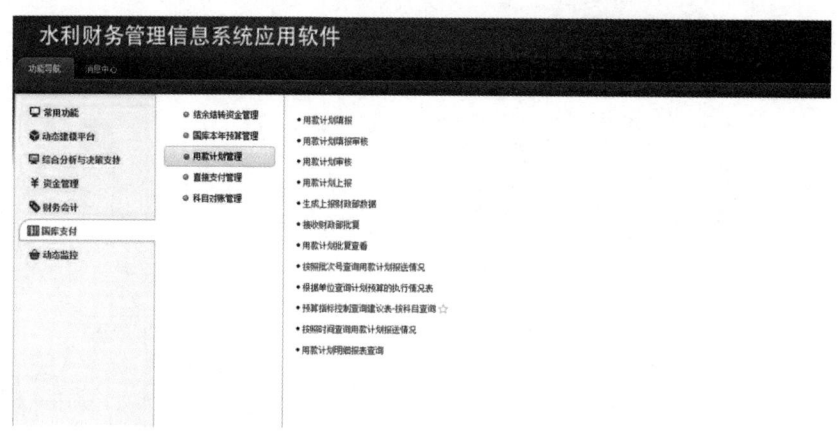

图 2-15　在功能导航中选择"用款计划审核"

(七) 生成上报财政部数据(水利部)

水利部在左侧功能导航中选择"国库支付"—"用款计划管理"—"生成上报财政部数据"。在系统界面点击"生成上报单"按钮,点击"导出财政上报数据"按钮,加密后上传至财政部外围平台(图 2-16)。

图 2-16 "生成上报财政部数据"界面

(八) 接收财政部批复数据(水利部)

在左侧功能导航中选择"国库支付"—"用款计划管理"—"接收财政部批复"(图 2-17)。

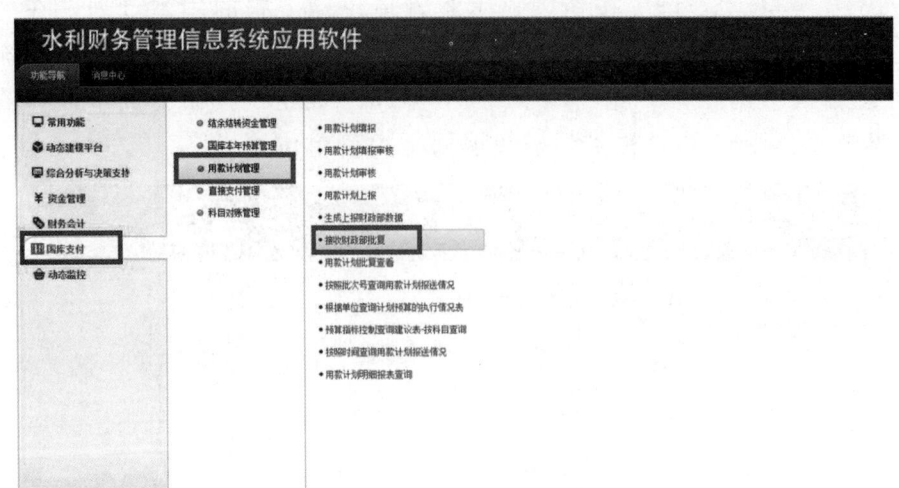

图 2-17 在功能导航中选择"接收财政部批复"

根据财政部用款计划批复情况,点击"导入批复结果"按钮,可将财政部批复文件导入。导入文件后,页面中会自动显示批复数据,勾选需要核对的数据,点击"批复"按钮完成操作（图 2-18）。

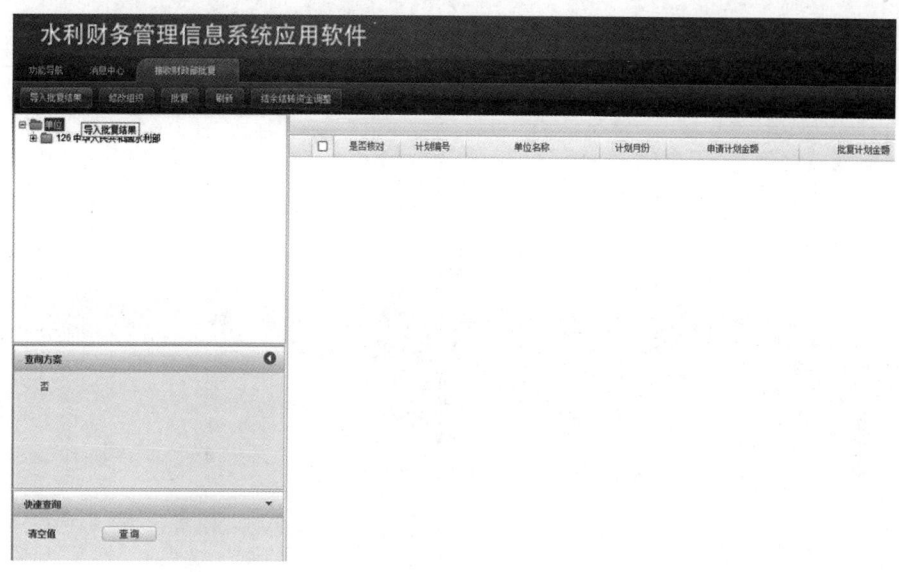

图 2-18 导入批复结果

（九）用款计划批复数据查看

1. 用款计划批复查询

在水利财务管理信息系统左侧功能导航中选择"国库支付"—"用款计划管理"—"用款计划批复查看"（图 2-19）。

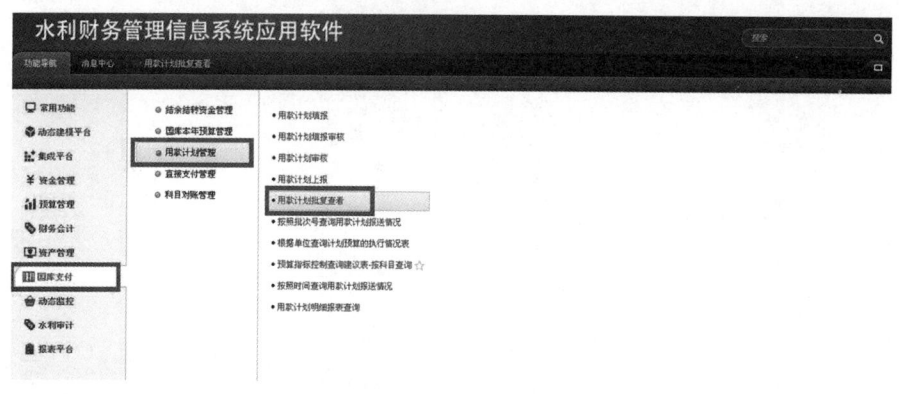

图 2-19 在功能导航中选择"用款计划批复查看"

在左侧栏目选择需要查询的单位，点击单位名称，右侧界面中显示当年已经批复的用款计划数据。根据查询权限，各级单位均可查看本单位的批复数据，上级单位可查询下级单位所有数据。左侧栏目下方快速查询栏可输入功能分类、单据日期、计划月份等相应的查询条件进行快速查询（图 2-20）。

图 2-20 "用款计划批复查看"界面

此查询功能支持"重点项目关联号"查询,点击"进入"即可查看(图 2-21)。

图 2-21 "重点项目关联号"查询

2. 按照批次号查询用款计划报送情况

在水利财务管理信息系统左侧功能导航中选择"国库支付"—"用款计划管理"—"按照批次号查询用款计划报送情况"(图 2-22)。

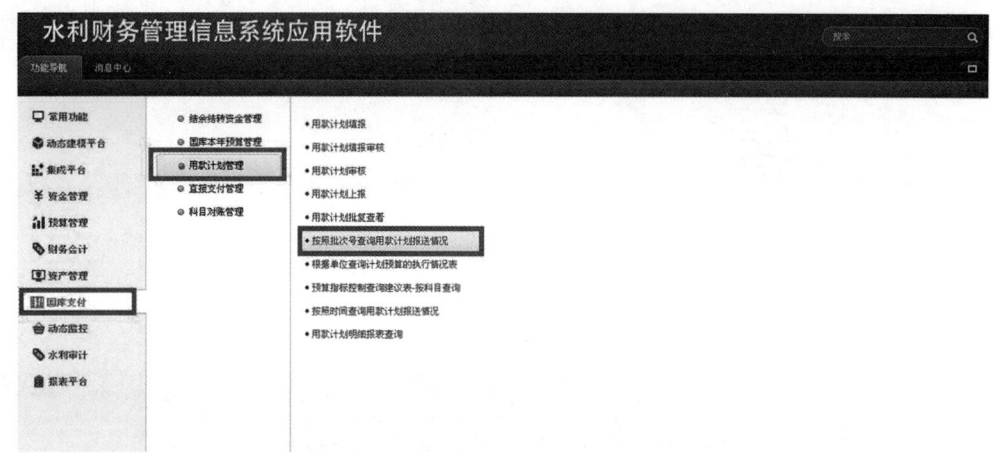

图 2-22　在功能导航中选择"按照批次号查询用款计划报送情况"

点击"查询"按钮，在查询条件项目下选择需要查询的用款计划批次号，点击"确定"按钮即可查询（图 2-23）。

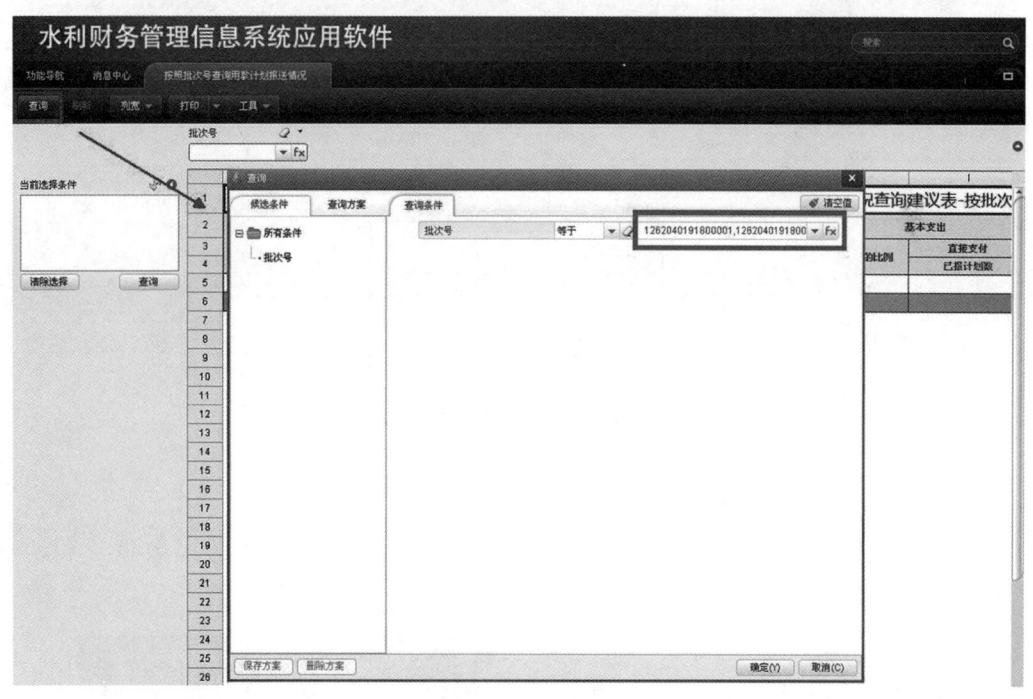

图 2-23　"按照批次号查询用款计划报送情况"界面

（十）查看用款计划报表

1. 根据单位查询计划预算的执行情况表

在水利财务管理信息系统左侧功能导航中选择"国库支付"—"用款计划管理"—"根据单位查询计划预算的执行情况表"（图 2-24）。

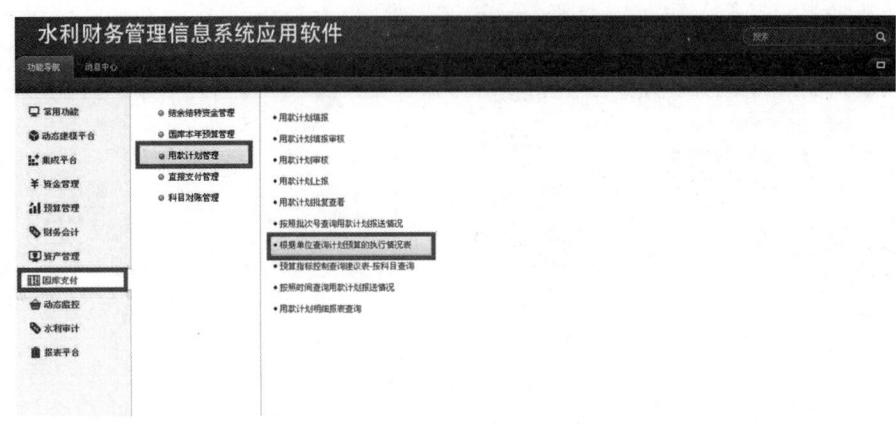

图 2-24　在功能导航中选择"根据单位查询计划预算的执行情况表"

点击"查询"按钮,在查询条件项目下选择单位名称,点击"确定"按钮查询(图 2-25)。

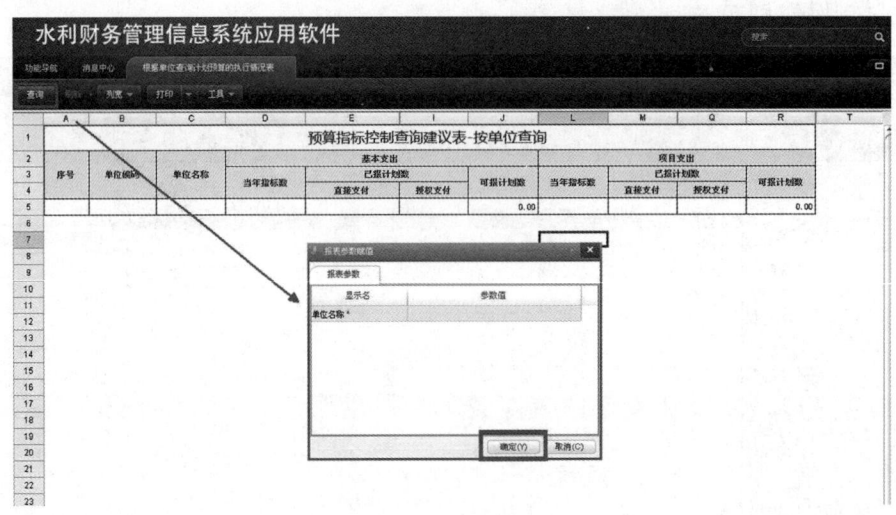

图 2-25　查询界面

此表可查询本单位基本支出和项目支出当年预算指标以及已报数据支付方式划分情况(图 2-26)。

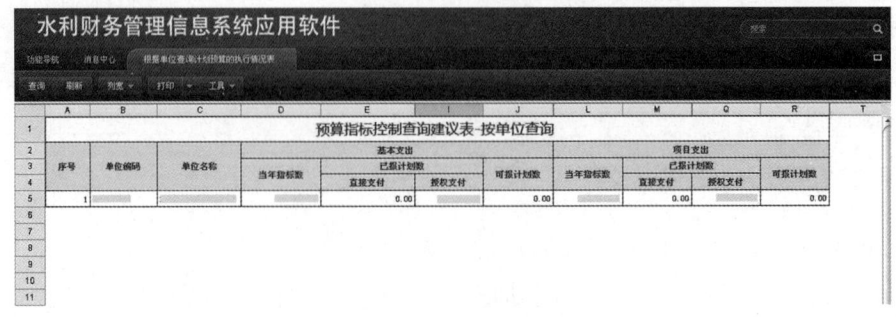

图 2-26　"根据单位查询计划预算的执行情况表"界面

2. 预算指标控制查询建议表-按科目查询

在水利财务管理信息系统左侧功能导航中选择"国库支付"—"用款计划管理"—"预算指标控制查询建议表-按科目查询"(图2-27)。

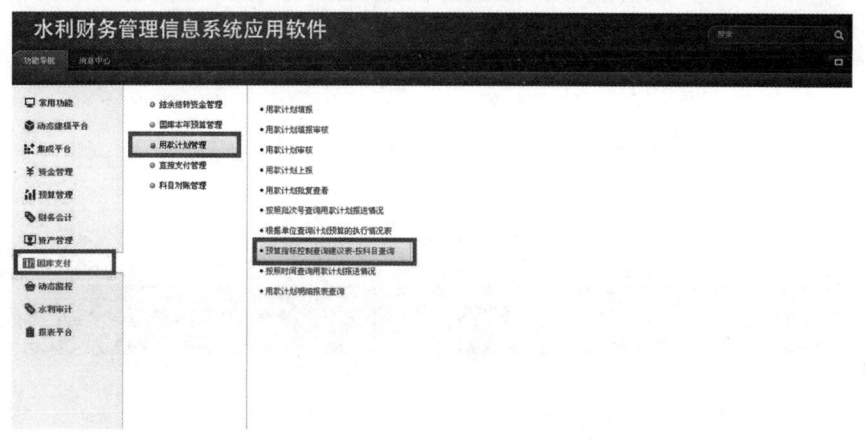

图2-27 在功能导航中选择"预算指标控制查询建议表-按科目查询"

点击"查询"按钮，在查询条件项目下选择单位名称，点击"确定"按钮查询（图2-28）。

图2-28 查询界面

此表可按照科目编码查询本单位预算指标建议表（图2-29）。

3. 按照时间查询用款计划报送情况

在水利财务管理信息系统左侧功能导航中选择"国库支付"—"用款计划管理"—"按照时间查询用款计划报送情况"（图2-30）。

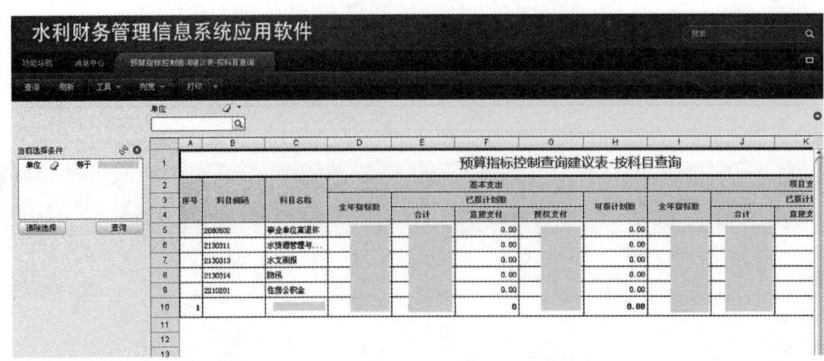

图 2-29 "预算指标控制查询建议表-按科目查询"界面

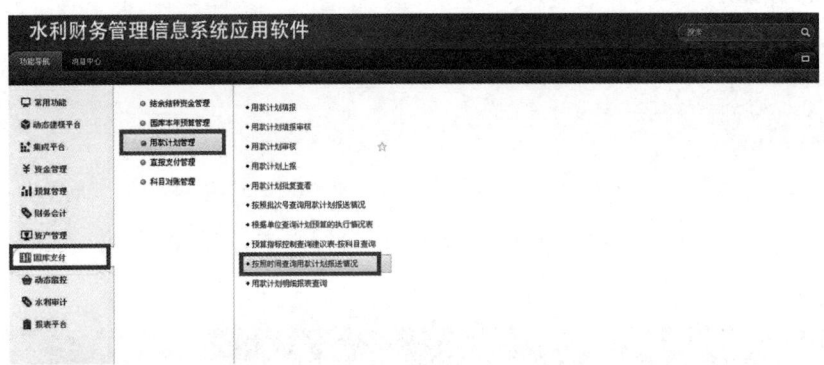

图 2-30 在功能导航中选择"按照时间查询用款计划报送情况"

点击"查询"按钮,在查询条件项目下选择单位名称、开始时间、结束时间等查询信息,点击"确定"查询(图 2-31)。

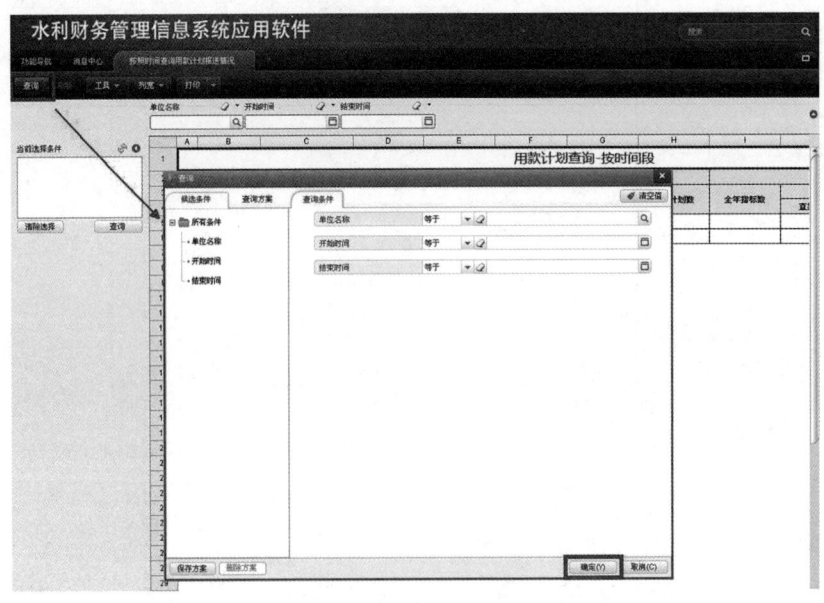

图 2-31 查询界面

此表可通过申报用款计划的时间按预算科目查询本单位用款计划（图2-32）。

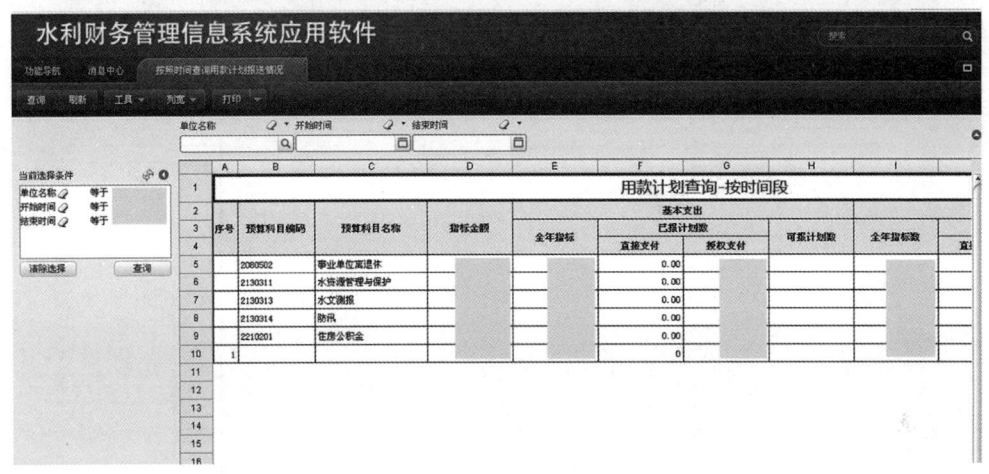

图2-32 "按照时间查询用款计划报送情况"界面

4. 用款计划明细报表查询

在水利财务管理信息系统左侧功能导航中选择"国库支付"—"用款计划管理"—"用款计划明细报表查询"（图2-33）。

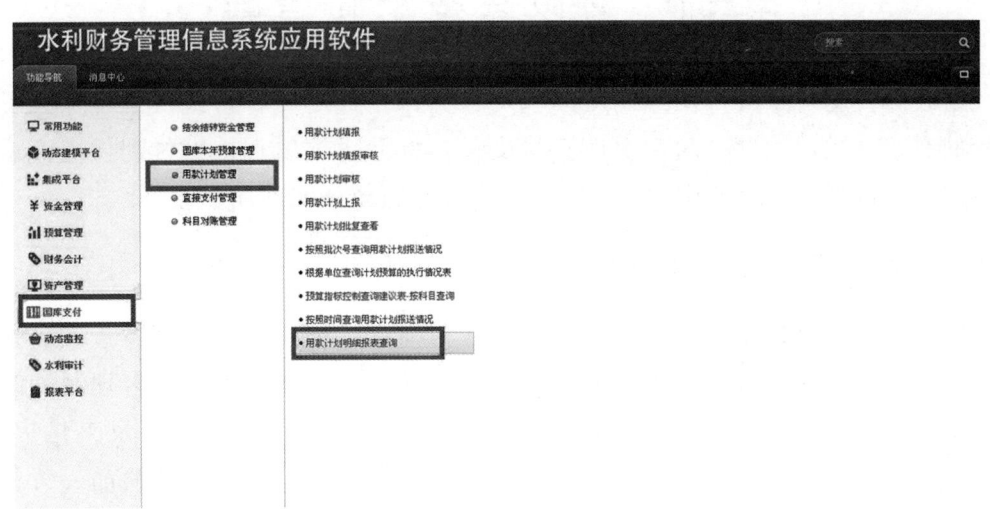

图2-33 在功能导航中选择"用款计划明细报表查询"

点击"查询"按钮，在查询条件项目下选择单位名称，点击"确定"按钮查询（图2-34）。

用款计划明细报表查询可查询单位用款计划具体申报数据，包括科目编码、科目名称、每个项目的用款计划的申报情况。

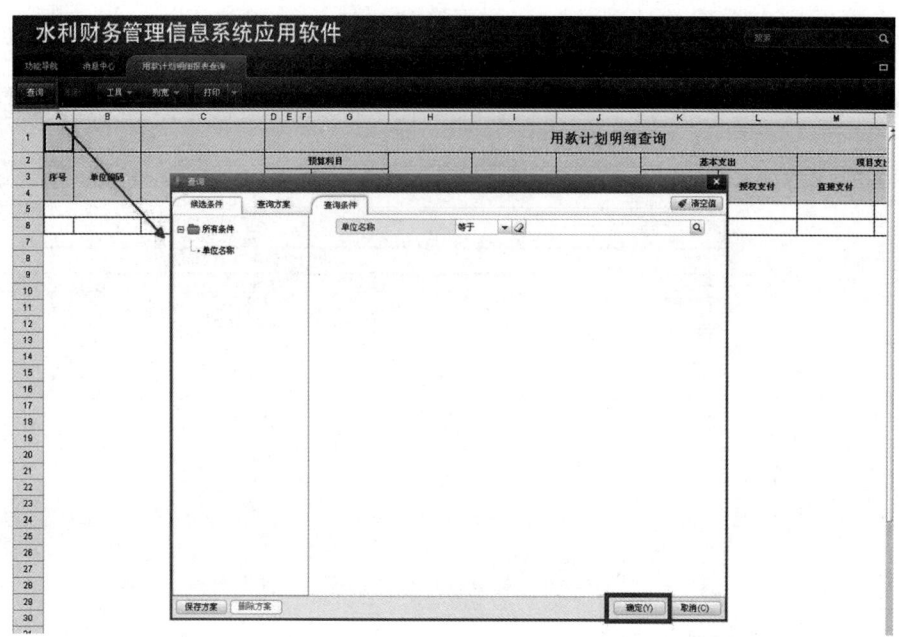

图 2-34 查询界面

第三节 财政直接支付管理

财政直接支付是实行国库制度改革资金支付方式的一种形式，也是加强资金监管的有效方式，大额支付由财政直接支付，将大额款项直接支付到供应商或用款单位，可以减少支付的中间环节，提高资金运行效率和使用效益。

一、财政直接支付的概念

财政直接支付是按照部门预算和用款计划确定的资金用途和用款进度，根据用款单位申请，由财政部向中国人民银行和代理银行（指财政国库管理制度改革中，由财政部确定的具体办理财政性资金支付业务的商业银行）签发支付指令，代理银行根据支付指令通过国库单一账户体系，将资金直接支付到商品、劳务供应者。

财政直接支付改变了中央财政先将资金拨付到主管部门，再由其层层下拨的拨付方式。实行财政直接支付不改变预算单位原有的预算级次、资金使用权限和财务会计管理职责。

二、财政直接支付的范围

单笔支付金额在 500 万元（含）以上的支出实行财政直接支付，单笔支付金额在 500 万元以下的支出实行财政授权支付。

纳入财政统发范围的工资津贴补贴、离退休费，国有资本经营预算支出，以及财政部规定的有特殊管理要求的支出，实行财政直接支付。

三、财政直接支付的申请流程

财政直接支付是指预算单位按照部门预算和用款计划确定的资金用途，提出支付申请，经财政国库执行机构审核后开出支付令，送代理银行，通过国库单一账户体系中的财政零余额账户或预算外资金支付专户，直接将财政性资金支付到收款人或收款单位账户。根据《水利部财务司关于印发〈水利部财政资金国库集中支付实施细则〉的通知》（财经财务〔2006〕116 号）的要求，水利部直接支付申请流程如下：

（一）基层单位报送相关材料到预算执行中心

基层单位需要提交的材料如下：
(1) 经专员办及上级主管单位盖章的基层单位直接支付申请书。
(2) 合同。
(3) 履行政府采购手续的证明文件（如中标通知书、财政部批复同意的采购方式文件等）。
(4) 直接支付申请说明（经单位盖章认可的直接支付情况说明，主要内容应包括本次支付的原因、金额及计算依据，该项目的历次支付情况）。

（二）预算执行中心审核

(1) 国库支付处对其合规性进行审核，审核无误后填制财政直接支付汇总申请书及直接支付审批单。
(2) 政府采购处对其政府采购实施情况进行审核。
(3) 预算执行中心分管主任审核。
(4) 预算执行中心主任审核。
(5) 预算执行中心领导审核无误后，由国库处编制关于《申请直接支付申请用印的函》报至财务司。

（三）财务司审核

财务司对预算执行中心报的直接支付申请材料进行审核，在汇总申请书指定位置加盖财务司公章和司长人名章。财务司将直接支付申请材料返回预算执行中心，由预算执行中心国库支付处工作人员送至财政部相应处室。

（四）直接支付更正

当直接支付出现错误，不改变收款人信息，而需要改变预算管理类型、支出管理类型、预算来源、预算科目、项目等信息时，基层单位可通过填写"中央基层预算单位财政直接支付更正申请书"（表2-5）进行信息更正；水利部汇总后填写"财政直接支付更正汇总申请书"（表2-6）上报财政部进行信息更正。

（五）直接支付退回

当直接支付收款人信息有误时，财政部无法将款项支付至收款单位，产生直接支付退票。基层单位需核实更正收款人信息重新办理该笔直接支付。

（六）直接支付办理过程中需注意的问题

（1）填报财政直接支付，要将申请材料准备齐全，保持电子数据与纸质单据的一致性，直接支付申请书上各要素填写准确，确保收款人的全称、开户银行、银行账号和实际情况完全一致。

（2）财政直接支付的资金，上年结余与当年预算需分单填写支付申请。

（3）涉密和非涉密支付申请分单上报，含涉密信息的支付申请需通过软盘报送，不含涉密信息的支付申请可通过外围平台上传。

（4）填写直接支付申请书时，基本支出按科目填写，项目支出按项目填写。

（5）资金退回。若收款人信息有误，发生资金退回，需重新办理资金支付申请。若预算管理类型、支出管理类型、预算来源、预算科目、项目等信息有误时，不改变收款人信息，可通过填写"财政直接支付更正申请书"进行信息更正。

（6）根据《关于中央预算单位2018年预算执行管理有关问题的通知》（财库〔2017〕207号）的有关规定，除另行规定外，单笔大于500万元的支出需要财政直接支付。如：20××年，某流域机构四级单位在办理直接支付时，将付款通知书上由监理审核通过的1800万元支付款项人为拆分为1500万元和300万元，并将300万元通过授权支付办理。这种方式就违反了关于财政资金直接支付办理的相关制度规定。

四、直接支付软件操作实务

直接支付操作流程如图2-35所示。

表2-5 中央基层预算单位财政直接支付更正申请书

(单位公章)

申请单位名称：　　　　　　　　　　　　　　　　　　　　　　　　　申请书序号：
申请单位组织机构代码：　　　　　　　　　　　　　　　　　　　　　一级预算单位名称：
　　　　　　　　　　　　　　　　　　　　　　　　　　　　　　　　　联系人及电话：
　　　　　　　　　　　　　年　月　日　　　　　　　　　　　　　　邮政编码及地址：
　　　单位：元

内容 事项	支付申请编号	支付申请原始编号	预算来源	预算管理类型	支出类型	预算科目		项目	收款人			申请金额	财政专员办审核意见	上级主管预算单位审核意见
						功能分类（类款项）编码和名称	经济分类（类款）编码和名称	编码	名称	全称	开户银行	银行账号			
原列事项															
调整事项															
合　计															

备注：

申请部门联系电话：

填表说明：在已支付资金收款人不变的情况下调整相应事项。请按"正负相抵、余额为零"原则填列此单。表中"支付申请编号"由系统自动生成，原列事项的"支付申请原始编号"栏需查询后填列，原列事项其余各栏由系统自动生成，其中申请金额显示为负数。

表2-6 财政直接支付更正汇总申请书

（单位财务公章）

申请部门名称：
申请部门预算编码：
基层预算单位名称：
基层预算单位组织机构代码：

部门申请书序号：
财政部门申请书序号：
财政部国库司审核编号：

年 月 日

单位：元

第一联 退一级预算单位

内容 / 事项	支付申请编号	支付申请原始编号	预算来源	预算管理类型	支出类型	预算科目		项目		收款人			申请金额	财政部核定金额
						功能分类（类款项）编码和名称	经济分类（类款）编码和名称	编码	名称	全称	开户银行	银行账号		
原列事项														
调整事项														
合　　计														

申请支付部门（签章）			财政部国库司			审核处			备注
财务负责人	处长	经办人	司长	支付处		审核处			
				处长	经办人	处长	经办人		
月　日	月　日	月　日	月　日	月　日	月　日	月　日	月　日		

申请部门联系电话：

填表说明：1. 单位财务公章是指中央一级预算单位不变的财务管理的财务机构的公章。
2. 在已支付资金收款人不变的情况下调整相应事项，请按"正负相抵、余额为零"原则填此单。表中"支付申请编号"由系统自动生成，表中"支付申请原始编号"栏需查询后填列，原列事项的"支付申请原始编号"由系统自动生成，其申请金额显示为负数。

第二章　国库集中支付管理实务

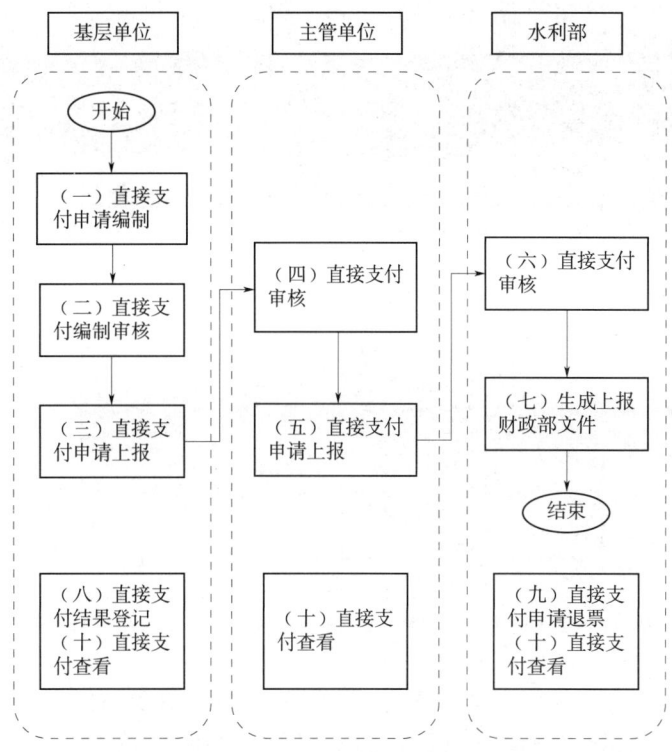

图 2-35　直接支付操作流程

(一) 直接支付申请编制 (基层单位)

登录水利财务管理信息系统，在左侧功能导航中选择"国库支付"—"直接支付管理"—"直接支付编制"(图 2-36)。

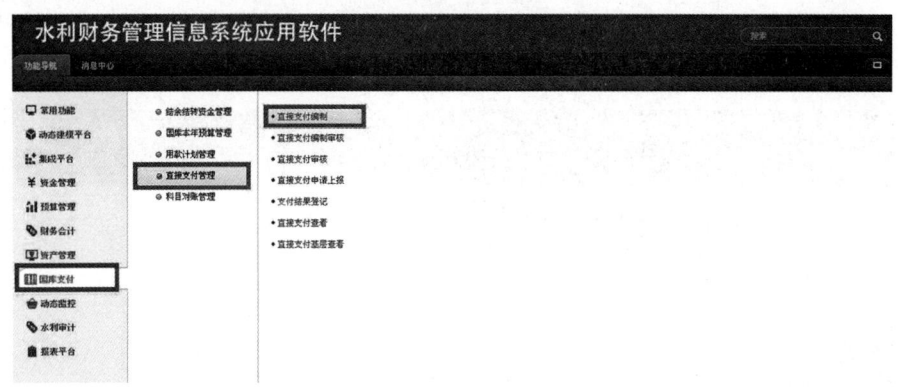

图 2-36　在功能导航中选择"直接支付编制"

进入"直接支付编制"界面，点击"新增"按钮，系统弹出"录入支付申请"填报框，在选择项目框内勾选此次需要申报的项目，在下方申请信息框内录入相应的信息，点击"保存"按钮。如需连续录入多个项目信息，在下方其他设置选

· 39 ·

中"是否连续录入"按钮(图 2-37)。

图 2-37 "录入支付申请"填报框

待所有直接支付申请全部录完后,在直接支付编制页面默认条件下(提交状态为"未提交")点击"查询"按钮,页面显示已填写的直接支付申请。若填报有误,点击"修改"按钮可对此条直接支付进行修改;若无需上报该条直接支付,则点击"删除"按钮;若核对无误,则勾选该条直接支付点击"提交"按钮,数据提交后,进入直接支付编制审核节点。

(二)直接支付编制审核(基层单位)

在水利财务管理信息系统左侧功能导航中选择"国库支付"—"直接支付管理"—"直接支付编制审核"(图 2-38)。

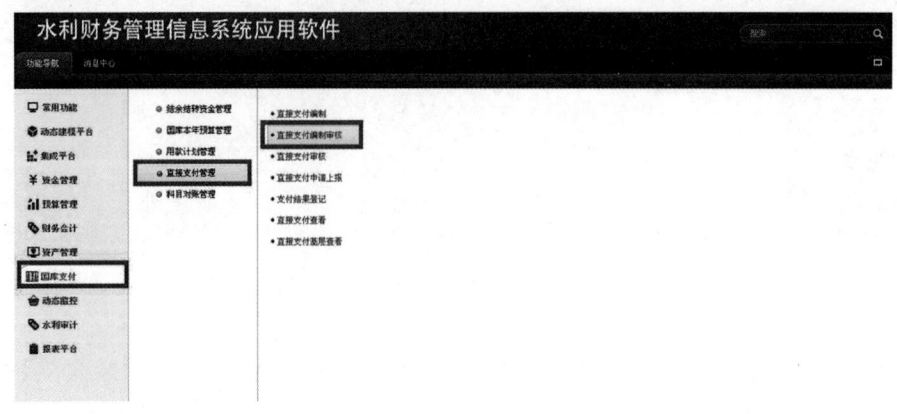

图 2-38 在功能导航中选择"直接支付编制审核"

进入界面后，在直接支付编制审核页面默认条件下（审核状态为"未审核"）点击"查询"按钮，页面显示所有已提交待审核的直接支付申请，若核对无误则勾选此次需要审核的直接支付并点击"审核"按钮，进入下一步操作（图2-39）。

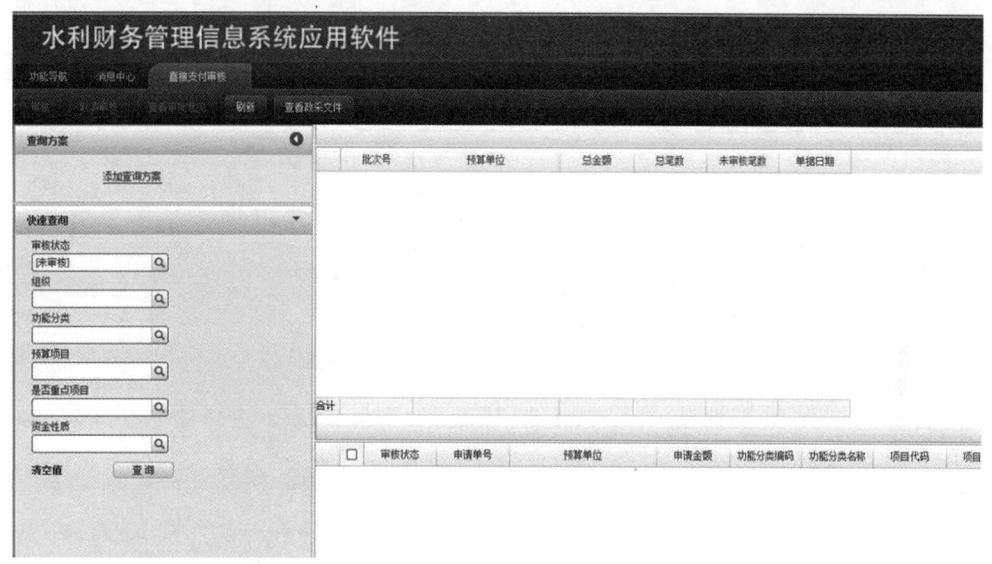

图2-39　"直接支付审核"界面

（三）直接支付申请上报（基层单位）

在水利财务管理信息系统左侧功能导航中选择"国库支付"—"直接支付管理"—"直接支付申请上报"（图2-40）。

图2-40　在功能导航中选择"直接支付申请上报"

进入界面点击"汇总上报"按钮，系统弹出"生成上报单"填报框，在该页面勾选需要汇总的数据（可勾选多条数据），点击"生成"按钮（图2-41）。

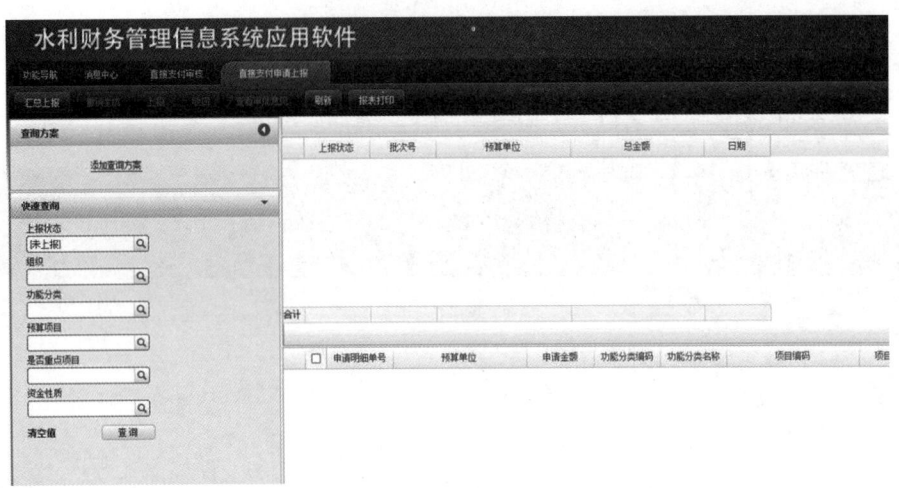

图 2-41 "直接支付申请上报"界面

在系统默认界面快速查询栏（上报状态为"未上报"）点击"查询"按钮，筛选出已提交的数据列表，勾选需要上报的数据，点击"上报"按钮，数据自动提交至上级主管单位。

（四）直接支付审核（主管单位）

在水利财务管理信息系统左侧功能导航中选择"国库支付"—"直接支付管理"—"直接支付审核"（图 2-42）。

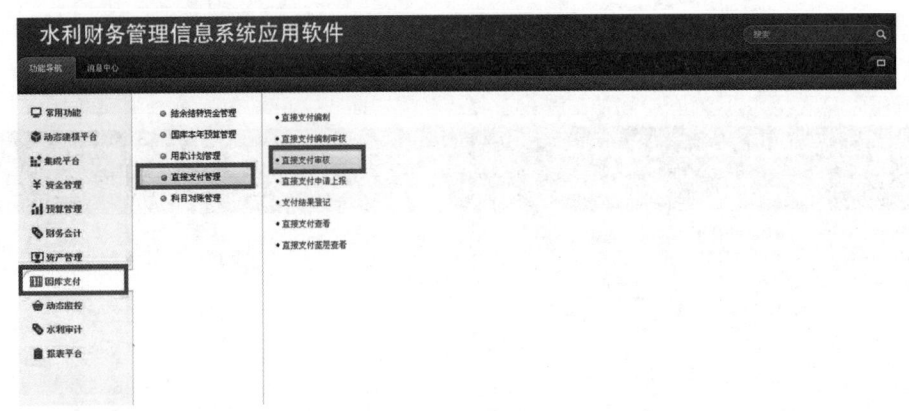

图 2-42 在功能导航中选择"直接支付审核"

点击"查询"按钮，显示基层单位待审核的直接支付数据，勾选待审核的数据，核对无误点击"审核"按钮，完成对下级单位直接支付申请的审核。

（五）直接支付申请上报（主管单位）

在水利财务管理信息系统左侧功能导航中选择"国库支付"—"直接支付管理"—"直接支付申请上报"（图 2-43）。

第二章 国库集中支付管理实务

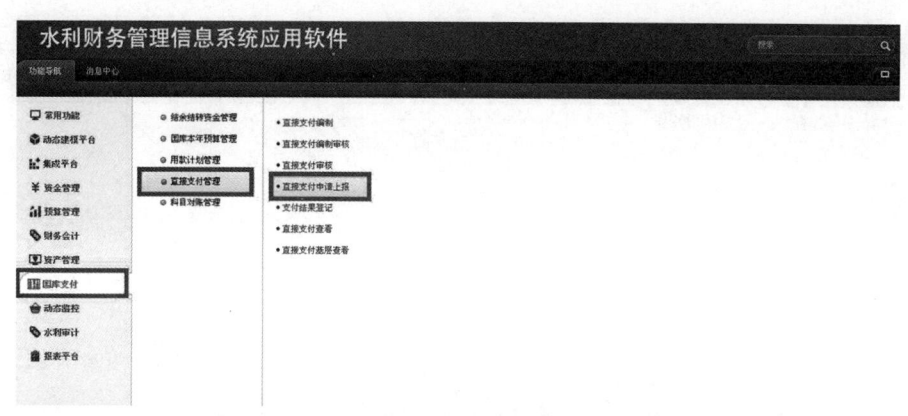

图 2-43 在功能导航中选择"直接支付申请上报"

进入界面点击"汇总上报"按钮,系统弹出"生成上报单"填报框,在该页面勾选需要汇总的数据(可勾选多条数据),点击"生成"按钮。

在系统默认界面快速查询栏点击"查询"按钮,筛选出已提交的数据列表,勾选需要上报的数据,点击"上报"按钮,数据自动提交至上级主管单位。

(六)直接支付审核(水利部)

水利部根据下级单位上报情况进行审核上报。在左侧功能导航中选择"国库支付"—"直接支付管理"—"直接支付审核"(图 2-44)。

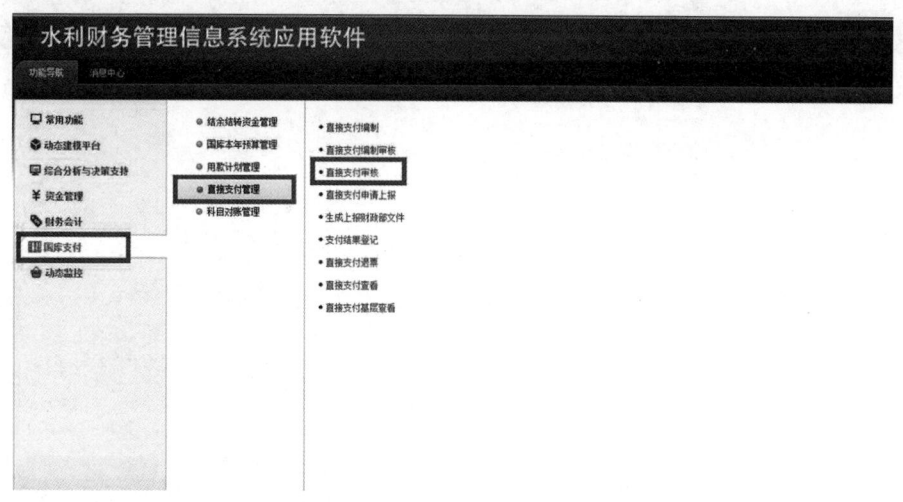

图 2-44 在功能导航中选择"直接支付审核"

进入界面点击左侧"查询"按钮,显示所有下级单位待审核的直接支付数据,勾选需要审核的数据,核对无误点击"审核"按钮,弹出"审批处理情况"对话框,点击"批准"完成对下级单位直接支付申请的审核(图 2-45)。

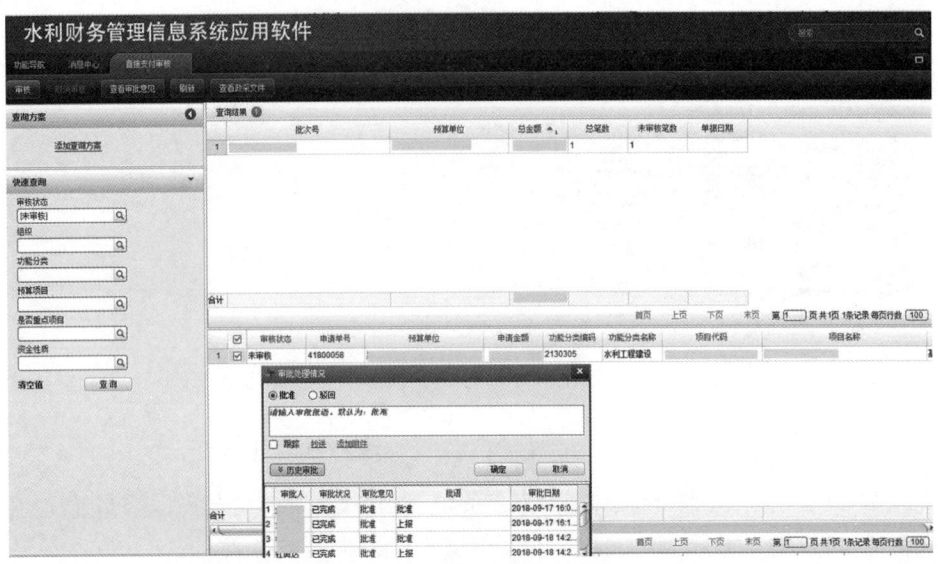

图 2-45 "直接支付审核"界面

（七）水利部生成上报财政部文件（水利部）

在水利财务管理信息系统左侧功能导航中选择"国库支付"—"直接支付管理"—"生成上报财政部文件"（图 2-46）。

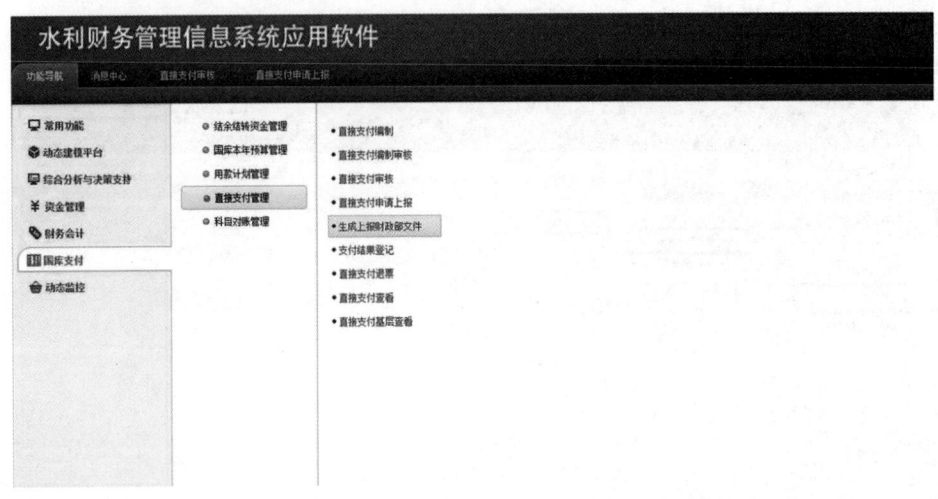

图 2-46 在功能导航中选择"生成上报财政部文件"

在系统界面快速查询栏点击"查询"按钮，系统弹出"生成上报单"填报框，可筛选所有下级单位待生成的直接支付数据，勾选需要生成的数据，点击"生成"按钮（图 2-47）。

在系统自动弹出的保存页面中选择本级存储路径（只能选择到文件夹）导出数据（图 2-48）。

图 2-47 "生成上报单"填报框

图 2-48 选择本级存储路径导出数据

对导出的数据进行加密操作,将存储的数据上传到财政部外围平台(图 2-49)。最后打印直接支付汇总申请书(图 2-50)。

(八)直接支付结果登记(基层单位)

直接支付登记需要由基层单位操作完成。在直接支付申请已经生成上报文件后,填报直接支付登记。在水利财务管理信息系统左侧功能导航中选择"国库支付"—"直接支付管理"—"支付结果登记"(图 2-51)。

进入界面点击左侧"查询"按钮,右侧显示出要登记的数据,勾选需要登记的数据,点击"登记"按钮完成直接支付的登记(图 2-52)。

图 2-49 加密并上传数据

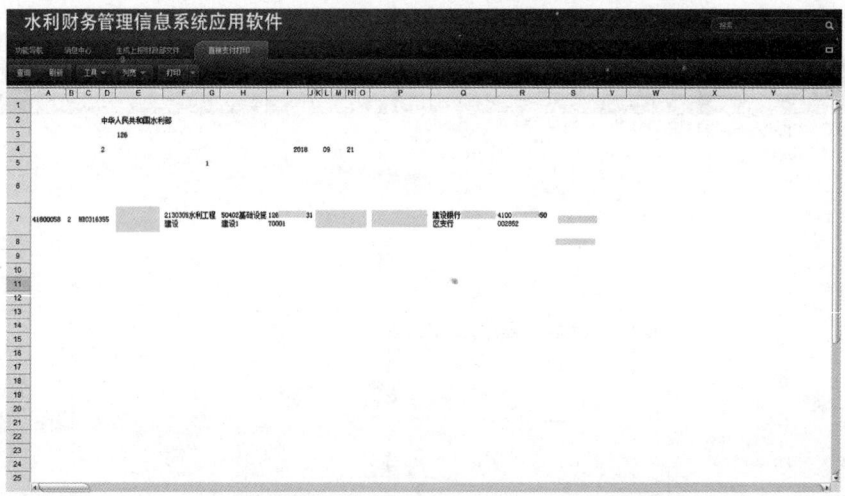

图 2-50 打印直接支付汇总申请书

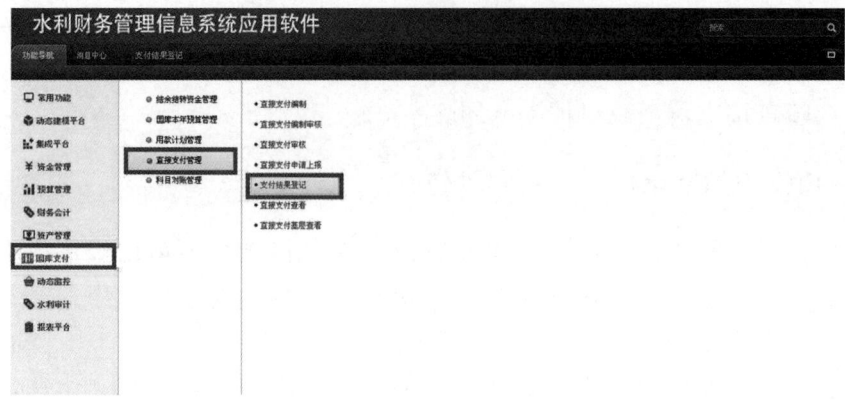

图 2-51 在功能导航中选择"支付结果登记"

图 2-52 "支付结果登记"界面

(九) 直接支付申请退票（水利部）

直接支付退票需要由水利部操作完成。财政部下发退票通知后，水利部根据实际业务情况进行直接支付退票操作。在水利财务管理信息系统左侧功能导航中选择"国库支付"—"直接支付管理"—"支付结果退票"（图 2-53）。

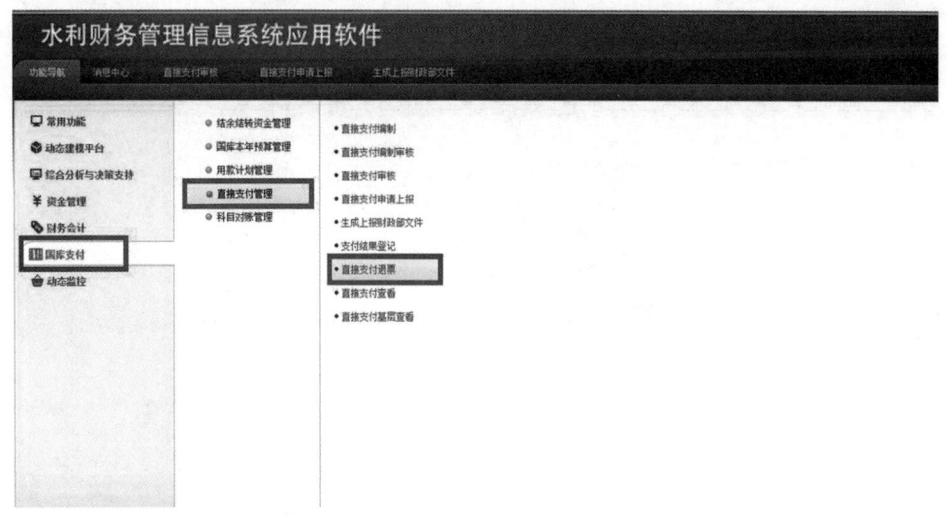

图 2-53 在功能导航中选择"支付结果退票"

在系统界面点击"新增退票"按钮，选择单位后点击"查询"按钮，系统界面显示所有可退票的数据。选择需要退票的数据，退票金额自动带出直接支付申请的金额，根据实际退票情况核对无误后点击"保存"按钮（图 2-54）。

图 2-54 "直接支付退票"界面

(十) 直接支付查看

1. 直接支付查看

在水利财务管理信息系统左侧功能导航中选择"国库支付"—"直接支付管理"—"直接支付查看"(图 2-55)。

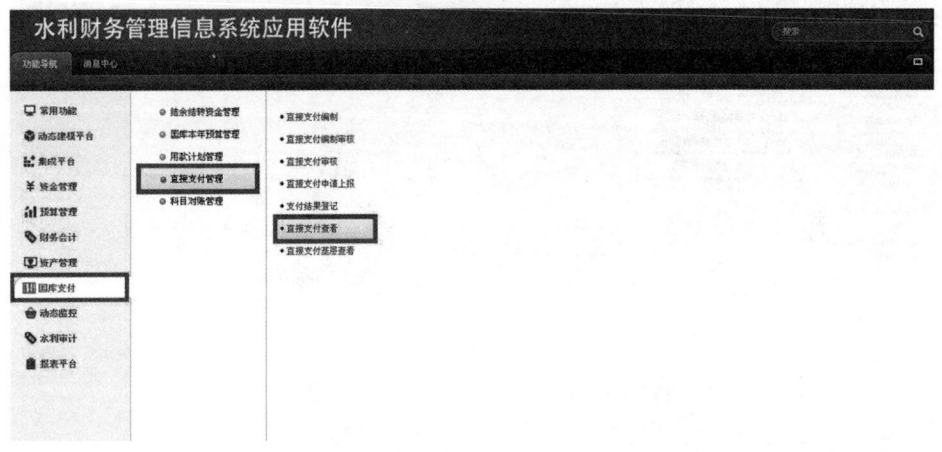

图 2-55 在功能导航中选择"直接支付查看"

点击"查询"按钮,在查询条件框中选择需要查询的单位名称,点击"确定"。查询结果显示财政直接支付汇总申请书,包含三类数据类型,点击不同的页签查看数据。直接支付申请生成上报文件后,各级单位均可查询直接支付情况,上级单位可以查看本级和下级单位的所有数据(图 2-56)。

第二章 国库集中支付管理实务

图 2-56 "财政直接支付汇总申请书"界面

2. 直接支付基层单位查看

在水利财务管理信息系统左侧功能导航中选择"国库支付"—"直接支付管理"—"直接支付基层查看"（图 2-57）。

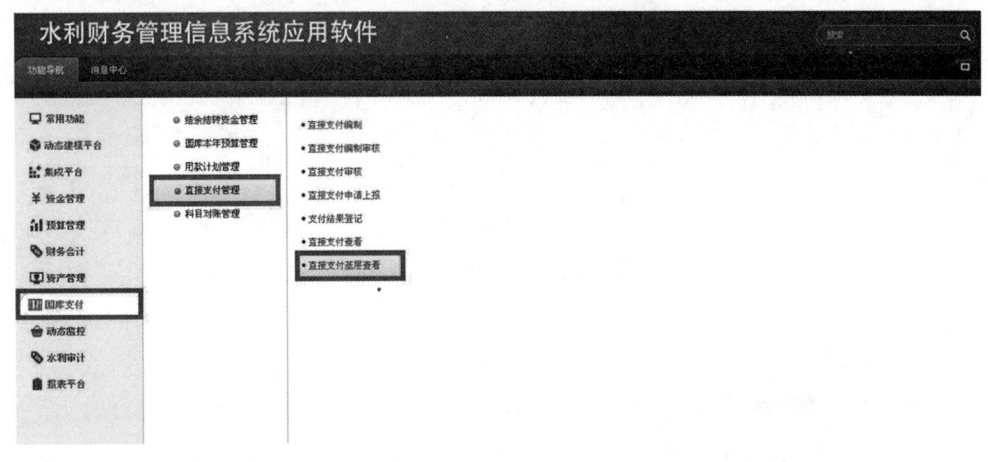

图 2-57 在功能导航中选择"直接支付基层单位查看"

点击"查询"按钮，在查询条件框中选择需要查询的单位名称，点击"确定"按钮，基层单位可通过此模块查询直接支付申请书（图 2-58）。

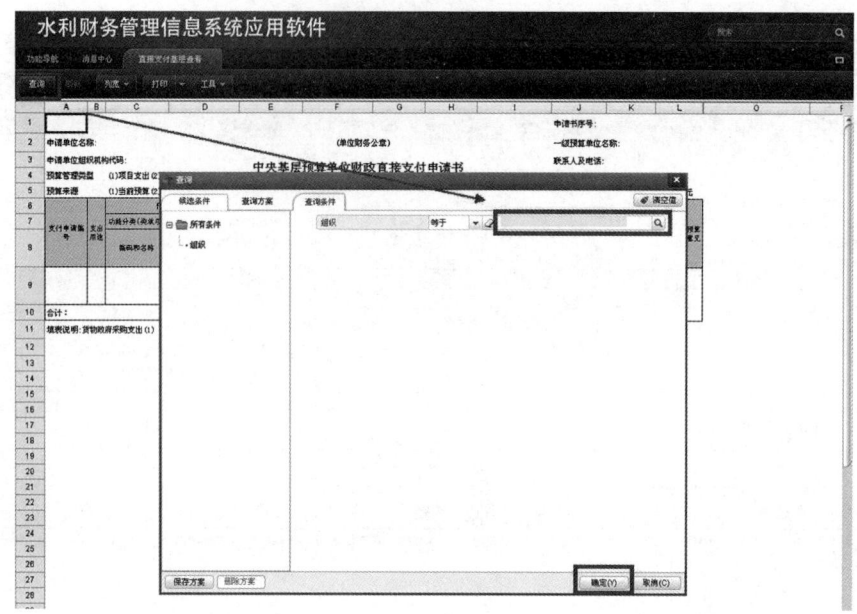

图 2-58 "直接支付基层查看"界面

第四节 科目对账管理

科目对账是为了加强财政资金管理，确保财政资金支付安全，通过会计对账主体，对中央财政直接支付资金和授权支付资金进行定期和不定期相结合的方式对账。

一、财政部与一级预算单位（水利部）会计对账

根据《中央财政国库集中支付会计对账办法》有关规定，应由国库集中支付代理银行基层经办行、实行国库集中支付的基层预算单位、实行国库集中支付的一级预算单位、国库集中支付代理银行总行、中国人民银行和财政部六方会计对账主体，进行定期和不定期的对账。本手册主要梳理财政部与实行国库集中支付的一级预算单位（水利部）之间的对账。财政部与一级预算单位之间按季对账（具体为第二、第三、第四季度），其中第四季度在12月底根据需要随时开展。

一般情况下，季度终了后5个工作日内，财政部国库司向水利部发出纸质"财政国库集中支付预算单位会计对账单"（表2-7）及基层预算单位支付明细电子数据。水利部依据财政部对账单内容，将相关电子数据通过水利财务管理信息系统下发至各基层预算单位，基层预算单位根据本单位预算指标情况、已核批用款计划情况、未核批用款计划情况、支出是否超预算等有关信息，在水利财务管理信息系统内，对财政部提供的数据进行一一核对。各单位核对无误后，由水利部按照财政部要求，在规定时间内将核对无误的对账单回执报送财政部国库司。

表2-7　财政国库集中支付预算单位会计对账单

截止日期：　　年　　月　　日

部门编码/名称：　　　　　　　　　　　　　　　　　　　　　　　　　　　单位：元

会计科目编码	科目名称	累计支出数	国库集中支付金额			其他金额
			小计	直接支付数	授权支付数	

说明：1. 本对账单金额为截止日期前的本年累计支出数。
2. 季度终了后5个工作日内，财政部向各一级预算单位发出本表。
3. 各一级预算单位应在对账单回执单上签署对账结果，对账人及复核人，并加盖对账印章，于季度终了后15个工作日内，将对账单回执报送财政部。
4. 对账结果（是否核对无误）：_____
5. 对账人：_____　复核人：_____　联系电话：_____
6. 对账印章：

二、一级预算单位（水利部）与基层预算单位会计对账

水利部与基层单位的会计对账可通过纸质对账单或通过计算机网络系统进行电子对账。目前水利部实行网络电子对账，水利财务管理信息系统中科目对账管理中进行，由水利部将财政部下发的对账文件导入系统，并向基层预算单位下发对账数据，上级预算单位把数据导入系统，由基层预算单位根据实际情况对账。对账不符时，各方应及时沟通，共同核查，分清责任，按照"谁的差错谁更正"的原则，在发现差错的当期及时更正。

三、科目对账软件操作实务

科目对账操作流程如图 2-59 所示。

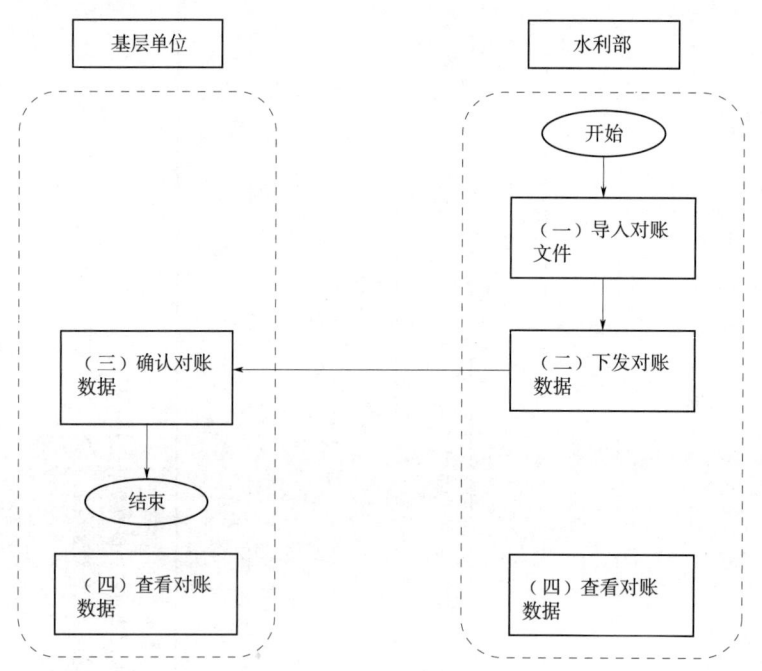

图 2-59 科目对账操作流程

（一）导入对账文件（水利部）

登录水利财务管理信息系统，在左侧功能导航中选择"国库支付"—"科目对账管理"—"预算内对账（部委）"（图 2-60）。

点击"导入对账数据"按钮，在导入对账数据框内选择导入的文件和时间，点击"确认"按钮，系统将提示导入文件成功（图 2-61）。

第二章 国库集中支付管理实务

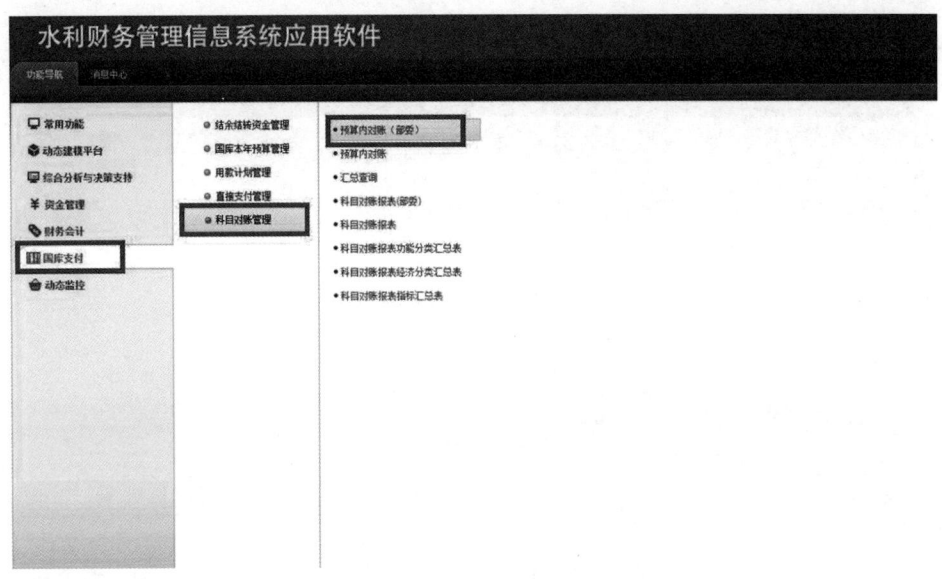

图 2-60　在功能导航中选择"预算内对账（部委）"

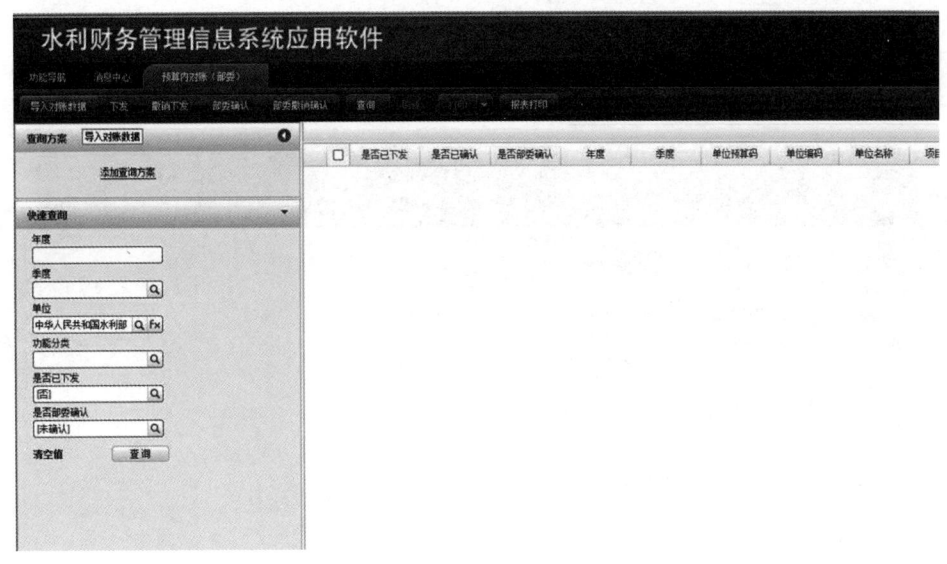

图 2-61　"预算内对账（部委）"界面

（二）下发对账数据（水利部）

在系统界面左侧快速查询栏输入相应的查询条件，点击"查询"按钮，系统自动筛选出所有未确认且未下发的对账数据，勾选需要下发的数据，点击"下发"按钮，系统提示是否下发所选中的数据，确认无误后点击"是"按钮，数据将下发至基层单位（图 2-62）。

图 2-62 下发对账数据（水利部）

（三）确认对账数据（基层单位）

在水利财务管理信息系统左侧功能导航中选择"国库支付"—"科目对账管理"—"预算内对账"（图 2-63）。

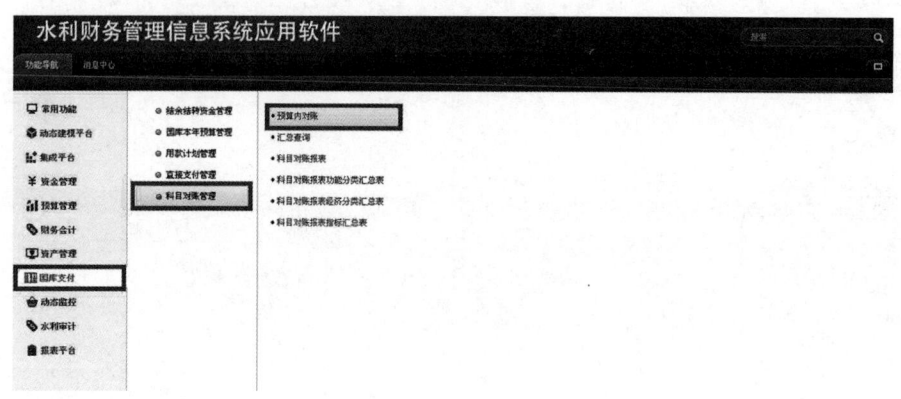

图 2-63 在功能导航中选择"预算内对账"

水利部下发对账数据后，在系统界面左侧"快速查询"框中输入相应的查询条件，在"是否已下发"栏目选择"是"，"是否已确认"栏目选择"未确认"，点击"查询"按钮筛选数据（图 2-64）。

勾选需要确认的数据，点击"上报"按钮，系统弹出"是否确认选中的数据"对话框，选择"是"系统提示"确认数据完毕"，即完成确认对账数据操作。

如果已经上报的数据有误，需要撤回修改，勾选需要撤回的数据，点击"收回"按钮，数据返回至"未确认"状态。

第二章 国库集中支付管理实务

图 2-64 筛选数据

（四）查看对账数据

在水利财务管理信息系统左侧功能导航中选择"国库支付"—"科目对账管理"—"汇总查询"（图 2-65）。

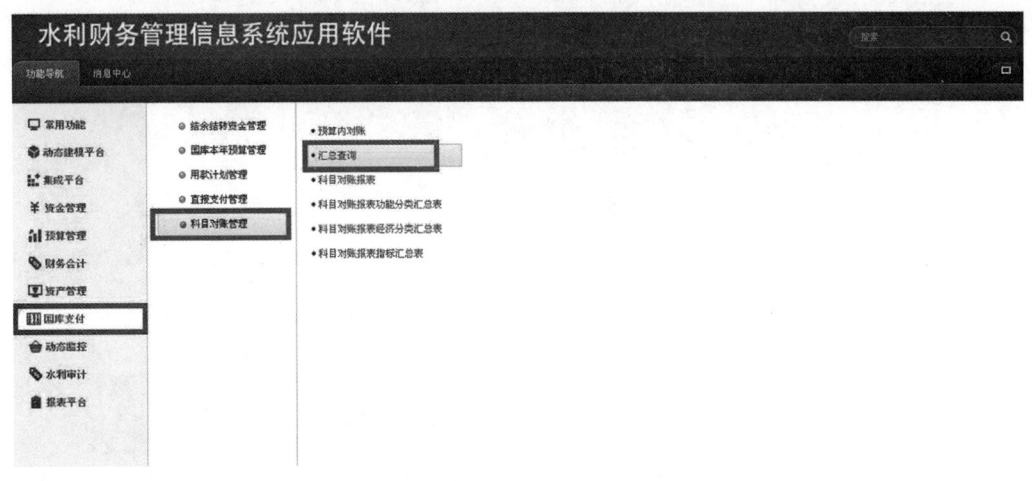

图 2-65 在功能导航中选择"汇总查询"

进入汇总查询界面，点击"查询"按钮，系统弹出查询条件填报框，选择需要查询的数据信息，点击"确认"即可（图 2-66、图 2-67）。

· 55 ·

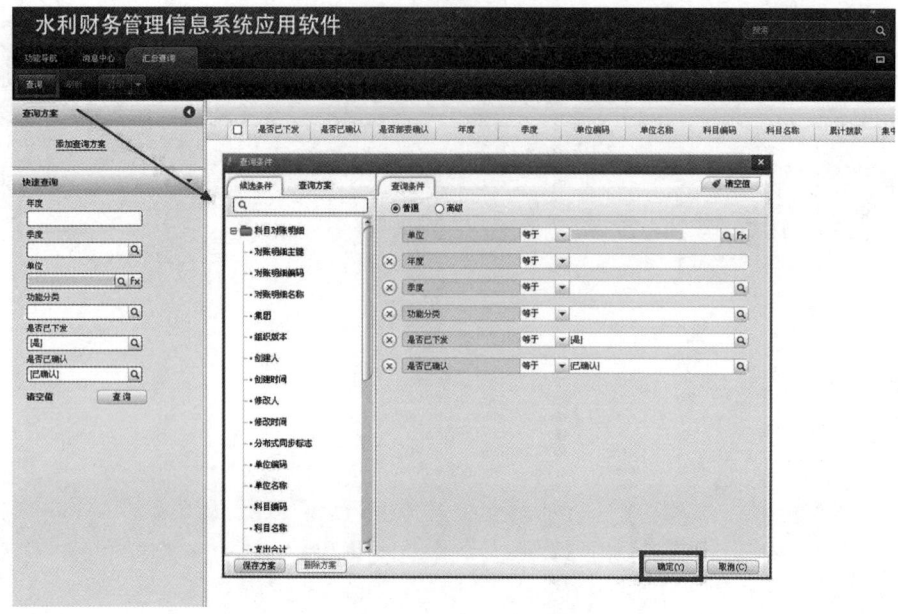

图 2-66 查询条件填报框

图 2-67 "汇总查询"界面

1. 科目对账报表

在水利财务管理信息系统左侧功能导航中选择"国库支付"—"科目对账管理"—"科目对账报表"(图 2-68)。

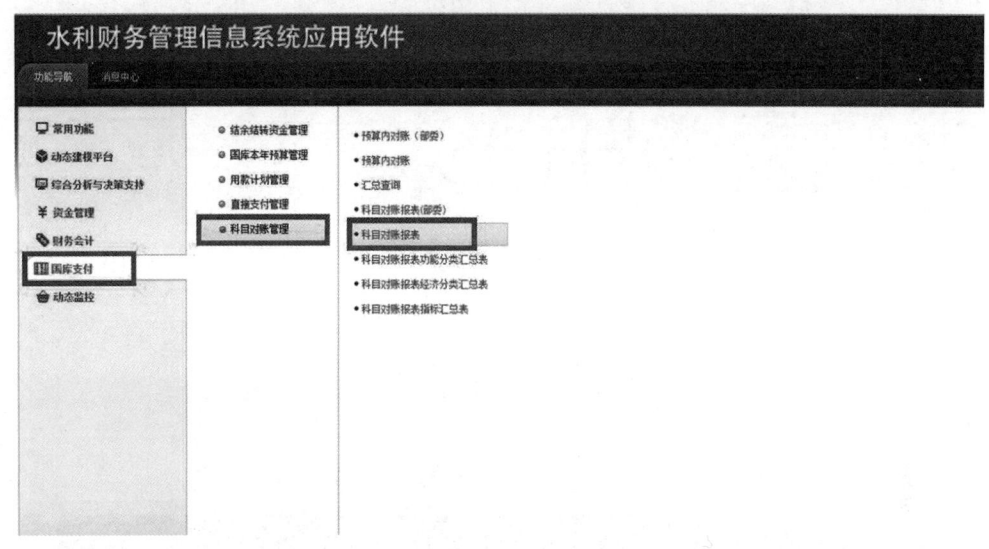

图 2-68　在功能导航中选择"科目对账报表"

点击"查询"按钮，可查询科目对账汇总表（图 2-69）。

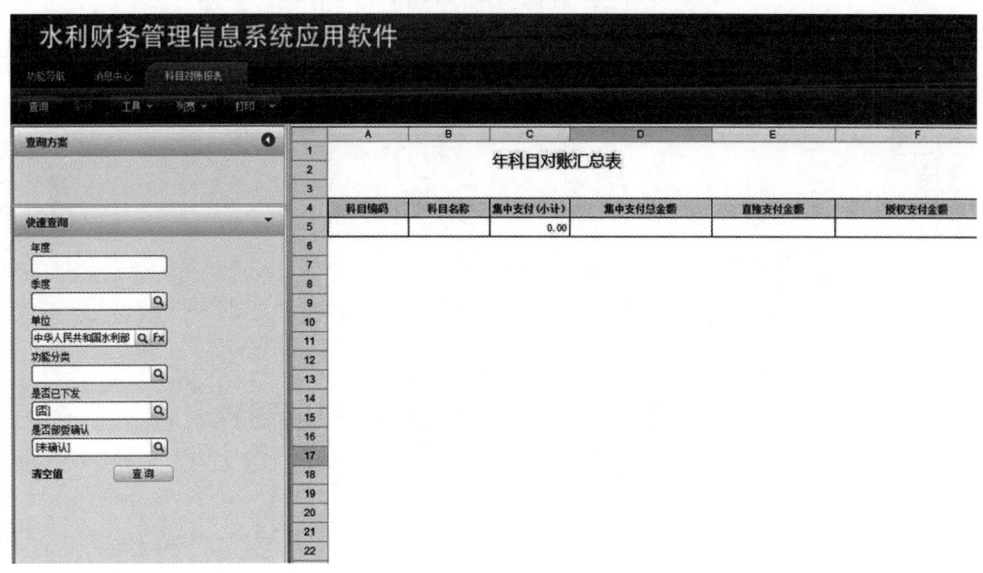

图 2-69　科目对账汇总表

2. 科目对账报表功能分类汇总表

在水利财务管理信息系统左侧功能导航中选择"国库支付"—"科目对账管理"—"科目对账报表功能分类汇总表"（图 2-70）。

进入汇总查询界面，点击"查询"按钮，系统弹出查询条件填报框，选择需要查询的数据信息，点击"确认"按钮（图 2-71）。

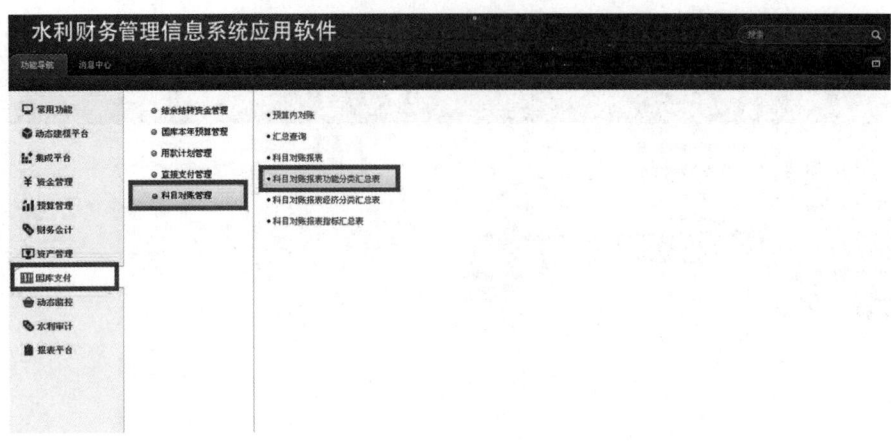

图 2-70 在功能导航中选择"科目对账报表功能分类汇总表"

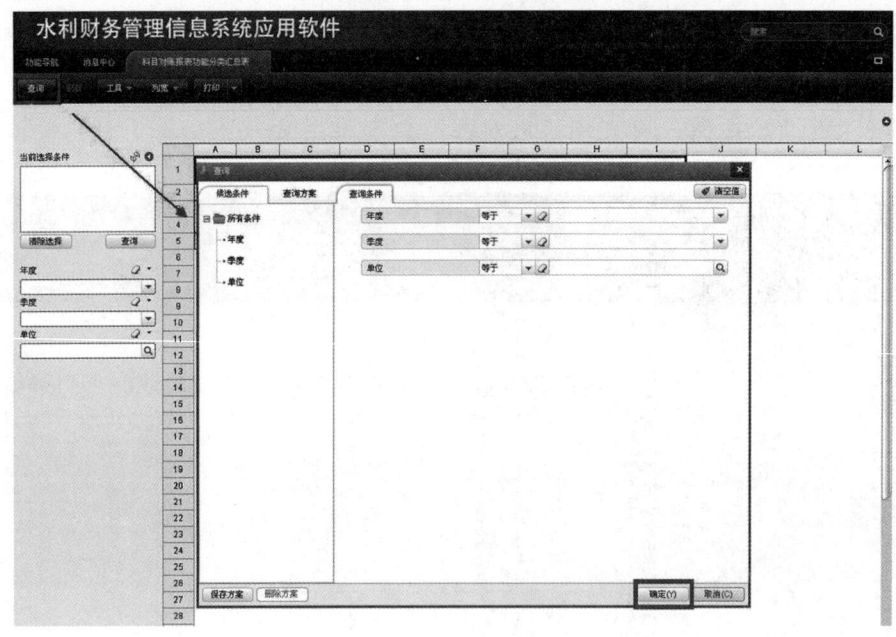

图 2-71 查询条件填报框

此表可查询按项目大类划分的各类汇总数,包括直接支付数和授权支付数(图 2-72)。

3. 科目对账报表经济分类汇总表

在水利财务管理信息系统左侧功能导航中选择"国库支付"—"科目对账管理"—"科目对账报表经济分类汇总表"(图 2-73)。

进入系统汇总查询界面,点击"查询"按钮,系统弹出查询条件填报框,选择需要查询的数据信息,点击"确认"按钮(图 2-74)。

图 2-72 "科目对账报表功能分类汇总表"界面

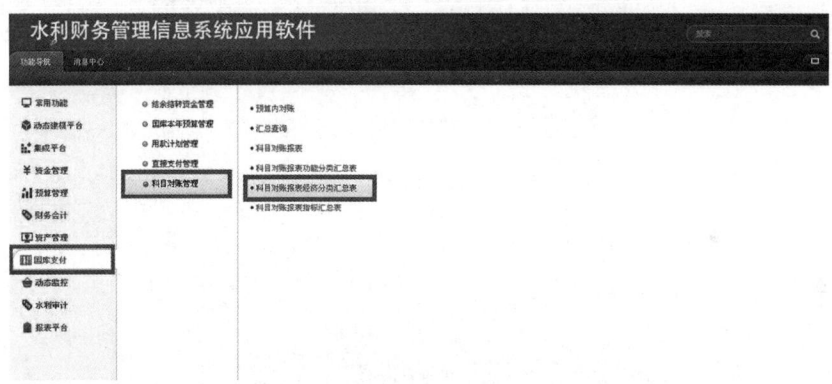

图 2-73 在功能导航中选择"科目对账报表经济分类汇总表"

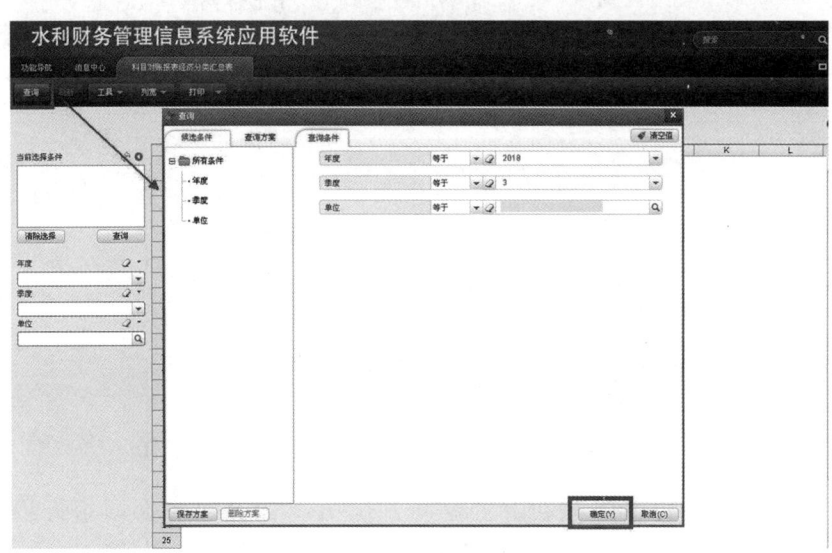

图 2-74 查询条件填报框

此表可查询按经济分类汇总的数据，包括直接支付数和授权支付数（图2-75）。

图2-75 "科目对账报表经济分类汇总表"界面

4. 科目对账报表指标汇总表

在水利财务管理信息系统左侧功能导航中选择"国库支付"—"科目对账管理"—"科目对账报表指标汇总表"（图2-76）。

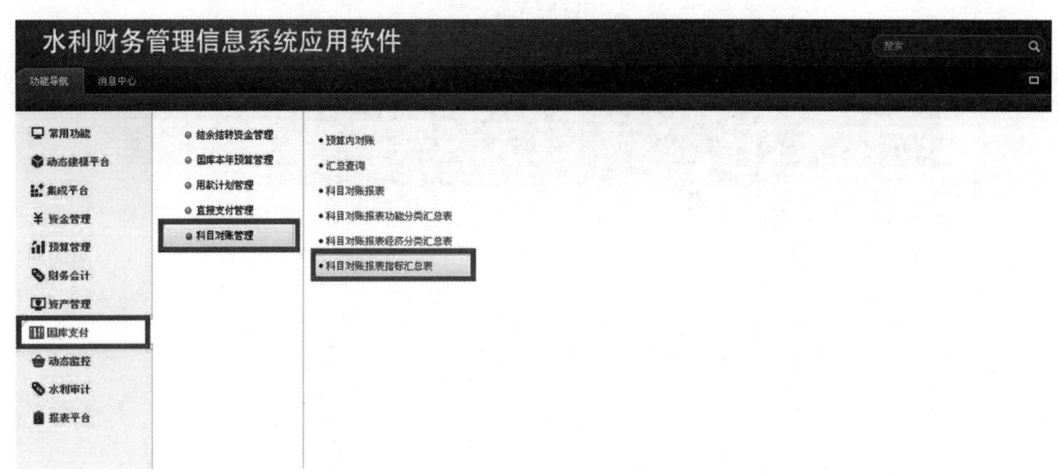

图2-76 在功能导航中选择"科目对账报表指标汇总表"

进入系统汇总查询界面，点击"查询"按钮，系统弹出查询条件填报框，选择需要查询的数据信息，点击"确认"按钮（图2-77）。

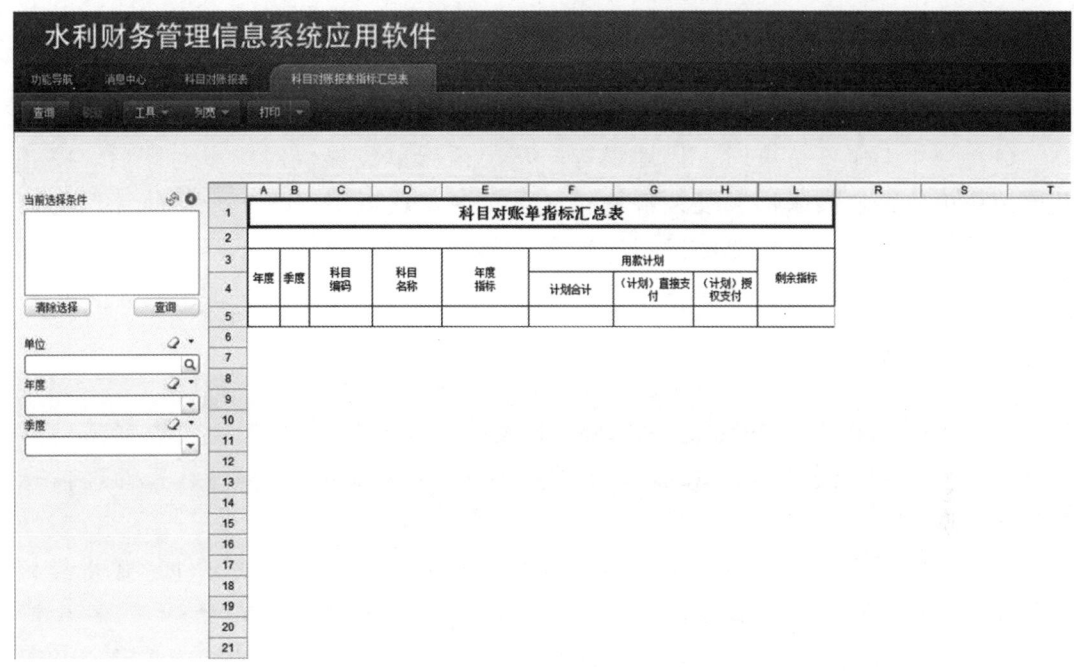

图 2-77 "科目对账报表指标汇总表"界面

第五节 结转结余资金管理

为优化财政资源配置,提高资金使用效益,合理安排分年支出计划,根据《中华人民共和国预算法》《中华人民共和国预算法实施条例》等有关规定,要实行结转结余资金管理,以优化资源配置,盘活存量资金,进一步提高预算编制的科学性、准确性。强化结转结余资金管理,要重视结转结余资金的预算执行,加快结转项目的执行进度,努力减少和消化结转结余资金。加强对所属预算单位预算执行工作的督导,建立健全预算支出责任制度,督促重点单位、重点项目切实加快预算执行进度。

一、结转结余资金的概念和范围

结转结余资金,是指与中央财政有缴拨款关系的中央级行政单位、事业单位(含企业化管理的事业单位)、社会团体及企业,按照财政部批复的预算,在年度预算执行结束时,未列支出的一般公共预算和政府性基金预算资金。结转资金是指预算未全部执行或未执行,下年需按原用途继续使用的预算资金。结余资金是指项目实施周期已结束、项目目标完成或项目提前终止,尚未列支的项目支出预算资金;因项目实施计划调整,不需要继续支出的预算资金;预算批复后连续两年未用完的预算资金。

结转结余资金包括国库集中支付结余资金和非国库集中支付结余资金。

二、年终预算结余资金的确认程序

（1）当年工作日结束时，代理银行向基层预算单位提供对账单对账后，将各基层预算单位零余额账户额度余额注销。下年度，代理银行于1月初将注销的额度报财政部国库司。财政部国库司向财政部部门管理司提供上年度预算单位实际支付的资金数额，部门管理司根据部门预算初步核定当年未支付的资金数额，将核定的数额送达财政部预算司和国库司。

（2）国库司适时在财政国库管理外围系统上发布经核定的结余数据。

（3）水利部在外围系统接收财政部下发的结余核定数据（涉密数据需到财政部国库司通过光盘拷贝，按保密要求办理），将数据导入水利财务管理信息系统。

（4）基层预算单位在系统中对数据逐一核对无误后，以正式文件形式将经核定的报表报送至水利部预算执行中心。

（5）水利部对本部门和所属预算单位的结转和结余资金情况逐级汇总，并对形成结转或结余资金的原因进行分析说明，将本部门"××××年度国库集中支付当年结余资金申报核批表（汇总表）"（表2-8）、"××××年度国库集中支付当年结余资金申报核批表（明细表）"（表2-9）和有关说明文件及相关数据报送财政部国库司和部门管理司。

（6）财政部部门管理司根据部门预算和相关财政财务管理规定，对水利部结转和结余资金数额进行审核确认，并于3月底前将审核意见以正式文件通知水利部。

（7）水利部以正式文件形式将财政部批复结果通知各预算单位。

三、结转结余资金软件操作实务

结转结余资金操作流程如图2-78所示。

（一）导入财政部数据（水利部）

此项操作的前提条件是有上年度结余结转的经费。年初水利部在水利财务管理信息系统中导入财政部数据。

（二）新旧科目转换及数据下发（水利部）

登录水利财务管理信息系统，在左侧功能导航中选择"国库支付"—"结余结转资金管理"—"科目转换配置"（图2-79）。

第二章 国库集中支付管理实务

表2-8 ××××年度国库集中支付当年结余资金申报核批表（汇总表）

（一般公共预算/政府性基金预算/国有资本经营预算）

（使用××××年度预算科目）

申报部门：　　　　　　　　　　　　填报日期：　年　月　日　　　　　　　　　单位：元

科目编码	科目名称	项目编码	项目名称	项目属性	当年预算数	已核批国库集中支付用款计划数	国库集中支付实际支出数	当年国库集中支付结余数 合计 9=7-8	当年国库集中支付结余数 基本支出 财政直接支付	当年国库集中支付结余数 基本支出 财政授权支付	当年国库集中支付结余数 项目支出 财政直接支付	当年国库集中支付结余数 项目支出 财政授权支付	部门申请数 合计	部门申请数 基本支出 财政直接支付	部门申请数 基本支出 财政授权支付	部门申请数 项目支出 财政直接支付	部门申请数 项目支出 财政授权支付	财政核批数 基本支出 财政直接支付	财政核批数 基本支出 财政授权支付	财政核批数 项目支出 财政直接支付	财政核批数 项目支出 财政授权支付
1	2	3	4	5	6	7	8	9	10	11	12	13	14	15	16	17	18	19	20	21	22	23
总　计																						
2010101	行政运行小计																					
2010101	一般行政事务管理小计																					
2010102	一般行政事务管理																					
…	…																					

注：1. 本表部门申请数和财政核批数均为××××年度当年国库集中支付结余资金数。
2. 项级功能分类科目的部门申请数、财政核批数应与当年国库集中支付结余数相等，即"9"="14"="19"。
3. 国有资本经营预算报表使用"资本性支出"和"费用性支出"填报，取代"基本支出"和"项目支出"填报，其他口径不变。
4. 本表核批截止时间同为（××××+1）年3月31日。

表 2-9 ××××年度国库集中支付当年结余资金申报核批表（明细表）

（一般公共预算/政府性基金预算/国有资本经营预算）

（使用××××年度预算科目）

申报单位：　　　　　　　　　　　填报日期：　　年　　月　　日　　　　　　单位：元

科目编码	科目名称	项目编码	项目名称	项目属性	当年预算数	已核批国库集中支付用款计划数	国库集中支付实际支出数	当年国库集中支付结余数				单位申请数				财政核批数				核批收回及调整情况		单位申请数与当年国库集中支付结余数差额					调整原因
								合计	基本支出		项目支出	合计	基本支出		项目支出	合计	基本支出		项目支出	调整增加数	收回及调整减少数	合计	基本支出		项目支出		
									财政直接支付	财政授权支付	财政授权支付		财政直接支付	财政授权支付	财政授权支付		财政直接支付	财政授权支付	财政授权支付				财政直接支付	财政授权支付	财政直接支付	财政授权支付	
1	2	3	4	5	6	7	8	9＝7－8	10	11	12	13	14	15	16	17	18	19	20	21	22	23	24＝19－14	25＝14－19	26＝14－9	27＝15－10	28＝16－11	29＝17－12	30＝18－13	31
总　计																														
	行政运行小计																													
2010101	行政运行		项目一																											
2010101																														
2010102	一般行政事务管理小计																													

第二章 国库集中支付管理实务

续表

科目编码	科目名称	项目编码	项目名称	项目属性	当年预算数	已核批国库集中支付用款计划数	国库集中支付实际支出数	当年国库集中支付结余数					单位申请数					财政核批数					核批收回及调整情况		单位申请数与当年国库集中支付结余数差额				
								合计	基本支出		项目支出		合计	基本支出		项目支出		合计	基本支出		项目支出		调整增加数	收回及调整减少数	合计	基本支出		项目支出		调整原因
									财政直接支付	财政授权支付	财政直接支付	财政授权支付		财政直接支付	财政授权支付	财政直接支付	财政授权支付		财政直接支付	财政授权支付	财政直接支付	财政授权支付				财政直接支付	财政授权支付	财政直接支付	财政授权支付	
2010102	一般行政事务管理		项目二																											
2010102	一般行政事务管理		项目三																											
…		…																												

注: 1. 本表单位申请数和财政核批数均为××××年度当年国库集中支付结余资金数。
2. 单位申请数与当年国库集中支付结余数若有差额, 请在第31列"调整原因"列注明调整的详细原因。
3. 国有资本经营预算报表使用"资本性支出""费用性支出"填报, 其他口径不变。"调整原因"取代"基本支出"和"项目支出"。
4. 本表核批截止时间为(××××+1)年3月31日。

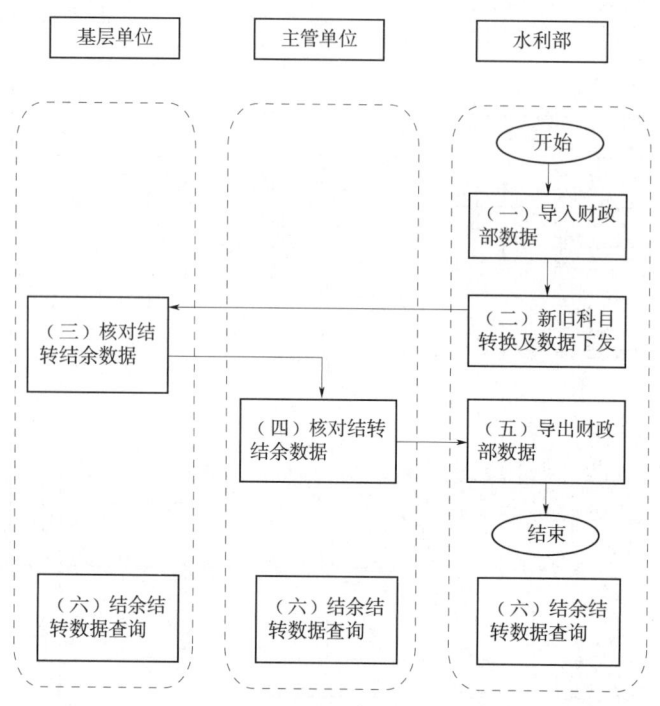

图 2-78　结转结余资金操作流程

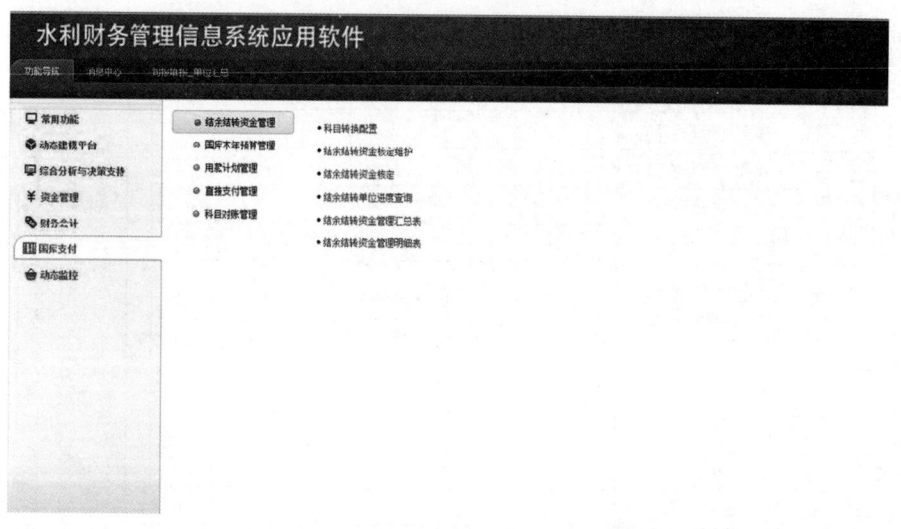

图 2-79　在功能导航中选择"科目转换配置"

进入"科目转换配置"界面，点击"读取新旧科目"按钮，提示读取成功。修改科目对照表，选中需要修改的数据，修改后点击"保存"按钮完成修改。点击"确认对照"按钮，自动将对照表确认保存，系统提示确认对照成功后导入财政部文件，在导入的文件中将需要进行科目转换的数据进行转换，选择下发的数据，点击"下发"按钮，将数据下发至基层单位。

(三)核对结转结余数据(基层单位)

在水利部下发结余结转数据后,基层单位可进行结转结余资金的核定工作。在水利财务管理信息系统左侧功能导航中选择"国库支付"—"结余结转资金管理"—"结余结转资金核定"(图 2-80)。

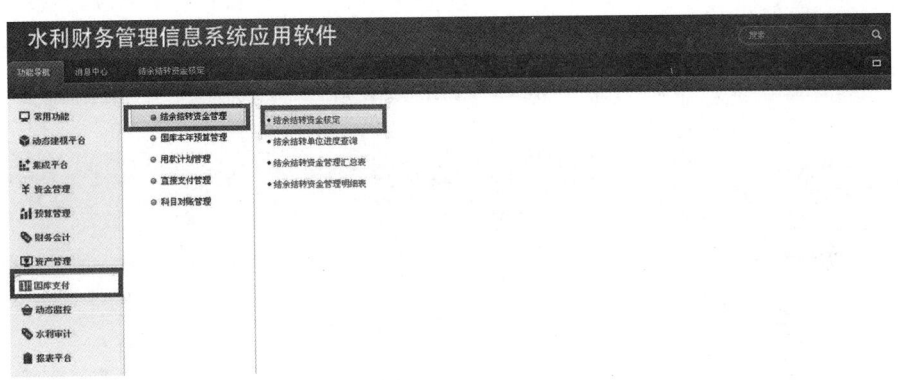

图 2-80 在功能导航中选择"结余结转资金核定"

点击"查询"按钮,按照预算单位、资金性质、核定状态及年度筛选出需要核定的数据,选中需要核定的数据,点击"审核"按钮完成核定工作(图 2-81)。

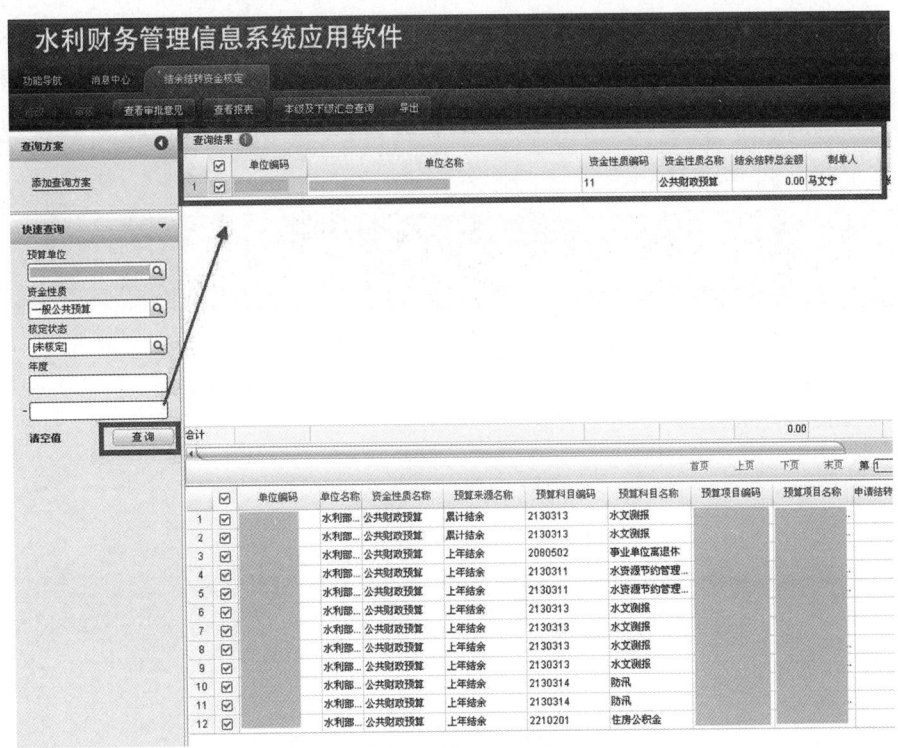

图 2-81 "结余结转资金核定"界面

(四)核对结转结余数据(主管单位)

基层单位完成结余结转资金核定后,主管单位可核对结转结余数据。在左侧功能导航中选择"国库支付"—"结余结转资金管理"—"结余结转资金核定"(图2-82)。

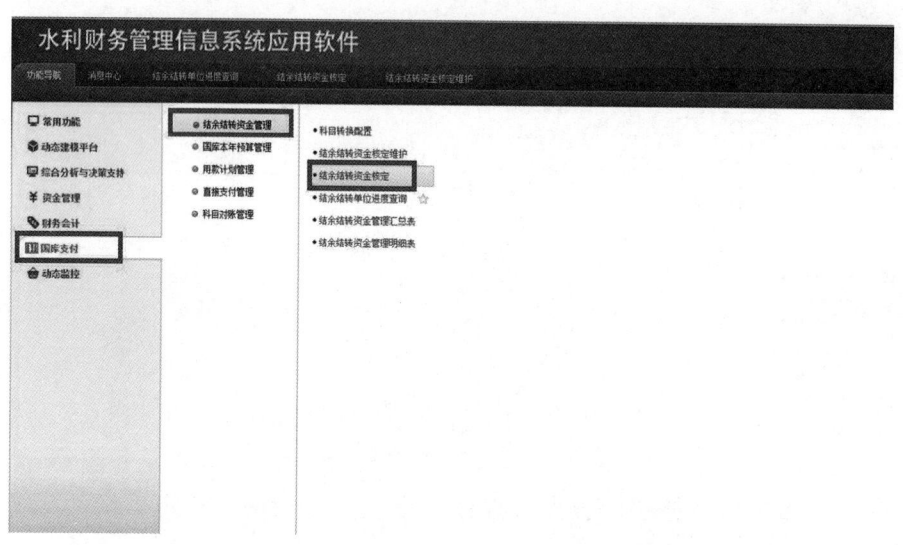

图2-82 在功能导航中选择"结余结转资金核定"

主管单位点击"查询"按钮,按照预算单位、资金性质、核定状态及年度范围筛选出需要核定的数据,选中需要核定的数据,点击"修改"按钮确认无误后,再点击"审核"按钮完成核定工作(图2-83)。

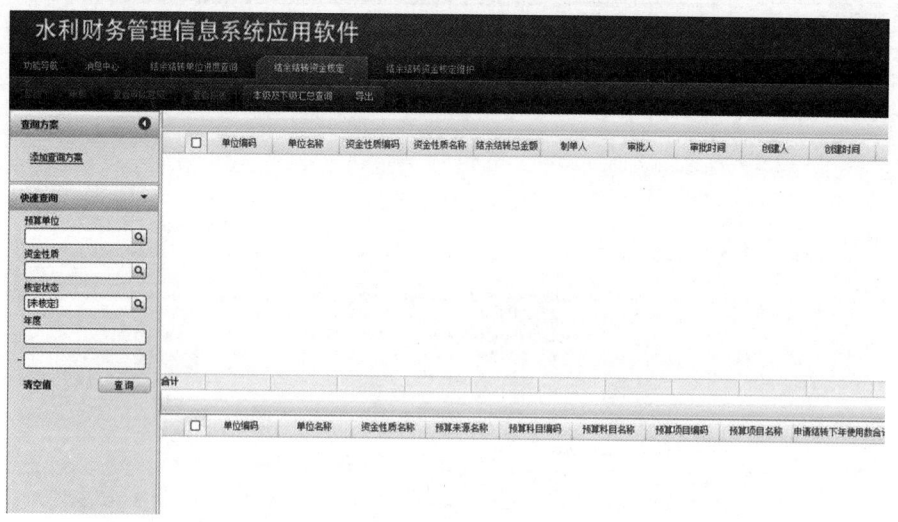

图2-83 "结余结转资金核定"界面

（五）导出财政部数据（水利部）

待主管单位核定完成结转结余资金后，水利部确认生成上报财政部数据并报送财政部。

（六）结余结转数据查询

1. 结余结转单位进度查询

在水利财务管理信息系统左侧功能导航中选择"国库支付"—"结余结转资金管理"—"结余结转单位进度查询"（图2-84）。

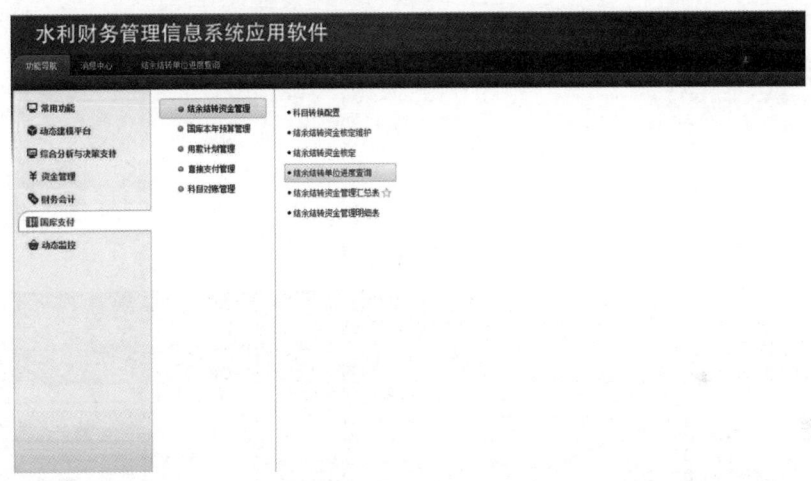

图2-84　在功能导航中选择"结余结转单位进度查询"

根据资金性质点击"查询"按钮，筛选出需要查看的数据（图2-85）。

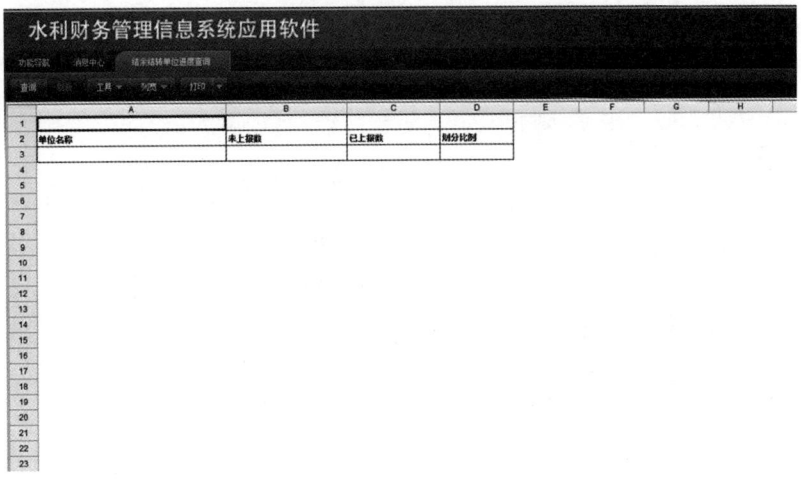

图2-85　"结余结转单位进度查询"界面

2. 结余结转资金管理汇总表

在左侧功能导航中选择"国库支付"—"结余结转资金管理"—"结余结转资金管理汇总表"（图 2-86）。

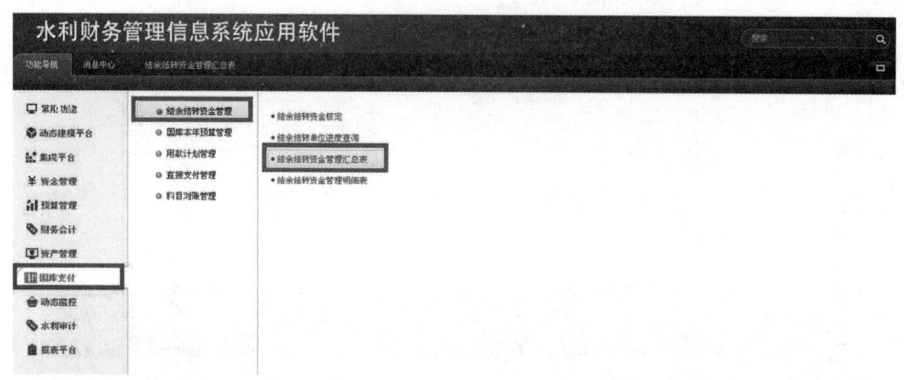

图 2-86　在功能导航中选择"结余结转资金管理汇总表"

点击"查询"按钮，在查询条件框中选择"单位""资金性质"和"年度"，点击"确认"按钮进行查询（图 2-87）。

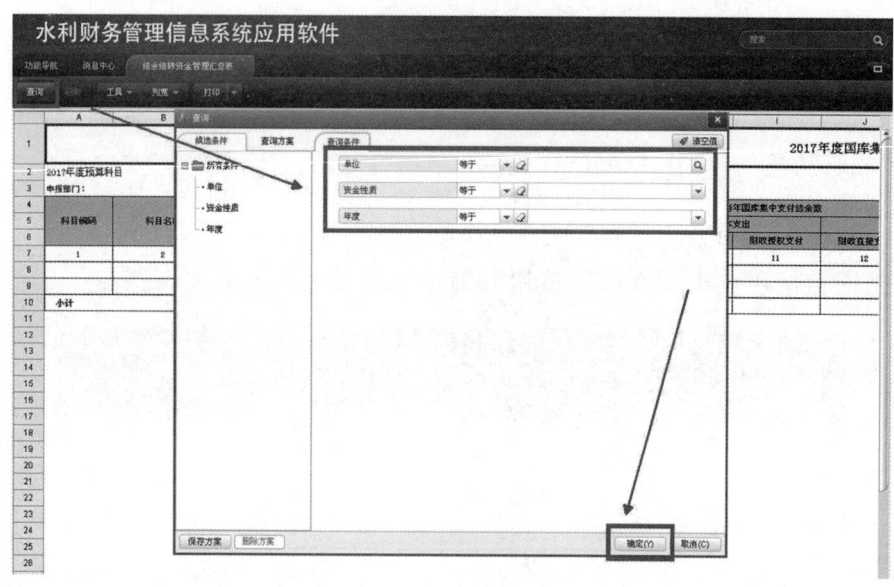

图 2-87　查询条件框

各级单位根据需要可随时查询当年结余资金申报核批表（汇总表）等多张报表，点击下方页签进行切换查询（图 2-88）。

3. 结余结转资金管理明细表

此表的查询方法与"结余结转资金管理汇总表"的操作步骤相同。

图 2-88 "结余结转资金管理汇总表"界面

第三章 预算执行进度统计管理实务

预算执行管理是财政资金管理的重要组成部分和预算实施的关键环节,预算执行进度统计管理是加快预算执行进度的有效手段和针对性措施。为进一步加强预算执行管理,提高预算执行科学化、规范化、精细化水平,水利部创新工作模式,率先在水利财务信息系统中建立预算执行进度统计"旬报管理"模块,定期统计预算执行进度,实时掌握执行情况,合理安排和调整任务进度,确保预算执行序时、均衡、安全、有效。

第一节 预算执行进度统计管理概述

一、预算执行进度统计管理实行旬报制度

按照财政部的要求,为及时了解财政资金执行进度情况,便于采取针对性措施加快预算执行进度,水利部自2009年9月起,预算执行进度实行分单位、分科目、分项目的旬报制度。

水利部预算执行进度旬报统计是指单位全年预算批复数据(含上年结余和年中追加预算)按照全年100%支付的要求,根据比例推算出每旬完成的规定进度,各预算单位通过水利财务管理信息系统旬报管理模块在每月的1日、11日和21日上午10:00前将截至前一日的财政资金支出情况填报预算执行进度旬报相关数据。

各预算单位要严格按照实际支付情况填报本单位预算执行进度旬报,对于预算执行进度没有达到序时进度要求的项目,各单位必须进行客观、具体、详细的原因分析;对上年结余项目仍然达不到今年序时进度的,要详细说明项目进度滞后的具体成因、影响金额以及年末预计结余等,水利部将根据旬报数据的达标程度对各单位支付情况进行考核。

二、预算执行进度统计考核

1. 预算执行考核与预算执行进度旬报统计的关系

依据《中华人民共和国预算法》及有关法律法规并结合工作实际,水利部出台了《水利部预算执行考核办法》,适用于部直属二级预算单位财政资金预算执行

的考核，考核内容包括二级预算单位的预算执行管理、资金安全和支付进度。预算执行考核实行百分制，预算支付进度旬报统计占一半权重。

预算执行进度旬报统计是为了及时了解财政资金执行进度的情况，便于采取针对性的措施加快预算执行进度。水利部预算支付进度旬报统计考核是预算执行考核的一部分，也是预算执行考核的基础，同时预算执行进度考核是预算执行进度统计管理的重要呈现形式。

2. 预算执行进度统计考核的组织及方式

预算执行进度统计考核由部财务司组织实施，预算执行中心承担考核的具体工作。考核分为月度考核、季度考核和年度考核。月度考核由水利部预算执行中心根据二级预算单位支付进度、加分扣分情况直接考核，于月末后1个工作日内完成。季度考核由水利部预算执行中心根据司局和有关单位打分，结合季度内月进度得分计算得出，于季度结束后10个工作日内完成。年度考核由水利部预算执行中心依据四个季度考核结果进行考核，于年度结束后10个工作日内完成。考核结果经财务司审定后予以通报。

3. 预算执行进度统计考核内容及评价

预算执行进度统计考核内容包括二级预算单位的预算支付进度。水利部预算执行考核实行百分制，其中预算支付进度占50分。月度支付进度考核时，月末达到规定进度得50分。月末进度每低于规定进度一个百分点扣3分，扣完为止；每高于规定进度一个百分点加1分，该项考核加分不超过4分。自7月开始，月度考核中增加旬进度因素，月内每出现一次旬末未达到规定进度加扣0.5分，扣完为止。

4. 预算执行进度考核计算

月度考核得分按月度支付进度情况直接计算；季度考核得分按季度内三个方面考核内容得分之和，乘以相应修正系数计算；上半年、前三季度和年度考核得分在各季度考核得分基础上，考虑相应权重计算得出。考虑预算批复时间及年内各季度工作开展实际，对各季度设置不同权重。第一季度到第四季度权重分别为10％、25％、35％、30％。

三、预算执行进度统计结果应用

水利部建立预算执行进度考核结果与预算挂钩制度。根据考核内容，建立月度、季度执行情况通报制度，对预算执行不力和支出不合理的单位，及时开展通报、约谈等，督促整改。并根据二级预算单位上年度考核得分和当年前三季度考核得分，控制二级预算单位下年度部门预算财政拨款"一下"规模。

强化预算执行考核结果的运用，建立部门预算执行考核结果与预算安排挂钩机制，充分体现奖优罚劣导向，对于未能在规定时间分配下达的专项资金以及预算执行进度持续偏慢的单位，适当扣减其下年度支出预算规模；对于支出进度较快的单位，优先保障其下年度支出预算需求。

第二节　旬报填报软件操作实务

预算执行旬报软件是水利部为加强预算执行管理，提高预算执行水平，依托水利财务信息系统"旬报管理"模块完成。通过基础信息设置等操作，按当年预算数据的相应比例，定期统计预算执行进度，逐级上报至水利部，方便上级单位实时掌握预算执行情况。

旬报填报操作流程如图 3-1 所示。

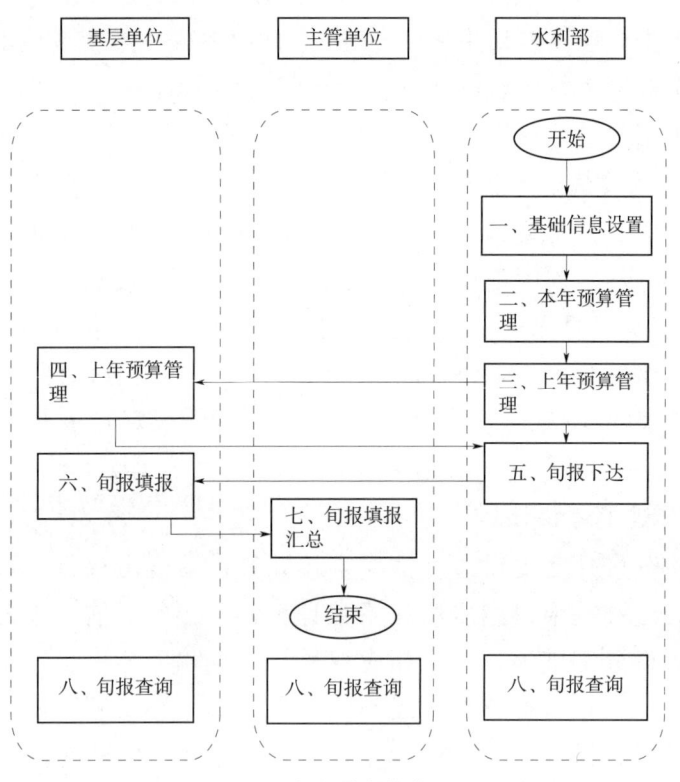

图 3-1　旬报填报操作流程

一、基础信息设置（水利部）

每年年初，水利部在水利财务管理信息系统中进行全面的系统参数设置，包括参数信息、预算信息等。根据需要配置整体系统参数：大基建金额（万元）、下级单位未完全上报是否允许上级单位上报、单位上年结余指标没有与国库系统对账是否允许上报等。

二、本年预算管理（水利部）

水利部需要在水利财务管理信息系统的预算管理模块中导入数据后操作，在系统左侧功能导航中选择"财务会计"—"旬报管理"—"本年预算管理"，点击"生成本年指标"按钮，根据系统生成的"二上""二下"指标，自动生成所有单位本年指标；多次生成自动完全覆盖之前的数据。

点击"新增"按钮增加本年或者追加的指标；也可点击"导入"按钮增加，可以重复导入，系统会进行重复校验；若需要修改，点击"修改"按钮，可对"年初预算""本年追加""追加备注"三列进行调整。

三、上年预算管理（水利部）

在国库支付模块结余结转资金核定完成后，系统将生成经各单位核定后的国库集中支付结转结余指标。每年旬报任务结束后，根据各单位填报的年度最后一期旬报数据，系统会自动挑选未100%执行完毕的项目作为该单位旬报系统结余结转指标。

点击"指标核定"按钮，将各单位填报的旬报结余结转指标与国库支付模块核定的国库集中支付结余结转数进行核对。

四、上年预算管理（基层单位）

基层单位在填报当年旬报任务前，需要进行"上年预算管理"模块操作，将本单位填报的上年旬报结转结余指标，与国库核定的上年国库集中支付结转结余指标进行对比，确保两者一致后，方可进行旬报填报的操作。

在水利财务管理信息系统左侧功能导航中选择"财务会计"—"旬报管理"—"上年预算管理"（图 3-2）。

图 3-2　在功能导航中选择"上年预算管理"

基层单位每年年初操作,点击"结转上年指标"按钮,系统根据上年年末旬报的预算数减执行数的差额,自动结转上年结余的指标(图3-3)。

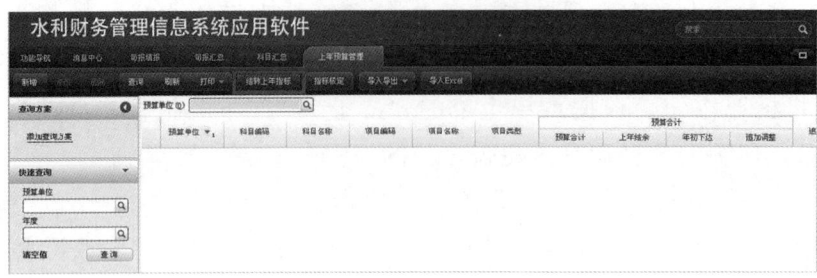

图3-3 结转上年结余指标

点击"指标核定"按钮,系统自动与国库系统核定的结转结余数进行核对,基础单位需要按照功能分类进行核对,数据需要核对一致(图3-4)。

图3-4 结转结余数核对

五、旬报任务下达(水利部)

每期旬报填报之前,水利部须进行"旬报下达"操作。在水利财务管理信息系统左侧功能导航中选择"财务会计"—"旬报管理"—"旬报下达"(图3-5)。

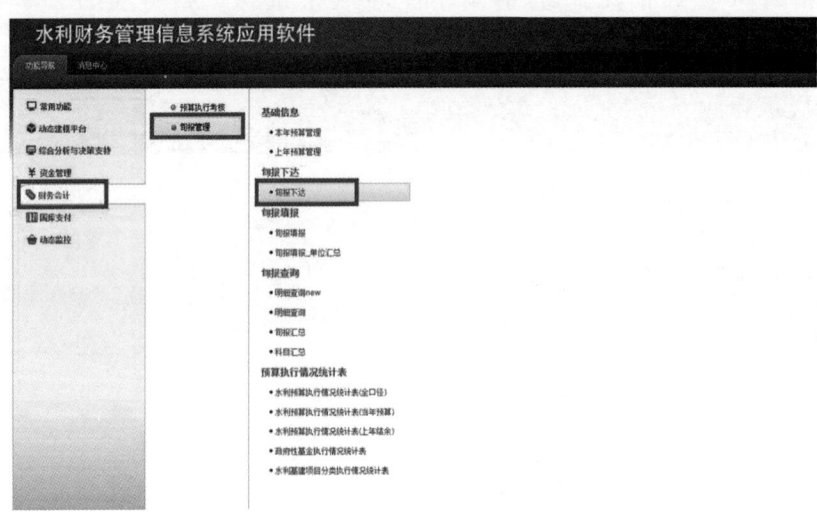

图3-5 在功能导航中选择"旬报下达"

点击"新增"按钮,设置每期旬报的填报期间、对应的业务日期,设置完成后点击"保存"按钮(图 3-6)。

图 3-6 设置每期旬报的填报期间和对应的业务日期

然后点击"下达"按钮,把旬报信息下达给各单位。可通过标题查看每一期旬报的上报情况,未上报的单位显示红色字体进行提示(图 3-7)。

图 3-7 下达旬报信息

六、旬报填报(基层单位)

基层单位填报支付进度,在水利财务管理信息系统左侧功能导航中选择"财务会计"—"旬报管理"—"旬报填报"(图 3-8)。

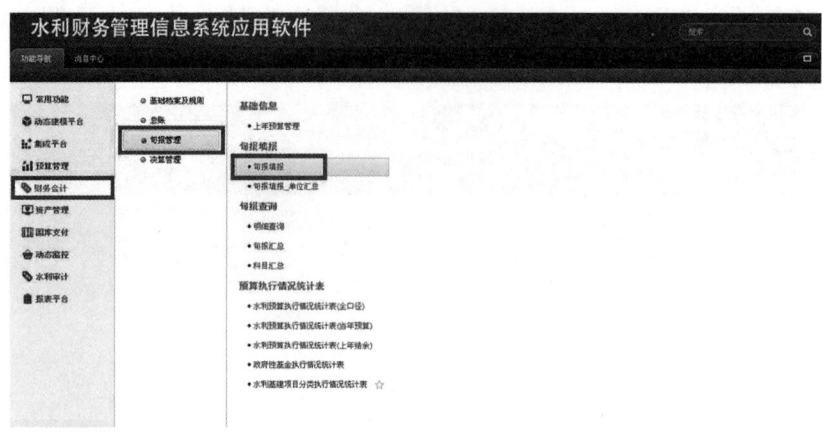

图 3-8 在功能导航中选择"旬报填报"

在"旬报填报"右侧主界面中会提示上级单位下发的当期任务。双击任务栏目进行旬报填报（图 3-9）。

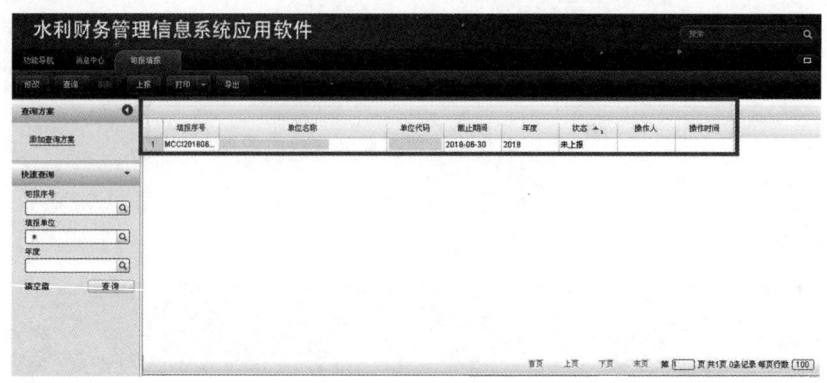

图 3-9 旬报填报

或者在左侧找到快速查询，选择需要录入或者查询的"旬报序号""填报单位""年度"，点击"查询"按钮，即可出现当期需要填报的任务，也可按照此方法查询之前上报的旬报数据信息（图 3-10）。

图 3-10 旬报查询

双击当期需要填报的旬报任务，进入数据填报界面，系统自动生成本期旬报的基础数据，点击"修改"按钮，系统填报界面变为浅蓝色，则可以修改当期数据（图3-11）。

图3-11 旬报修改

点击"总账取数"按钮，自动取出支出执行参考数和零余额执行参考数，可参考"总账取数"带出的数据在执行合计栏目填列本期旬报数据（图3-12）。

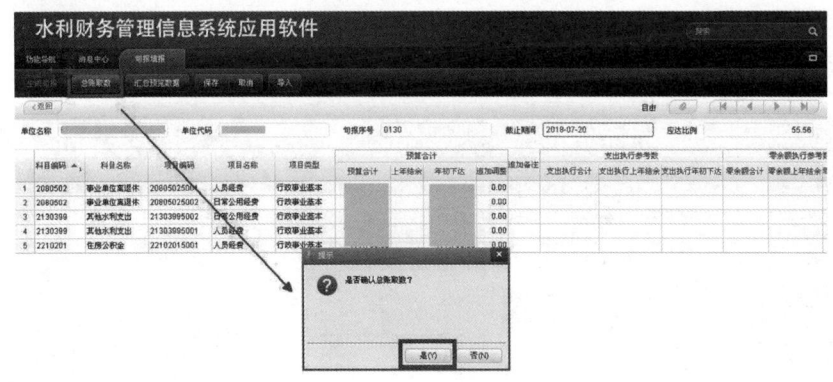

图3-12 总账取数

当期实际执行数据在"执行合计"栏目下"执行上年"和"执行本年"中填列，系统会自动显示上期旬报数据，为填写本期数据提供参考；未达到序时进度的项目，系统自动选中"是否分析"项，需在"原因分析"中注明未达到支付进度原因（图3-13）。

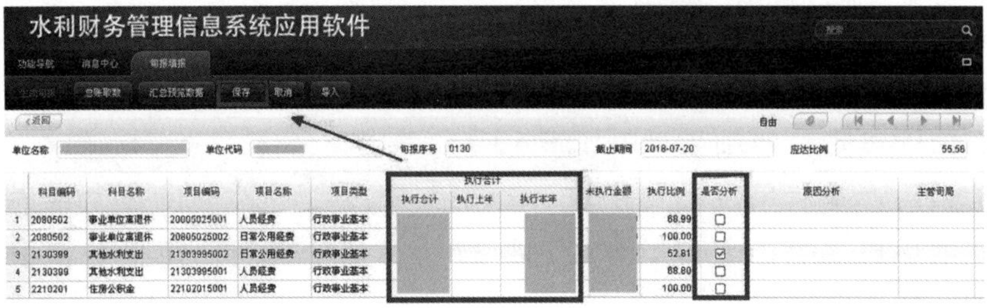

图3-13 "执行合计"和"是否分析"填写

数据填列完成后，可点"保存"按钮暂时存储数据，若需修改数据，点击"修改"按钮即可。数据确定后，点击"上报"按钮上报本期旬报，上报后数据不可修改；如填报错误确需修改，可联系上级主管部门退回旬报数据（图3-14）。

图3-14　数据上报

七、旬报填报汇总（主管单位）

在水利财务管理信息系统左侧功能导航中选择"财务会计"—"旬报管理"—"旬报填报_单位汇总"（图3-15）。

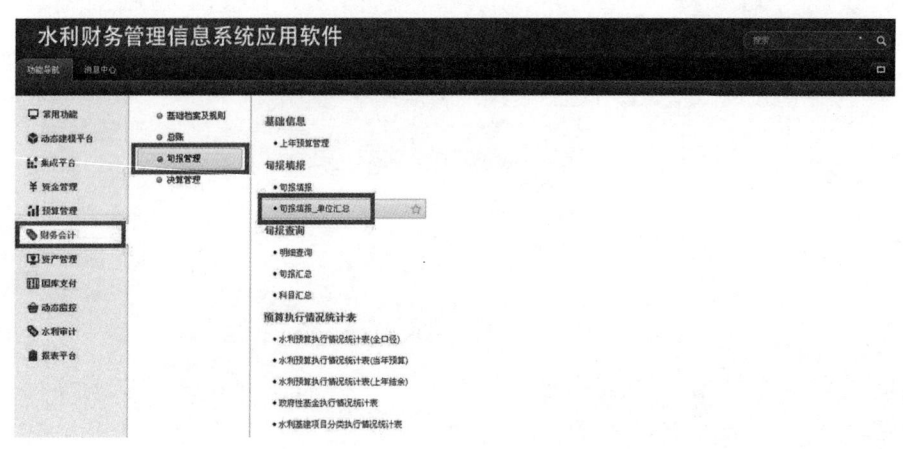

图3-15　在功能导航中选择"旬报填报_单位汇总"

主管单位上报前，需要检查下属单位是否已经全部上报（系统操作界面可显示下级单位的上报时间和上报情况），未上报的单位系统显示颜色为红色（图3-16）。

若主管单位需要查询下级单位的上报明细，选中需要查询的单位，点击"联查明细"按钮即可进行明细查询（图3-17）。

旬报上报后，基层单位不可修改，若需要修改，主管单位在上报界面选择需要退回重报的单位，点击上方的"退回"按钮，则可把当期旬报数据退回至基层单位（图3-18）。

图 3-16　未上报的单位系统显示为红色

图 3-17　明细查询

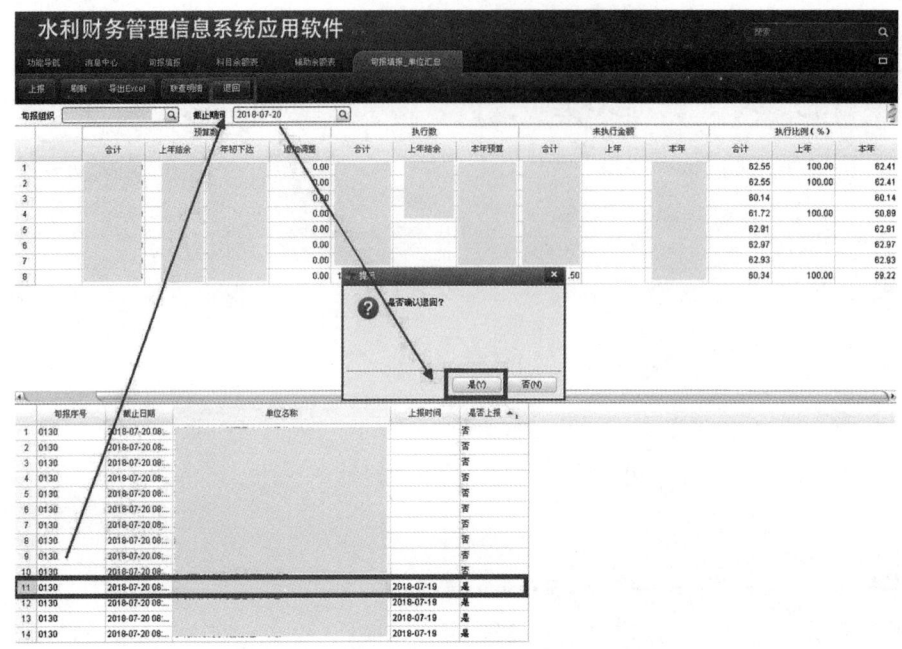

图 3-18 数据退回

八、旬报查询

旬报查询功能是针对所有层级的用户设计的旬报数据查询模块，可根据实际情况实时查询。在左侧功能导航中选择"财务会计"—"旬报管理"—"旬报查询"（图 3-19）。

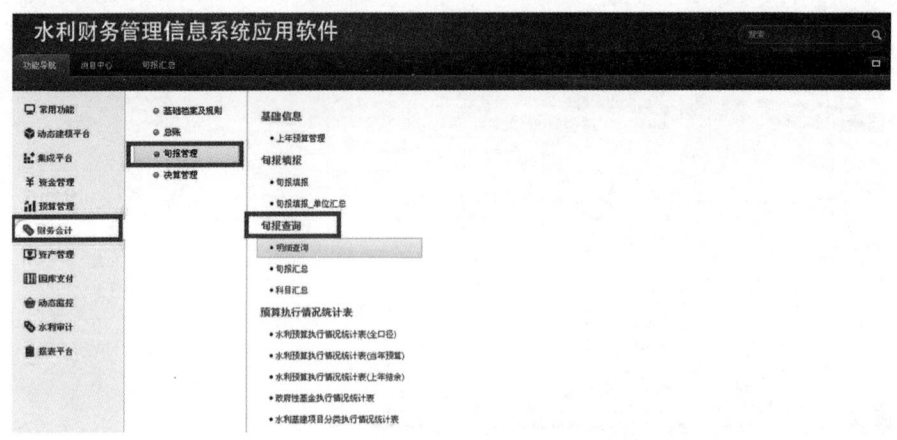

图 3-19 在功能导航中选择"旬报查询"

（一）旬报查询_明细查询

点击"查询"按钮，则显示查询条件栏目框，按照所需要查询的范围选择年份、截止时间、单位等基本信息，对需要查询的明细数据进行查询。上级单位可以查询所有下级单位的明细数据，系统支持一次性查询多个单位的明细数据（图3-20）。

图 3-20 查询条件栏目框

在界面左侧有快速查询界面，点击"明细查询"按钮，选择年份、截止时间、单位，选择后直接在当前显示条件栏目显示，点击下方"查询"按钮，可对旬报填写的明细数据进行查询（图 3-21）。

图 3-21 明细查询

（二）旬报查询_旬报汇总

旬报汇总查询功能可以显示不同项目类型的汇总数据，如公共财政支出合计、行政事业基本、行政事业项目、小基建等汇总数据。

点击"查询"按钮，出现查询条件栏目框，按照所需要查询的范围选择年份、截止日期、单位等基本信息，对需要查询的汇总数据进行查询（图 3-22）。

图 3-22 旬报汇总

（三）旬报查询_科目汇总

点击"查询"按钮，出现查询条件栏目框，按照所需要查询的范围选择年份、截止日期、单位等基本信息，对需要查询的科目进行查询（图 3-23）。

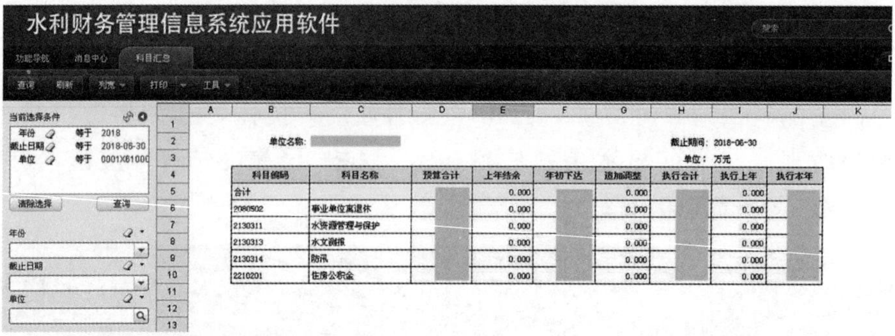

图 3-23 科目汇总

（四）预算执行情况统计表

预算执行情况统计功能是针对不同有下级单位的主管单位设计的旬报数据查询模块，可根据实际情况进行统计查询。在左侧功能导航中选择"财务会计"—"旬报管理"—"预算情况统计表"。

旬报查询按照操作单位的需要分为五部分内容："水利预算执行情况统计表（全口径）""水利预算执行情况统计表（当年预算）""水利预算执行情况统计表（上年结余）""政府基金执行情况统计表"和"水利基建项目分类执行情况统计表"，可根据需要查询的数据类型选择。

由于查询方法的一致性，这里仅对"水利预算执行情况统计表（全口径）"的查询方法进行说明：点击"查询"按钮，则显示查询条件栏目框，按照所需要查询的范围选择年份、截止日期、主管单位、查询单位等基本信息,对需要查询单位的进行查询(图 3-24)。

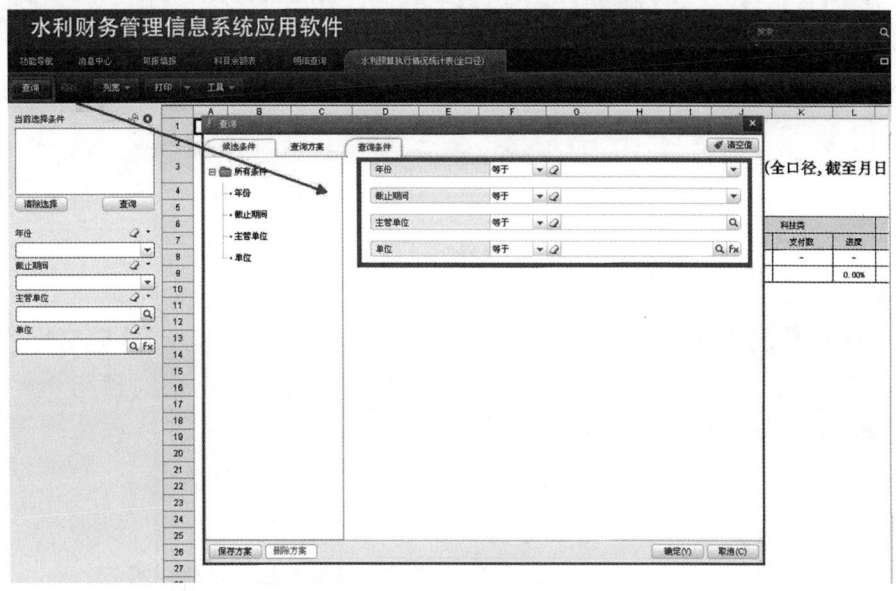

图 3-24 水利预算执行情况统计表(全口径)

第四章 预算执行动态监控管理实务

预算执行动态监控管理是对传统监控管理模式的创新和发展。早在 2007 年，水利部就开展了预算执行监控工作，2009 年与审计署共同构建"水利审计免疫系统"，2012 年水利部印发了《水利部预算执行动态监控暂行办法》。时至今日，预算执行动态监控管理是借助水利信息财务管理系统的工作平台，实现了对有关直属单位财务核算管理的实时监控，及时发现和有效查处违规或不规范操作问题，从而防范和控制财政资金支付风险，充分发挥了动态监控系统的预防、揭示、抵御和整改功能，加强了国库集中支付管理和监督，加大了预算执行监控力度，促进财政资金安全、规范和有效支付使用而进行的监督管理活动。

第一节 预算执行动态监控管理概述

一、预算执行动态监控的概念

动态监控分财政部、审计署的外部监控和水利部内部监控。财政部使用财政国库动态监控系统对水利部各级预算单位国库集中支付信息进行实时动态监控，通过中央部门监控工作互动机制平台与水利部进行在线互动；审计署使用水利财务管理信息系统和其他业务系统进行在线监控和在线审计；水利部和部属预算单位使用水利财务管理信息系统进行在线监控。

财政国库动态监控是以国库集中收付业务为基础，通过信息网络系统对国库资金收缴、库存、支付和使用效益各环节进行实时、智能和全程监控，配套实施多种方式的监督检查，及时发现查处违规违纪问题，纠正预算执行偏差，保障财政管理与改革有序进行的综合性监督管理体系。

预算执行动态监控（以下简称"动态监控"）是依托水利财务管理信息系统，采取自动预警、在线研判、现场核查、专项检查等方式，对水利资金运行进行实时监督、纠偏和控制，有效防范资金风险的活动。

二、动态监控的目标及主要内容

动态监控目标是通过完善财务管理信息系统、优化监控手段，逐步实现水利部门预算资金全覆盖、全过程、全天候监控，提高水利部门预算资金使用的安全性、规范性和有效性。动态监控单位范围为水利部纳入预算管理的各级预算单位。动态监控资金范围为纳入预算管理的各类水利部门预算资金。动态监控遵循以下原则：全面监控、分级实施，突出重点、查控结合，整改提高、奖惩挂钩。

动态监控内容至少包括资金划转方式的合规性，资金流向的合法性，授权支付业务与预算编制内容的一致性，授权支付凭证要素信息填写的完整性、准确性，财政资金使用的合法性、合规性。动态监控包括：

(1) 是否违反规定扩大开支范围。
(2) 是否违反规定提高开支范围。
(3) 是否违反规定发放奖金、津贴、补贴。
(4) 是否违反规定向个人或单位支付财政资金。
(5) 是否违反规定使用、截留、挪用、骗取财政资金等。

三、预算执行动态监控的基本流程

(1) 预算执行中心每日通过财政国库动态监控系统查收财政部发出的疑点信息，并在1个工作日内通过传真发送到有关二级预算单位。
(2) 二级预算单位收到疑点信息后，立即组织核查，对确属问题的要进行整改，并在3个工作日内将核实及整改情况反馈到预算执行中心。
(3) 预算执行中心对反馈情况进行分析，在2个工作日内提出建议报财务司。
(4) 财务司于2个工作日内组织研究，提出相关意见。由预算执行中心通过财政国库动态监控系统反馈到财政部。

第二节 预算执行动态监控软件操作实务

预算执行动态监控是从水利部到基层单位，分别由负责动态监控业务的工作人员，按其岗位职责，依托水利财务管理信息系统进行软件操作。其具体过程为水利部通过人工分析研判后将疑点下发，经过基层单位、主管单位进行层层反馈、整改，最终由水利部确认疑点反馈和整改结果。

预算执行动态监控操作流程如图4-1所示。

一、人工研判及下发疑点（水利部）

水利部经过人工研判，确定疑点后进行疑点下发工作。具体操作为进入水利财务管理信息系统选择"动态监控"—"日常监控管理"—"疑点下发"（图4-2）。

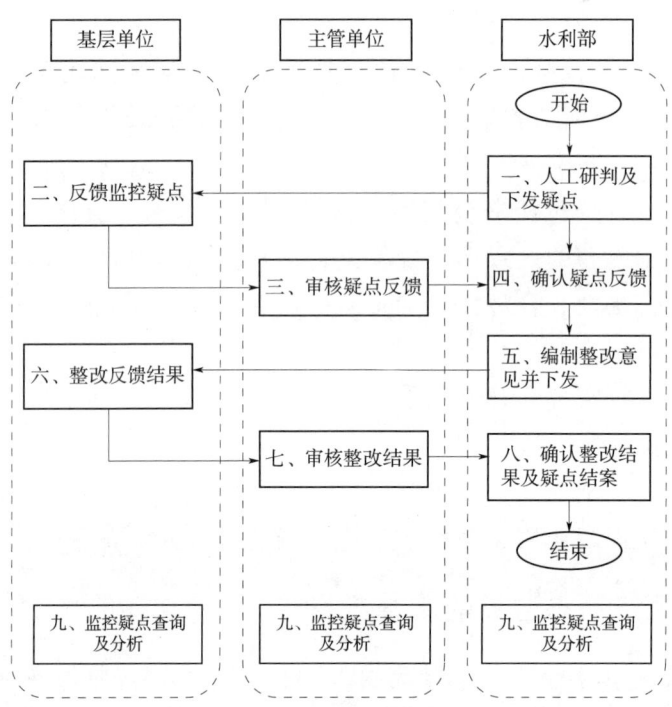

图 4-1 预算执行动态监控操作流程

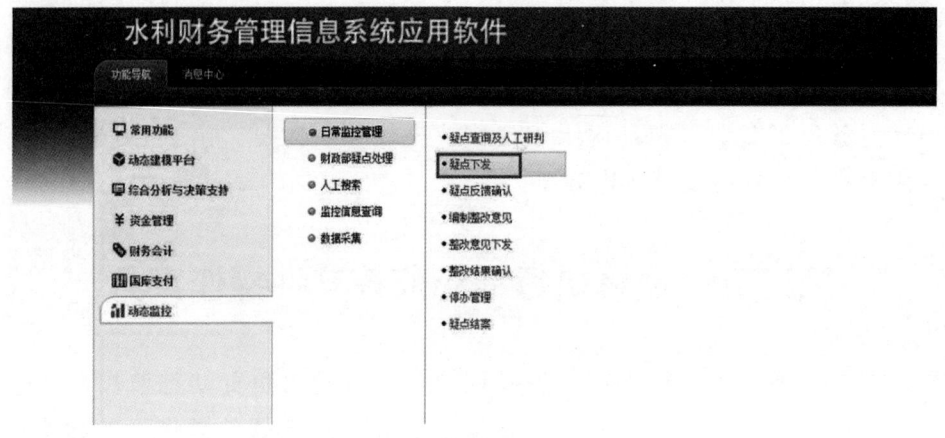

图 4-2 在功能导航中选择"疑点下发"

进入"疑点下发"界面,在待下发状态下选中需要下发疑点的条目,点击右上方的"下发",即可给基层单位下发疑点(图 4-3)。

二、反馈监控疑点(基层单位)

基层单位收到疑点信息后需要进行监控疑点的反馈工作。具体操作为进入水利财务管理信息系统选择"动态监控"—"日常监控管理"—"疑点反馈"(图 4-4)。

第四章 预算执行动态监控管理实务

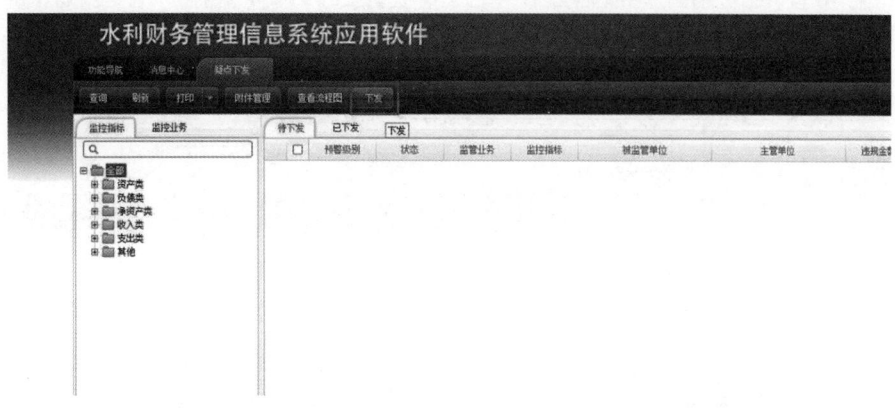

图 4-3 "疑点下发"界面

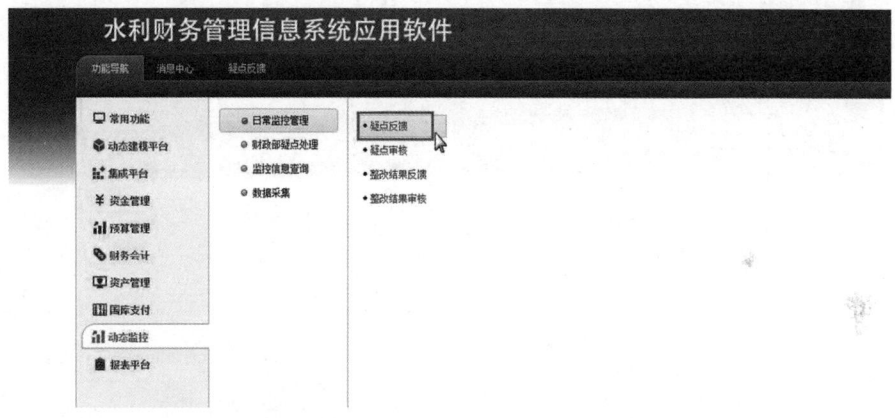

图 4-4 在功能导航中选择"疑点反馈"

界面会出现水利部下发的监控疑点，勾选该条疑点，根据实际情况如果需要进行上传附件，可点击"附件管理"（图 4-5）。

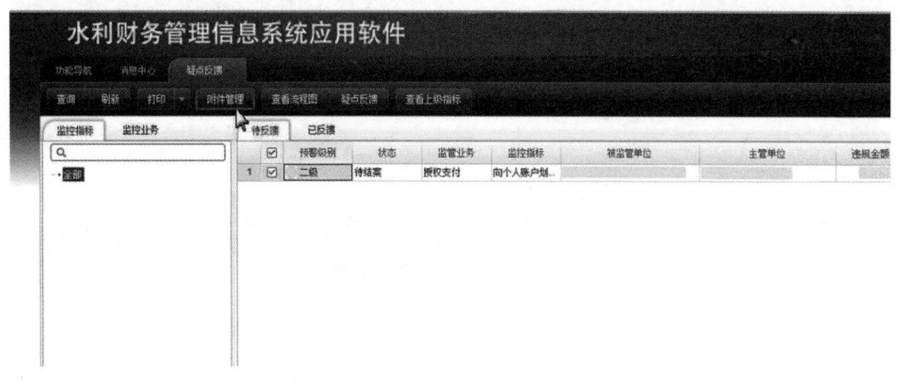

图 4-5 附件管理

选择需要上传的附件，最后点击"上传附件"即可完成附件管理（图4-6）。

图4-6 上传附件

附件上传完毕之后，该条目在"是否有附件"处显示有标记，然后点击"疑点反馈"按钮（图4-7）。

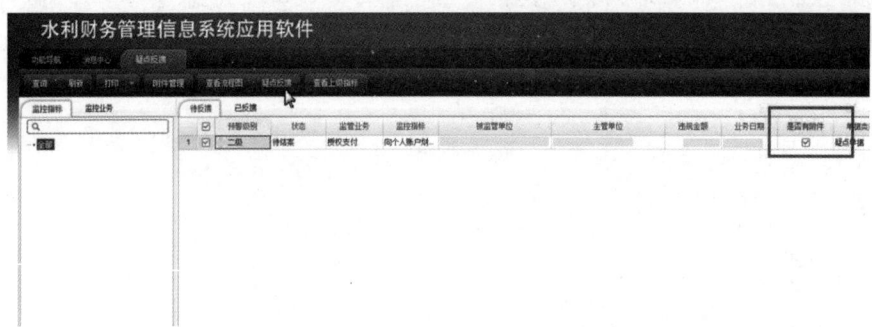

图4-7 疑点反馈

弹出的界面中，选择相应的"处理结果"，输入"处理意见"，点击"确定"即为疑点反馈确认成功（图4-8）。

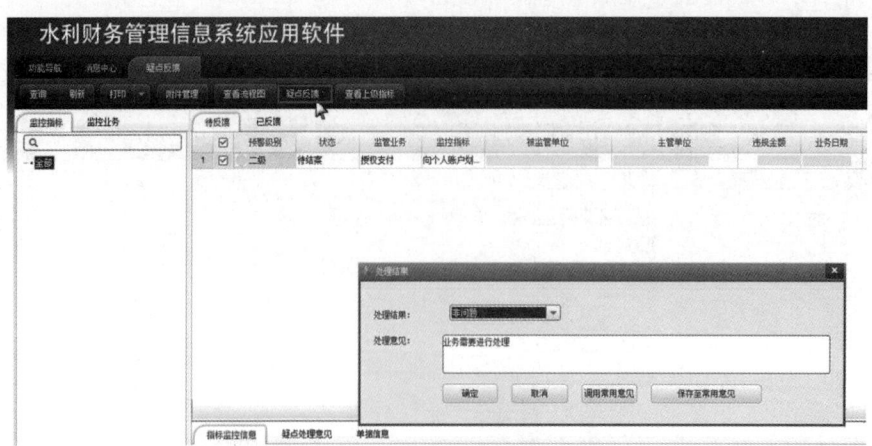

图4-8 疑点反馈确认

三、审核疑点反馈（主管单位）

基层单位将监控疑点反馈完成后，需要所属主管单位对该监控疑点进行审核。具体操作为进入水利财务管理信息系统选择"动态监控"—"日常监控管理"—"疑点审核"（图4-9）。

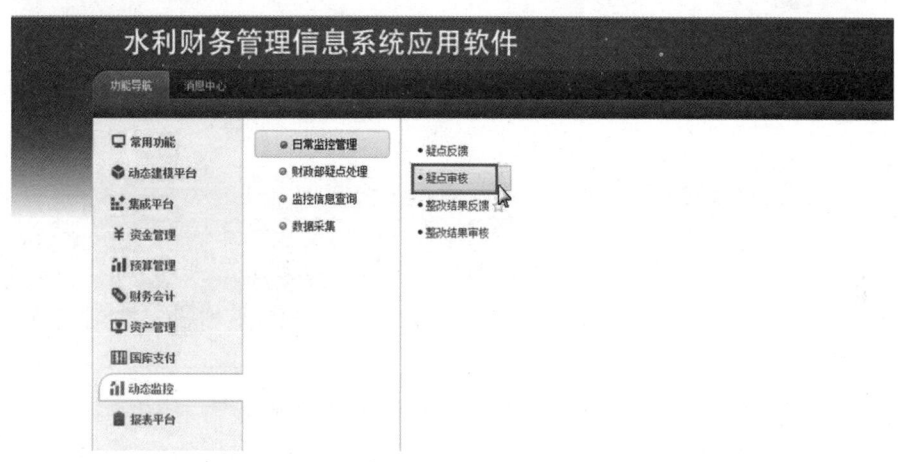

图4-9 在功能导航中选择"疑点审核"

界面会出现需要审核的监控疑点，审核无误后选中该条疑点，点击"审核通过"按钮（图4-10）。

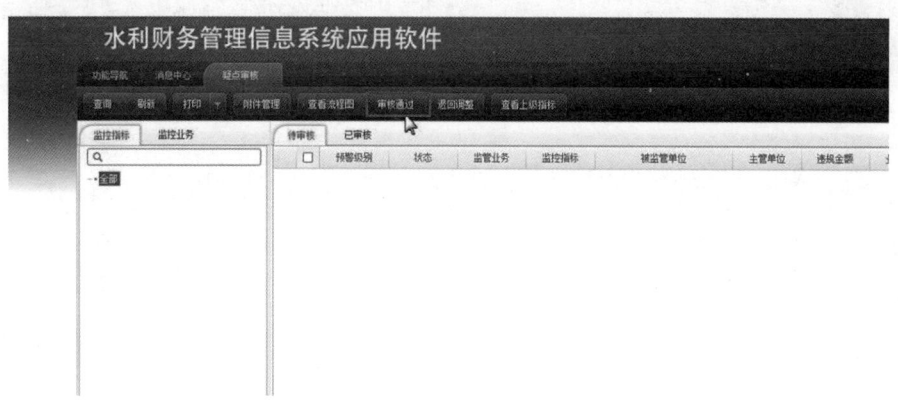

图4-10 审核通过

在弹出的页面中，选择相应的"处理结果"，输入"处理意见"，点击"确定"，即审核成功。

四、确认疑点反馈（水利部）

经过基层单位的疑点反馈以及主管单位的审核疑点反馈后，水利部需要确认疑点反馈。具体操作为进入水利财务管理信息系统选择"动态监控"—"日常监控管理"—"疑点反馈确认"（图4-11）。

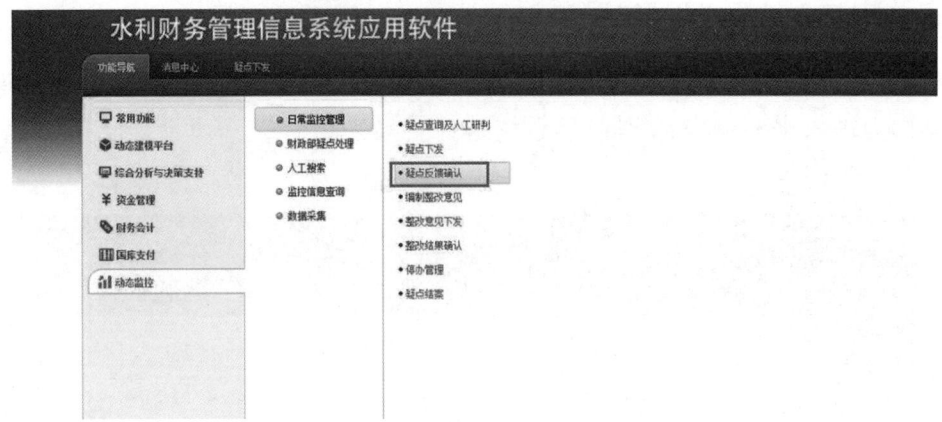

图 4-11 在功能导航中选择"疑点反馈确认"

进入"疑点反馈确认"界面，可以看到状态为"待反馈确认"条目，如果该疑点反馈无误，则点击右上方"审核通过"，在弹出的页面中，选择"处理结果""是否会审"等信息，输入"处理意见"，然后点击"确定"按钮，即为该疑点反馈确认成功（图 4-12）。

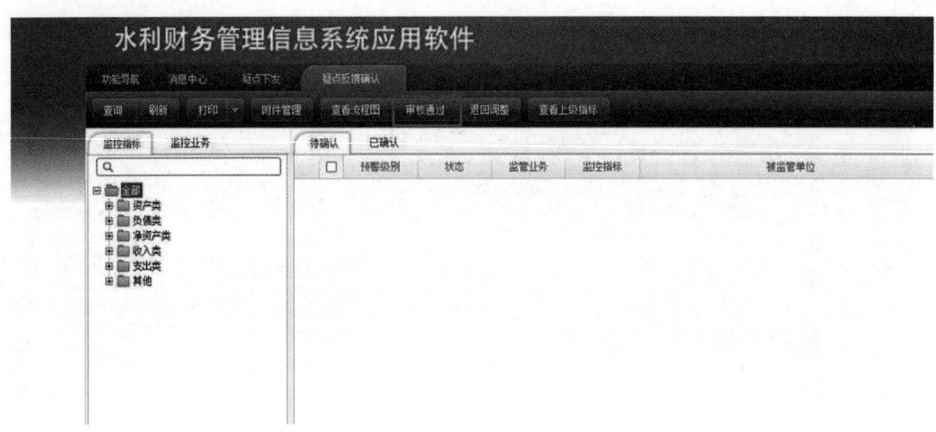

图 4-12 "疑点反馈确认"界面

五、编制整改意见并下发（水利部）

水利部确认疑点反馈后，会编制整改意见并下发给基层单位。具体操作为进入水利财务管理信息系统选择"动态监控"—"日常监控管理"—"编制整改意见"（图 4-13）。

进入界面后，选择一条状态为"待填写整改意见"的条目，点击右上角的"整改意见"按钮，选择"整改方案""是否停办"等信息，输入处理意见，再点击"确定"按钮，即为整改意见完成（图 4-14）。

第四章　预算执行动态监控管理实务

图 4-13　在功能导航中选择"编制整改意见"

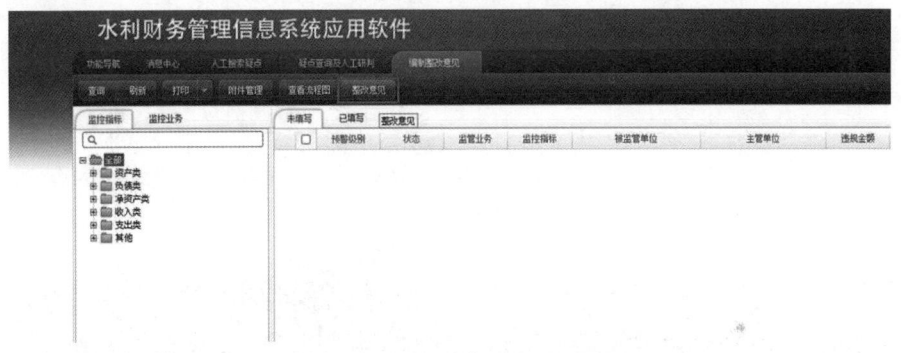

图 4-14　"编制整改意见"界面

在水利部的整改意见编制完成后，进行整改意见的下发工作。具体操作为进入水利财务管理信息系统选择"动态监控"—"日常监控管理"—"整改意见下发"（图 4-15）。

图 4-15　在功能导航中选择"整改意见下发"

进入界面后，在"待下发"的状态下，勾选一个需下发的条目，点击"下发"按钮即可（图 4-16）。

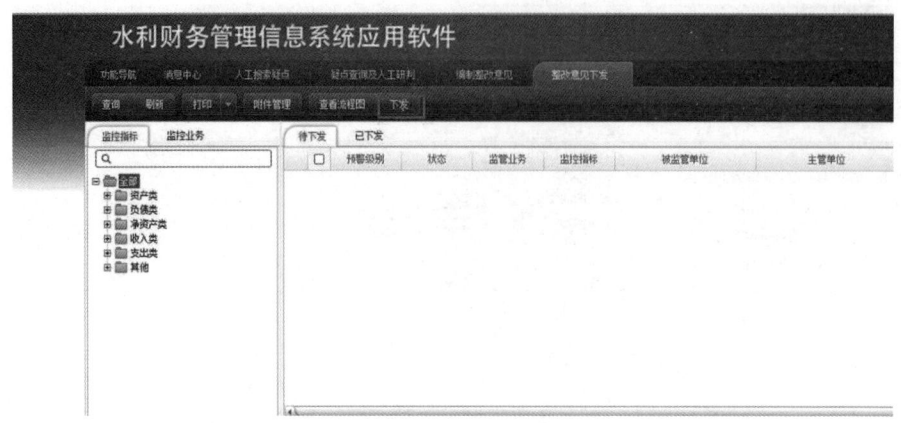

图 4-16 "整改意见下发"界面

六、整改反馈结果（基层单位）

基层单位会收到水利部下发的整改意见，并需要反馈整改结果。具体操作为进入水利财务管理信息系统选择"动态监控"—"日常监控管理"—"整改结果反馈"（图 4-17）。

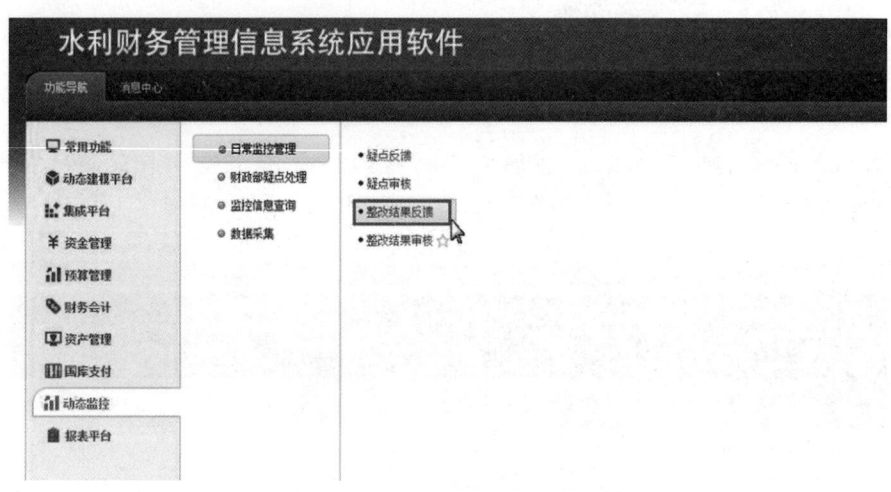

图 4-17 在功能导航中选择"整改结果反馈"

界面会在"待反馈"状态下出现一条信息，选择该条信息并点击"整改反馈"按钮（图 4-18）。

在弹出的页面中，选择"处理结果"，输入"处理意见"，然后点击"确定"，即整改结果反馈成功（图 4-19）。

七、审核整改结果（主管单位）

基层单位提交整改反馈结果后，所属主管单位进行整改结果的审核。具体操

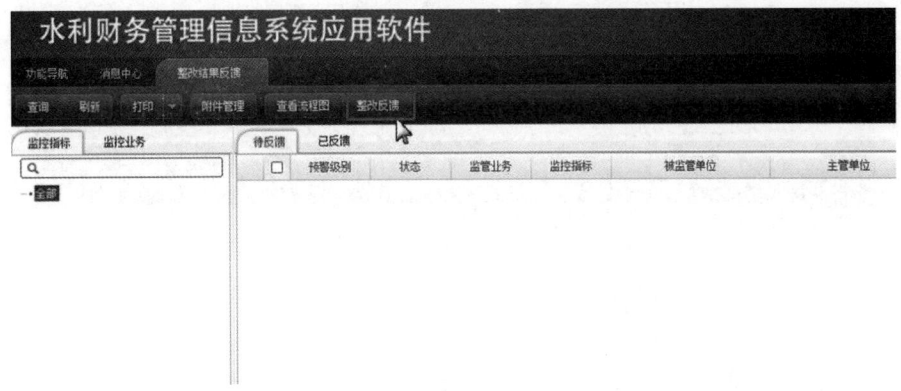

图 4-18 整改反馈

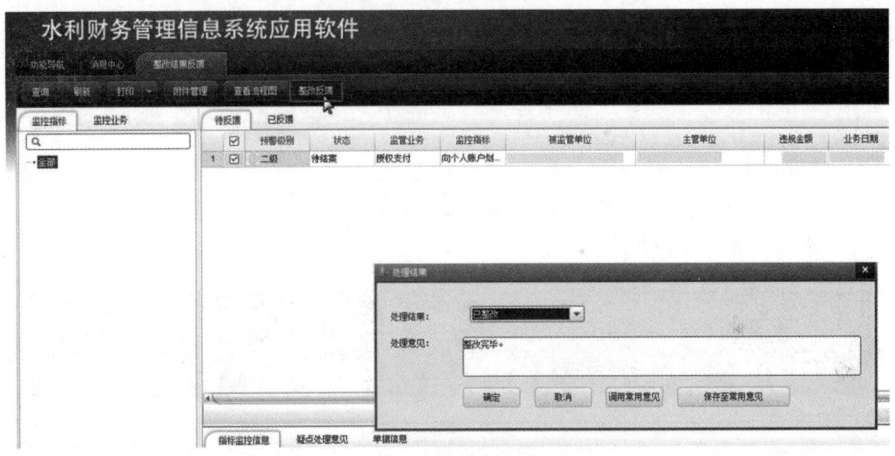

图 4-19 整改结果确认

作为进入水利财务管理信息系统选择"动态监控"—"日常监控管理"—"整改结果审核"(图 4-20)。

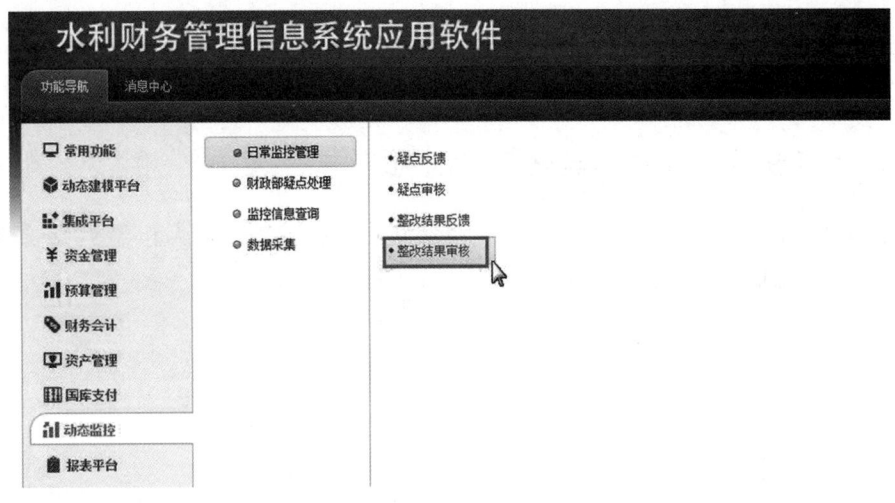

图 4-20 在功能导航中选择"整改结果审核"

界面会出现"待结果审核"的信息，选中该条信息并点击"审核通过"按钮（图 4-21）。

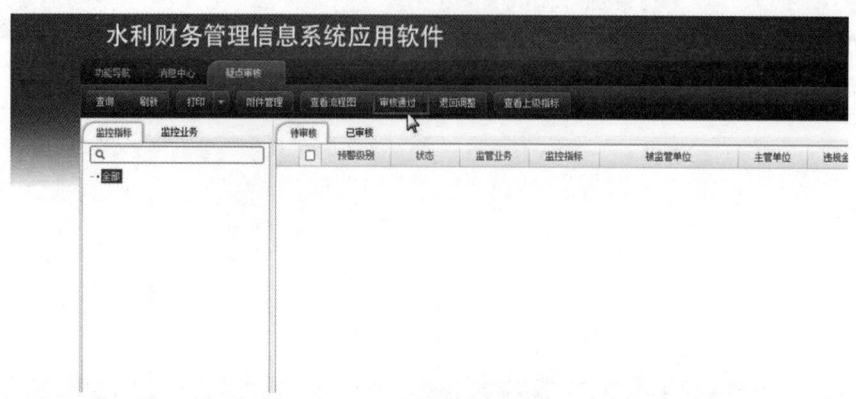

图 4-21　审核通过

在弹出的页面中，选择"处理结果"，输入"处理意见"，然后点击"确定"，即整改结果反馈成功。

如果觉得对基层单位的整改结果反馈有异议，可以选择"退回调整"退至基层单位进行修改（图 4-22）。

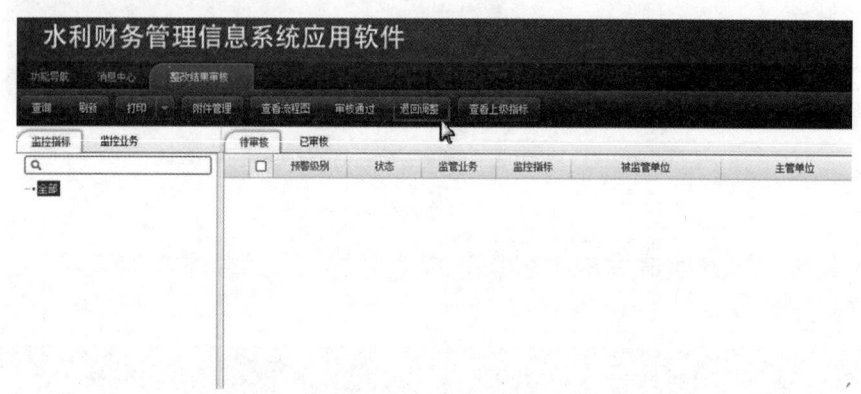

图 4-22　退回调整

八、确认整改结果和疑点结案（水利部）

主管单位审核整改结果完成后，水利部进行整改结果确认和疑点结案的相关操作，整个动态监控的环节完成。

九、监控疑点查询及分析

（一）监控疑点查询

在日常的单据疑点处理当中，通过水利财务管理信息系统，选择"动态监控"

第四章　预算执行动态监控管理实务

模块下的"监控信息查询",各级角色都能够查询对应疑点的指标监控信息、疑点处理意见和单据信息等。下面以水利部角色为例,进行查询。

进入水利财务管理信息系统选择"动态监控"—"监控信息查询"—"监控台账查询"(图4-23)。

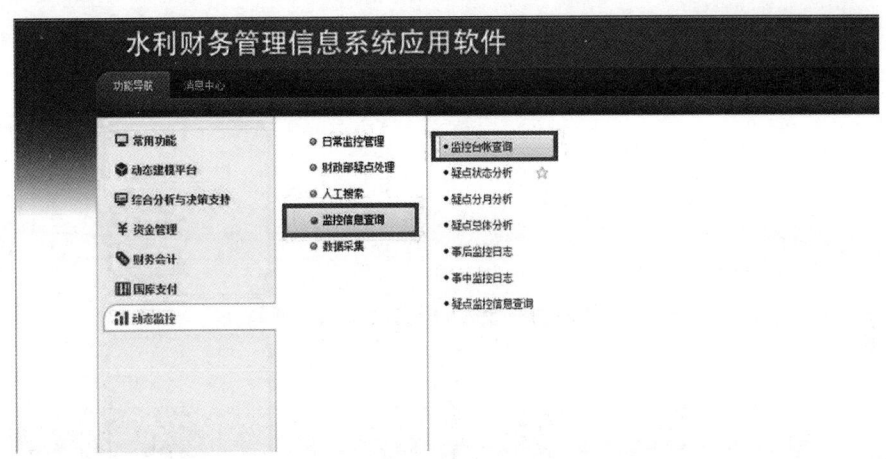

图4-23　在功能导航中选择"监控台账查询"

进入界面后,会显示出已经处理的疑点单据,选中某一条目,即可查询对应该条目的"指标监控信息""历史信息""单据信息"(图4-24)。

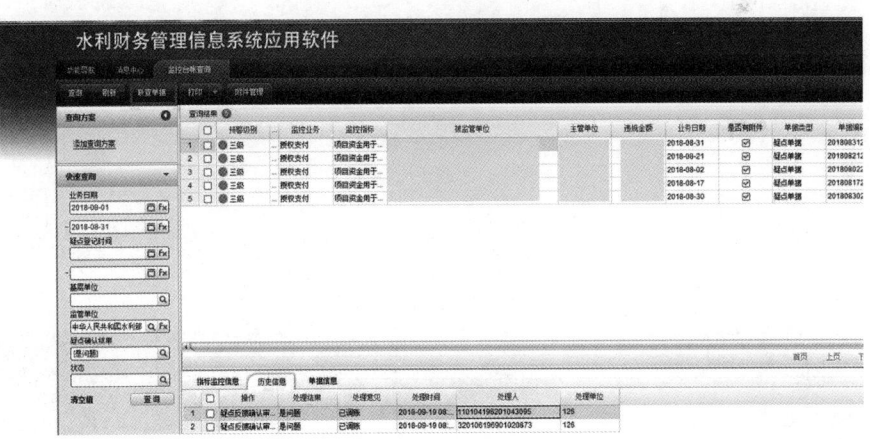

图4-24　"监控台账查询"界面

(二)监控疑点分析(水利部)

1. 疑点状态分析

进入水利财务管理信息系统,选择"动态监控"—"监控信息查询"—"疑点状态分析"(图4-25)。

进入界面选择需要对应的单位,点击"查询"按钮,即可根据"疑点状态分析表"查看该单位所有"确认为疑点""确认中疑点""未确认"状态的相关监控

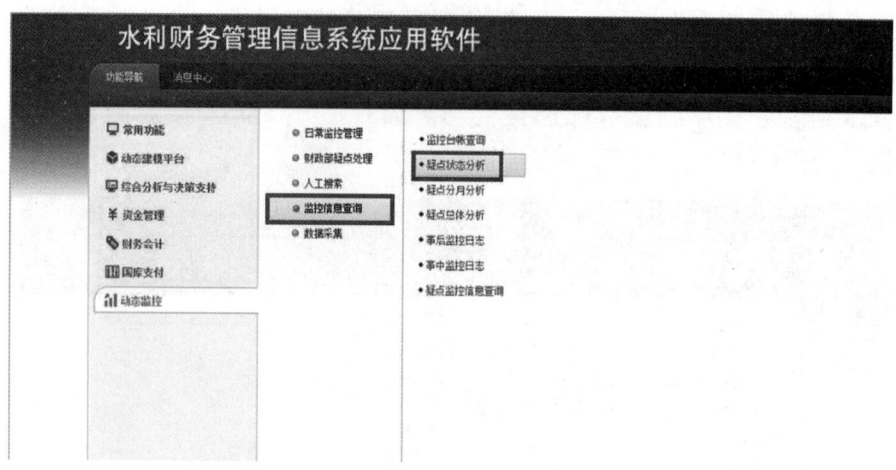

图 4-25　在功能导航中选择"疑点状态分析"

指标（图 4-26）。

图 4-26　"疑点状态分析"界面

2. 疑点分月分析

进入水利财务管理信息系统，选择"动态监控"—"监控信息查询"—"疑点分月分析"，查看某一月的疑点情况统计情况（图 4-27）。

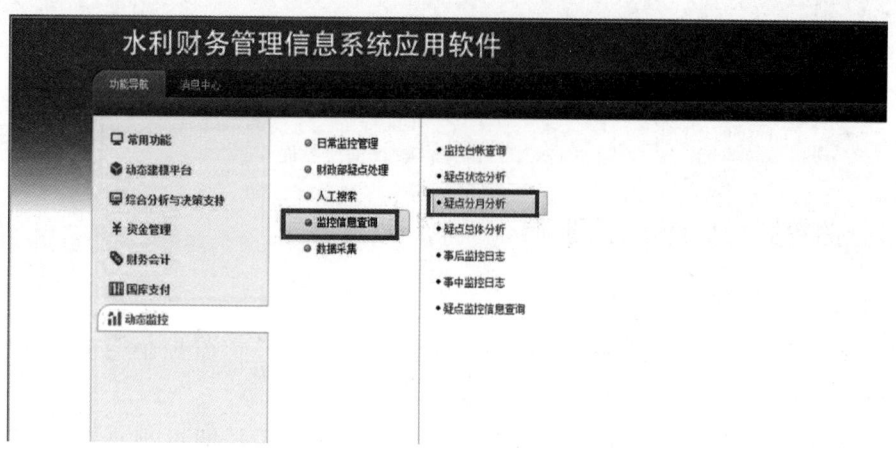

图 4-27　在功能导航中选择"疑点分月分析"

进入该界面,在左下处的查询条件中选择完成后,点击"查询"按钮,即可查询出某月所有的疑点数据(图4-28)。

图4-28 "疑点分月分析"界面

3. 疑点总体分析

进入水利财务管理信息系统,选择"动态监控"—"监控信息查询"—"疑点总体分析",即可分析水利部下属所有单位的疑点情况(图4-29)。

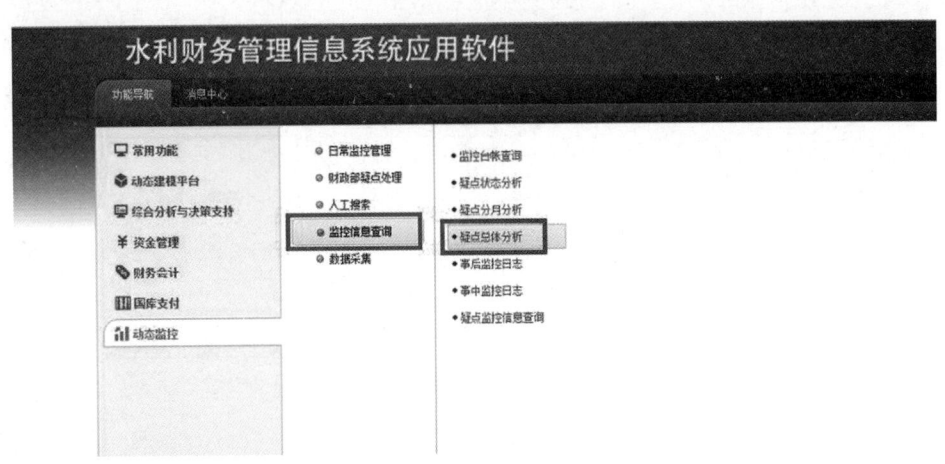

图4-29 在功能导航中选择"疑点总体分析"

进入该界面,在左下处的查询条件中将单位选为"中华人民共和国水利部",即可查询水利部下的所有疑点总体数据(图4-30)。

该"疑点总体分析表"为水利部所属所有单位的疑点分析情况(图4-31)。

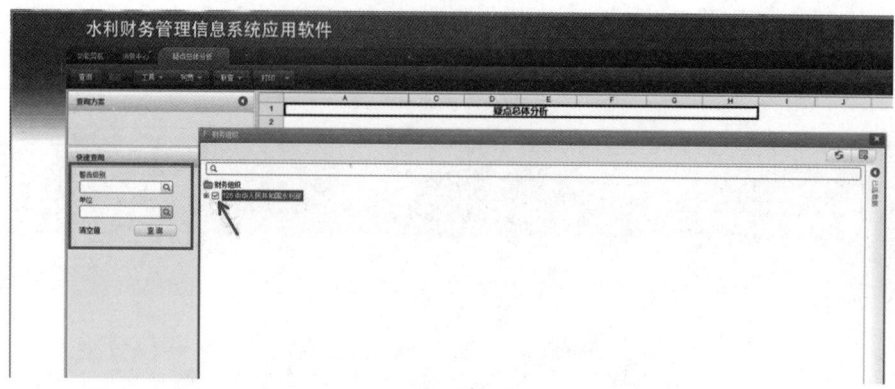

图 4-30 "疑点总体分析"界面

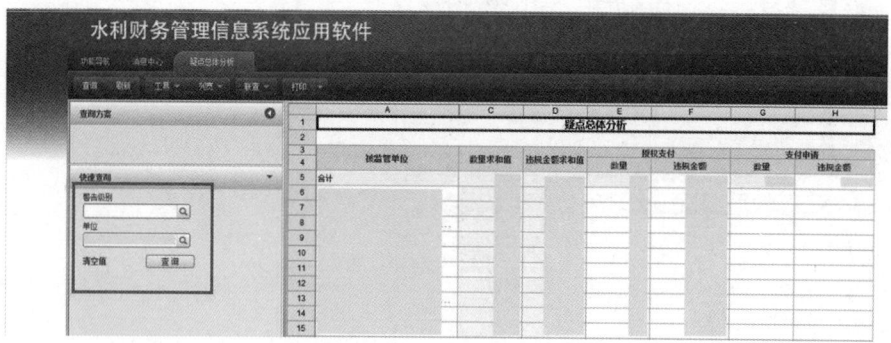

图 4-31 疑点总体分析表

第二部分

制度文件汇编

第五章　财政部国库集中支付管理相关文件

国务院办公厅关于财政国库管理制度改革方案有关问题的通知

国办函〔2001〕18号

财政部、人民银行：

《财政国库管理制度改革方案》已经国务院第95次总理办公会议原则同意，现就有关问题通知如下：

（一）建立以国库单一账户为基础、资金缴拨国库集中收付为主要形式的财政国库管理制度，有利于规范财政收支行为，加强财政收支管理监督，提高财政资金的使用效率，从制度上防范腐败现象的发生。改革要按照总体规划、分步实施的原则，逐步推进，争取在"十五"期间全面推行财政国库管理制度改革。

（二）财政国库管理制度改革涉及面广，政策性强，为确保改革顺利进行，要选择适量的、有代表性的部门进行试点，不断总结经验，对方案进行优化和完善。改革方案要充分考虑实际工作的需要，便于操作，有利于提高工作效率。改革试点方案由你们发布执行。各地可根据改革方案，自行确定改革的时间和步骤。

（三）你们要会同有关部门抓紧落实各项配套措施，修订相关法律法规，推进预算编制改革，建立健全财政管理信息系统和现代化银行支付系统。要切实加强内部监督和外部审计，建立健全监督制约机制。有关财政国库支付执行机构编制问题，另行研究解决。

2001年3月15日

财政部 中国人民银行关于印发《财政国库管理制度改革试点方案》的通知

财库〔2001〕24 号

各省、自治区、直辖市、计划单列市人民政府,国务院各部委、各直属机构,党中央有关部门,各人民团体,全国人大常委会办公厅,全国政协办公厅,高法院,高检院,总后勤部,武警总部,新疆生产建设兵团:

  根据《国务院办公厅关于财政国库管理制度改革方案有关问题的通知》(国办函〔2001〕18号)精神,经国务院同意,现将《财政国库管理制度改革试点方案》印发给你们,请认真遵照执行。建立以国库单一账户体系为基础、资金缴拨以国库集中收付为主要形式的财政国库管理制度,有利于规范财政收支行为,加强财政收支管理监督,提高财政资金的使用效率,从制度上防范腐败现象的发生。各地区、各部门要高度重视并积极支持这项改革。为了保证改革的顺利进行,根据国务院的要求,按照总体规划、分步实施的原则,2001年选择几个有代表性的部门进行试点,在总结经验、优化和完善方案的基础上,2002年进一步扩大改革试点范围。各地可根据改革试点方案,自行确定改革的时间和步骤。争取在"十五"期间全面推行财政国库管理制度改革。财政国库管理制度改革政策性强,涉及面广,情况复杂,进行改革试点的部门和地区,要加强领导,精心组织,周密部署,及时反馈试点情况和有关问题。中央部门改革试点的具体实施办法另行发布。地方改革试点的具体实施办法由地方自行制定。

附件:
财政国库管理制度改革试点方案

财政部 中国人民银行
2001 年 3 月 16 日

附件：

财政国库管理制度改革试点方案

根据党的十五届五中全会提出的积极推进财政预算制度改革的要求，为逐步建立以国库单一账户体系为基础、资金缴拨以国库集中收付为主要形式的财政国库管理制度，加强财政管理监督，提高资金使用效益，制定本方案。

一、改革现行财政国库管理制度的必要性

我国现行的财政性资金缴库和拨付方式，是通过征收机关和预算单位设立多重账户分散进行的。这种在传统体制下形成的运作方式，越来越不适应社会主义市场经济体制下公共财政的发展要求。主要弊端是：重复和分散设置账户，导致财政资金活动透明度不高，不利于对其实施有效管理和全面监督；财政收支信息反馈迟缓，难以及时为预算编制、执行分析和宏观经济调控提供准确依据；财政资金入库时间延滞，收入退库不规范，大量资金经常滞留在预算单位，降低了使用效率；财政资金使用缺乏事前监督，截留、挤占、挪用等问题时有发生，甚至出现腐败现象。因此，必须对现行财政国库管理制度进行改革，逐步建立和完善以国库单一账户体系为基础、资金缴拨以国库集中收付为主要形式的财政国库管理制度。

二、财政国库管理制度改革的指导思想和原则

财政国库管理制度改革的指导思想是：按照社会主义市场经济体制下公共财政的发展要求，借鉴国际通行做法和成功经验，结合我国具体国情，建立和完善以国库单一账户体系为基础、资金缴拨以国库集中收付为主要形式的财政国库管理制度，进一步加强财政监督，提高资金使用效益，更好地发挥财政在宏观调控中的作用。

根据上述指导思想，财政国库管理制度改革遵循以下原则：

（一）有利于规范操作。合理确定财政部门、征收单位、预算单位、中国人民银行国库和代理银行的管理职责，不改变预算单位的资金使用权限，使所有财政性收支都按规范的程序在国库单一账户体系内运作。

（二）有利于管理监督。增强财政收支活动透明度，基本不改变预算单位财务管理和会计核算权限，使收入缴库和支出拨付的整个过程都处于有效的监督管理之下。

（三）有利于方便用款。减少资金申请和拨付环节，使预算单位用款更加及时和便利。

（四）有利于分步实施。改革方案要体现系统性和前瞻性，使改革目标逐步得到实现。

三、财政国库管理制度改革的主要内容

按照财政国库管理制度的基本发展要求，建立国库单一账户体系，所有财政性资金都纳入国库单一账户体系管理，收入直接缴入国库或财政专户，支出通过国库单一账户体系支付到商品和劳务供应者或用款单位。

（一）建立国库单一账户体系。

1. 国库单一账户体系的构成。

（1）财政部门在中国人民银行开设国库单一账户，按收入和支出设置分类账，收入账按预算科目进行明细核算，支出账按资金使用性质设立分账册。

（2）财政部门按资金使用性质在商业银行开设零余额账户；在商业银行为预算单位开设零余额账户。

（3）财政部门在商业银行开设预算外资金财政专户，按收入和支出设置分类账。

（4）财政部门在商业银行为预算单位开设小额现金账户。

（5）经国务院和省级人民政府批准或授权财政部门开设特殊过渡性专户（以下简称特设专户）。

建立国库单一账户体系后，相应取消各类收入过渡性账户。预算单位的财政性资金逐步全部纳入国库单一账户管理。

2. 国库单一账户体系中各类账户的功能。

（1）国库单一账户为国库存款账户，用于记录、核算和反映纳入预算管理的财政收入和支出活动，并用于与财政部门在商业银行开设的零余额账户进行清算，实现支付。

（2）财政部门的零余额账户，用于财政直接支付和与国库单一账户支出清算；预算单位的零余额账户用于财政授权支付和清算。

（3）预算外资金财政专户，用于记录、核算和反映预算外资金的收入和支出活动，并用于预算外资金日常收支清算。

（4）小额现金账户，用于记录、核算和反映预算单位的零星支出活动，并用于与国库单一账户清算。

（5）特设专户，用于记录、核算和反映预算单位的特殊专项支出活动，并用于与国库单一账户清算。

上述账户和专户要与财政部门及其支付执行机构、中国人民银行国库部门和

预算单位的会计核算保持一致性，相互核对有关账务记录。

在建立健全现代化银行支付系统和财政管理信息系统的基础上，逐步实现由国库单一账户核算所有财政性资金的收入和支出，并通过各部门在商业银行的零余额账户处理日常支付和清算业务。

（二）规范收入收缴程序。

1. 收入类型。按政府收支分类标准，对财政收入实行分类。

2. 收缴方式。适应财政国库管理制度的改革要求，将财政收入的收缴分为直接缴库和集中汇缴。

（1）直接缴库是由缴款单位或缴款人按有关法律法规规定，直接将应缴收入缴入国库单一账户或预算外资金财政专户。

（2）集中汇缴是由征收机关（有关法定单位）按有关法律法规规定，将所收的应缴收入汇总缴入国库单一账户或预算外资金财政专户。

3. 收缴程序。

（1）直接缴库程序。直接缴库的税收收入，由纳税人或税务代理人提出纳税申报，经征收机关审核无误后，由纳税人通过开户银行将税款缴入国库单一账户。直接缴库的其他收入，比照上述程序缴入国库单一账户或预算外资金财政专户。

（2）集中汇缴程序。小额零散税收和法律另有规定的应缴收入，由征收机关于收缴收入的当日汇总缴入国库单一账户。非税收入中的现金缴款，比照本程序缴入国库单一账户或预算外资金财政专户。规范收入退库管理。涉及从国库中退库的，依照法律、行政法规有关国库管理的规定执行。

（三）规范支出拨付程序。

1. 支出类型。财政支出总体上分为购买性支出和转移性支出。根据支付管理需要，具体分为：①工资支出，即预算单位的工资性支出；②购买支出，即预算单位除工资支出、零星支出之外购买服务、货物、工程项目等支出；③零星支出，即预算单位购买支出中的日常小额部分，除《政府采购品目分类表》所列品目以外的支出，或列入《政府采购品目分类表》所列品目，但未达到规定数额的支出；④转移支出，即拨付给预算单位或下级财政部门，未指明具体用途的支出，包括拨付企业补贴和未指明具体用途的资金、中央对地方的一般性转移支付等。

2. 支付方式。按照不同的支付主体，对不同类型的支出，分别实行财政直接支付和财政授权支付。

（1）财政直接支付。由财政部门开具支付令，通过国库单一账户体系，直接将财政资金支付到收款人（即商品和劳务供应者，下同）或用款单位账户。实行财政直接支付的支出包括：①工资支出、购买支出以及中央对地方的专项转移支付，拨付企业大型工程项目或大型设备采购的资金等，直接支付到收款人；②转移支出（中央对地方专项转移支出除外），包括中央对地方的一般性转移支付中的税收返还、原体制补助、过渡期转移支付、结算补助等支出，对企业的补贴和未指明购买内容的某些专项支出等，支付到用款单位（包括下级财政部门和预算单位，下同）。

（2）财政授权支付。预算单位根据财政授权，自行开具支付令，通过国库单一账户体系将资金支付到收款人账户。实行财政授权支付的支出包括未实行财政直接支付的购买支出和零星支出。

财政直接支付和财政授权支付的具体支出项目，由财政部门在确定部门预算或制定改革试点的具体实施办法中列出。

3. 支付程序。

（1）财政直接支付程序。预算单位按照批复的部门预算和资金使用计划，向财政国库支付执行机构提出支付申请，财政国库支付执行机构根据批复的部门预算和资金使用计划及相关要求对支付申请审核无误后，向代理银行发出支付令，并通知中国人民银行国库部门，通过代理银行进入全国银行清算系统实时清算，财政资金从国库单一账户划拨到收款人的银行账户。

财政直接支付主要通过转账方式进行，也可以采取"国库支票"支付。财政国库支付执行机构根据预算单位的要求签发支票，并将签发给收款人的支票交给预算单位，由预算单位转给收款人。收款人持支票到其开户银行入账，收款人开户银行再与代理银行进行清算。每日营业终了前由国库单一账户与代理银行进行清算。

工资性支付涉及的各预算单位人员编制、工资标准、开支数额等，分别由编制部门、人事部门和财政部门核定。支付对象为预算单位和下级财政部门的支出，由财政部门按照预算执行进度将资金从国库单一账户直接拨付到预算单位或下级财政部门账户。

（2）财政授权支付程序。预算单位按照批复的部门预算和资金使用计划，向财政国库支付执行机构申请授权支付的月度用款限额，财政国库支付执行机构将批准后的限额通知代理银行和预算单位，并通知中国人民银行国库部门。预算单位在月度用款限额内，自行开具支付令，通过财政国库支付执行机构转由代理银行向收款人付款，并与国库单一账户清算。

上述财政直接支付和财政授权支付流程，以现代化银行支付系统和财政信息管理系统的国库管理操作系统为基础。在这些系统尚未建立和完善前，财政国库支付执行机构或预算单位的支付令通过人工操作转到代理银行，代理银行通过现行银行清算系统向收款人付款，并在每天轧账前，与国库单一账户进行清算。

预算外资金的支付，逐步比照上述程序实施。

四、改革的配套措施

建立以国库单一账户体系为基础、资金缴拨以国库集中收付为主要形式的财政国库管理制度，是对财政资金的账户设置和收支缴拨方式的根本性变革，是一项十分庞大和复杂的系统工程。改革方案的实施，不仅涉及改变现行预算编制方法和修订一系列相关法律法规，建立健全银行清算系统、财政管理信息系统、财政国库支付执行机构等必需的配套设施，而且涉及改变传统观念，摆脱旧的管理方式的束缚。这项改革对加强财政管理监督，提高资金使用效益，从源头上防范腐败，具有重要意义。各地区、各部门、各单位要从讲政治的高度，在国务院统一领导和部署下，相互密切配合，积极支持改革，逐步实现预期的改革目标。

（一）进一步推进预算编制改革。参照国际通行做法并结合我国国情，改革政府收支分类，科学地反映各类财政收支活动，细化预算编制，全面推行部门预算制度，逐步使所有财政资金的支付建立在明晰的预算基础上，为顺利实施国库单一账户制度创造条件。

（二）修订和制定相关法律法规和管理办法。修订《中华人民共和国预算法》《中华人民共和国预算法实施条例》《中华人民共和国国家金库条例》《中华人民共和国国家金库条例实施细则》《财政总预算会计制度》，以及相关税收征管法规、行政事业单位会计制度等；相应制定《国库收入管理办法》和《收入退库管理办法》《财政资金支付管理办法》，为改革提供法律保障。

（三）建立财政管理信息系统和国库管理操作系统。主要包括：预算编制系统和预算执行管理系统，保证预算资金的拨付符合预算安排和支出进度要求；收入管理系统，监控税收和非税收入征收情况；国库现金管理系统，及时反映国库每天的收支和平衡状况；国库收支总分类账系统，做到所有收支账目在一个系统中反映；债务管理系统，全面反映国债发行、偿还和余额情况。通过上述管理系统，使各类财政收支在国库单一账户体系中实现高效、安全运行。

（四）建立健全现代化银行支付系统。要改变目前我国全国性电子化银行清算系统尚不完善的状况，逐步建立健全中国现代化支付系统，加快财政资金拨付的到账时间，提高国库单一账户清算业务的效率。

（五）建立财政国库支付执行机构。借鉴国际通行做法，建立财政国库支付执行机构。适当充实中国人民银行国库部门人员。财政国库支付执行机构专门负责办理财政直接支付和国库现金管理的具体业务，并进行相关的会计核算和监督检查等工作。机构人员主要从预算单位现有财务人员中选派。

（六）加强监督制约机制。财政部门要加强对预算单位资金使用的监督，认真审核预算单位资金使用计划和资金使用申请；建立健全财政国库支付执行机构的内部监督制约制度，财政国库部门要定期对财政国库支付执行机构的相关业务进行内部审计；中国人民银行国库部门要加强对代理财政支付清算业务的商业银行的监控，充分发挥中央银行对商业银行办理财政支付清算业务的监管作用；审计部门要结合财政国库管理制度的建立，进一步加强对预算执行情况的年度审计检查，促进政府部门和其他预算执行部门依法履行职责。通过建立和完善科学合理的监督制约机制，确保财政资金安全。

五、实施步骤和时间

2001年由国务院确定几个有代表性的部门率先进行财政国库管理制度改革试点。地方可根据本地情况自行决定改革试点时间和步骤。在总结经验、优化和完善方案的基础上，2002年进一步扩大改革试点范围。暂未全面实施国库管理制度改革的部门和地区，可以对包括政府采购资金在内的一些专项支出实行财政直接拨付。在率先改革财政资金支付方式的同时，相应规范收入收缴程序。争取在"十五"期间全面推行以国库单一账户体系为基础、资金缴拨以国库集中收付为主要形式的财政国库管理制度。

财政部　中国人民银行
2001年3月16日

财政部 中国人民银行关于印发《中央单位财政国库管理制度改革试点资金支付管理办法》的通知

财库〔2002〕28号

中央各试点部门,财政部驻各省、自治区、直辖市、计划单列市财政监察专员办事处,各国有独资商业银行,股份制商业银行:

　　为了保证财政国库管理制度改革试点工作顺利进行,根据《财政国库管理制度改革试点方案》及2001年改革试点的实施情况,财政部、中国人民银行对《中央单位财政国库管理制度改革试点资金支付管理办法》进行了修订,现印发给你们,请遵照执行。《财政部中国人民银行关于印发〈中央单位财政国库管理制度改革试点资金支付管理办法〉的通知》(财库〔2001〕53号)停止执行。本办法发布后,执行中如果发现问题,请及时向财政部、中国人民银行反映。

　　按照本办法的规定,财政部为预算单位开设预算单位零余额账户和特设专户,用于办理纳入改革试点的财政性资金支付与清算;未纳入改革试点的财政性资金或改革试点实施前财政已拨付的资金,仍通过原账户支付和核算。暂未实行改革试点的预算单位所使用的预算资金,由其上级预算单位按规定从零余额账户中划拨。各试点单位可在财政部确定的代理银行所属分支机构内,自主选择预算单位零余额账户的开户银行。

附件:
中央单位财政国库管理制度改革试点资金支付管理办法

财政部 中国人民银行
2002年5月22日

附件：

中央单位财政国库管理制度改革试点资金支付管理办法

第一章 总 则

第一条 为了加强财政性资金管理与监督，提高资金运行效率和使用效益，保证财政国库管理制度改革试点工作顺利进行，根据《财政国库管理制度改革试点方案》有关法律法规，制定本办法。

第二条 本办法适用于中央试点单位下列财政性资金的支付管理：

（一）财政预算内资金；

（二）纳入财政预算管理的政府性基金；

（三）纳入财政专户管理的预算外资金；

（四）其他财政性资金。

国家统借统还的世界银行、亚洲开发银行等国际金融组织和外国政府贷款的支付，按照相关规定执行；其国内配套财政性资金的支付，按照本办法执行。

第三条 财政性资金通过国库单一账户体系存储、支付和清算。

第四条 国库单一账户体系由下列银行账户构成：财政部在中国人民银行开设的国库单一账户（简称国库单一账户）；财政部在商业银行开设的零余额账户（简称财政部零余额账户）；财政部为预算单位在商业银行开设的零余额账户（简称预算单位零余额账户）；财政部在商业银行开设的预算外资金财政专户（简称预算外资金专户）；经国务院批准或国务院授权财政部批准为预算单位在商业银行开设的特殊专户（简称特设专户）。

国库单一账户体系中的国库单一账户和预算外资金专户按专用存款账户管理。

第五条 财政部是持有和管理国库单一账户体系的职能部门，任何单位不得擅自设立、变更或撤销国库单一账户体系中的各类银行账户。中国人民银行按照有关规定，加强对国库单一账户和代理银行的管理监督。

第六条 财政性资金的支付实行财政直接支付和财政授权支付两种方式。

财政直接支付是指由财政部向中国人民银行和代理银行（系财政国库管理制度改革试点中，由财政部确定的、具体办理财政性资金支付业务的商业银行，下同）签发支付指令，代理银行根据支付指令通过国库单一账户体系将资金直接支付到收款人（即商品或劳务供应商等，下同）或用款单位（即具体申请和使用财政性资金的预算单位，下同）账户。

财政授权支付是指预算单位按照财政部的授权，向代理银行签发支付指令，代理银行根据支付指令，在财政部批准的用款额度内，通过国库单一账户体系将资金支付到收款人账户。

第七条 部门和单位预算批准后，预算单位依法拥有相应的资金使用权，履行财务管理、会计核算职责，并接受财政和审计监督。

第八条 预算单位原则上分为一级预算单位、二级预算单位和基层预算单位。向财政部汇总报送分月用款计划并提出财政直接支付申请的预算单位为一级预算单位；向一级预算单位汇总报送分月用款计划并提出财政直接支付申请且有下属单位的预算单位，为二级预算单位（特别情况可再分为三级、四级等预算单位，下同）；只有本单位开支，无下属单位的预算单位，为基层预算单位，基层预算单位一般为一个独立核算的单位。一级、二级预算单位的本级开支，视为基层预算单位管理。

第九条 预算单位应当按照规定编制分月用款计划，并根据批复的分月用款计划使用财政性资金。

第十条 财政性资金的支付，应当坚持按照财政预算、分月用款计划、项目进度和规定程序支付的原则。

第二章 财政性资金银行账户的设立、使用和管理

第一节 财政性资金银行账户的设立

第十一条 预算单位使用财政性资金，应当按照本办法规定的程序和要求，向财政部提出设立零余额账户、特设专户等银行账户的申请，并向财政部国库管理机构和财政部国库支付执行机构办理预留印鉴手续。

第十二条 预算单位提出设立银行账户的申请，由一级预算单位审核汇总，填写《财政授权支付银行开户情况汇总申请表》（附件一），报财政部批准设立。中国人民银行根据《银行账户管理办法》的规定，做好相关审核工作。

第十三条 一级预算单位审核汇总所属基层预算单位设立零余额账户的申请后，向财政部报送《财政授权支付银行开户情况汇总申请表》，财政部审核同意后通知代理银行。

第十四条 代理银行根据财政部批准预算单位开设零余额账户的通知文件以及《银行账户管理办法》的规定，具体办理开设预算单位零余额账户业务，接受财政部和中国人民银行的管理监督。

第十五条 预算单位零余额账户开设后，代理银行将所开账户的开户银行名称、账号等详细情况书面报告财政部和中国人民银行，并由财政部通知一级预算单位。

第十六条　预算单位根据财政部的开户通知，具体办理预留印鉴手续。基层预算单位和一级预算单位分别填写财政部统一制发的《中央基层预算单位预算资金拨款印鉴卡》（附件二）和《中央一级预算单位预算资金拨款印鉴卡》（附件三）。

《中央基层预算单位预算资金拨款印鉴卡》一式三份，基层预算单位自留一份，交一级预算单位、财政部国库支付执行机构各一份；《中央一级预算单位预算资金拨款印鉴卡》一式三份，一级预算单位自留一份，交财政部总预算会计、财政部国库支付执行机构各一份。

第十七条　预算单位的零余额账户印鉴卡必须按规定的格式和要求填写。印鉴卡内容如有变动，预算单位应及时通过一级预算单位向财政部提出变更申请，办理印鉴卡更换手续。

第十八条　预算单位增加、变更、合并、撤销零余额账户，应当按照相关规定和本办法第十三条至第十七条规定的程序办理。

第十九条　一个基层预算单位开设一个零余额账户。

第二十条　需要开设特设专户的预算单位通过一级预算单位向财政部提出书面申请，经财政部审核并报国务院批准或经国务院授权财政部批准后，由财政部在代理银行为预算单位开设。

第二节　国库单一账户的使用和管理

第二十一条　国库单一账户用于记录、核算、反映财政预算资金和纳入预算管理的政府性基金的收入和支出。

第二十二条　代理银行按日将支付的财政性资金与国库单一账户进行清算。

第二十三条　代理银行代理财政性资金支付业务与国库单一账户的资金清算办法，由中国人民银行、财政部另行制定。

第三节　零余额账户的使用和管理

第二十四条　财政部零余额账户用于财政直接支付，该账户每日发生的支付，于当日营业终了前由代理银行与国库单一账户清算；营业中单笔支付额5000万元人民币以上的（含5000万元，下同），应当及时与国库单一账户清算。

第二十五条　预算单位零余额账户用于财政授权支付，该账户每日发生的支付，于当日营业终了前由代理银行在财政部批准的用款额度内与国库单一账户清算；营业中单笔支付额5000万元人民币以上的，应当及时与国库单一账户清算。

第二十六条　预算单位零余额账户可以办理转账、提取现金等结算业务；可以向本单位按账户管理规定保留的相应账户划拨工会经费、住房公积金及提租补贴，以及经财政部批准的特殊款项，不得违反规定向本单位其他账户和上级主管单位、所属下级单位账户划拨资金。

第二十七条 各基层预算单位要切实加强对现金支出的管理,不得违反《现金管理暂行条例》等规定提取和使用现金;代理银行按照财政部批准的用款额度和《现金管理暂行条例》等规定,受理预算单位的现金结算业务。

第二十八条 代理银行按照中国人民银行、财政部有关财政性资金银行清算办法的规定办理清算。

第四节 预算外资金专户的使用和管理

第二十九条 预算外资金专户用于记录、核算预算外资金的收入和支出。

第三十条 预算外资金专户收入按预算单位或资金性质设置分类账户,并按预算科目进行明细核算;支出按预算单位设置分类账户,用于记录、核算、反映预算外资金的支出活动。

第三十一条 财政部负责管理中央预算外资金专户。代理银行根据财政部的要求和支付指令,办理预算外资金专户的收入和支付业务。

第三十二条 预算外资金专户用于核算预算外资金的收支活动。预算内资金不得违反规定进入预算外资金专户。

第五节 特设专户的使用和管理

第三十三条 特设专户用于核算经国务院批准或国务院授权财政部批准的特殊专项支出。

第三十四条 预算单位不得将特设专户资金与本单位其他银行账户资金相互划转。

第三十五条 代理银行按照财政部要求和账户管理等规定,具体办理特设专户支付业务。

第六节 账 册 管 理

第三十六条 财政部国库支付执行机构应当按照政府收支分类和会计核算要求,建立账册管理体系。

第三十七条 账册管理体系由预算资金支付账册、预算外资金支付账册组成。

第三十八条 财政部国库支付执行机构应当根据资金的性质设置预算资金总账册和预算外资金总账册,分别按照预算科目类、款、项记录和反映预算资金、预算外资金的支出活动。基本建设支出、科技三项费、专项类支出还要记录到具体项目。

第三十九条 预算资金支付总账册设置预算内资金支付分账册和纳入预算管理的政府性基金支付分账册分别用于记录和反映预算内资金及政府性基金的支出活动。

第四十条 预算内资金支付分账册、纳入预算管理的政府性基金支付分账册分别按一级预算单位设置子账册,并按基层预算单位设置明细账册,用于记录和反映预算单位资金的支出活动。

第四十一条　预算外资金支付账册比照预算资金支付账册设置。

第三章　用　款　计　划

第四十二条　预算单位根据批准的部门预算和本办法的规定编制分月用款计划。分月用款计划是办理财政性资金支付的依据。

第四十三条　预算单位分月用款计划按季分月编制，包括财政直接支付用款计划和财政授权支付用款计划两部分。

第四十四条　预算单位分月用款计划应当按照财政部统一制定的《中央基层预算单位分月用款计划表》（附件四）编制。

基本建设支出、科技三项费、专项类支出用款计划按具体项目编制，其他类支出用款计划按项级科目编制。

第四十五条　预算单位依据批复的年度部门预算（部门预算控制数）和项目进度，科学编制用款计划。基本支出用款计划按照年度均衡性原则编制，项目支出用款计划按照项目实施进度编制。

第四十六条　第一季度、第二季度分月用款计划原则上根据财政部下达的预算控制数编制，当财政部下达的部门预算与预算控制数差距较大时，应当根据部门预算及时调整第二季度分月用款计划，按照规定程序报财政部审批。

第四十七条　各级预算单位编制本单位的用款计划，逐级审核上报，由一级预算单位审核汇总后，编制《中央预算单位分月用款计划汇总表》（附件五）报财政部。

第四十八条　一级预算单位于每年12月1日（节假日顺延，下同）前将下年第一季度分月用款计划报送财政部，每年3月1日、6月1日、9月1日前分别报送本年第二季度、第三季度、第四季度分月用款计划。

第四十九条　财政部审批一级预算单位审核汇总的用款计划。基本建设支出、科技三项费、专项类支出，财政部审批项目用款计划汇总数；其他类支出，财政部审批项级科目用款计划汇总数。

第五十条　财政部根据部门预算（部门预算控制数）于每季度最后月份的20日前，批复下达一级预算单位下一季度分月用款计划；一级预算单位根据财政部批准的汇总用款计划，按照本办法第四十四条规定的格式，及时下达二级及二级以下预算单位的用款计划并抄报财政部。

第五十一条　年度财政预算执行中发生追加、追减调整变化，一级预算单位在收到财政部预算调整文件后，及时调整本单位的用款计划，按规定程序报财政部。财政部在收到用款计划的7个工作日内批复。

第五十二条　分月用款计划一般不作调整，因特殊情况确需调整的，预算单位提前提出申请经一级预算单位审核同意后，一般在用款月度前 10 个工作日报财政部审批。

第五十三条　预算单位依据用款计划办理财政直接支付用款申请和财政授权支付手续。

第四章　财政直接支付

第一节　一般程序

第五十四条　预算单位实行财政直接支付的财政性资金包括工资支出、工程采购支出、物品和服务采购支出。

第五十五条　基层预算单位填写《中央基层预算单位财政直接支付申请书》（附件六），一级预算单位审核汇总后，填写《财政直接支付汇总申请书》（附件七）附《中央基层预算单位财政直接支付申请书》报财政部国库支付执行机构。

《中央基层预算单位财政直接支付申请书》和《财政直接支付汇总申请书》按款分项填写，基本建设支出、科技三项费、专项类支出按项目填写。

第五十六条　基层预算单位的财政直接支付申请在报一级预算单位之前，应当由其所在省、自治区、直辖市或计划单列市财政监察专员办事处（以下简称财政专员办）审核签署意见。

基层预算单位所在省、自治区、直辖市或计划单列市有省级主管单位的，其财政直接支付申请由省级主管单位审核后报财政专员办签署意见；无省级主管单位的，由基层预算单位直接报财政专员办签署意见。

财政专员办对基层预算单位的财政直接支付申请，根据审核情况，按照规定签署"同意上报""同意部分上报""不同意上报"三种审核意见并核定相应的金额；财政专员办对基层预算单位申请支付金额核减的，要注明原因。

对预算单位手续齐全的财政直接支付申请，一级预算单位以下的各主管单位和财政专员办均应在 2 个工作日内审核完毕。

第五十七条　财政专员办与中央单位的省级管理单位对基层预算单位财政直接支付申请的审核意见不一致时，由双方按规定进行协商；经协商后意见仍不一致的，应当分别签署意见上报一级预算单位，由一级预算单位与财政部按照本办法第十条和第一百一十三条规定确定是否支付。

第五十八条　财政部国库支付执行机构审核一级预算单位提出的汇总支付申请无误后，开具《财政直接支付汇总清算额度通知单》（附件八）和《财政直接支付凭证》（附件九），经财政部国库管理机构加盖印章后，分别送中国人民银行和代理银行。

第五十九条 代理银行根据收到的《财政直接支付凭证》及时将资金支付到收款人或用款单位，并在支付资金的当日将支付信息反馈给财政部。

第六十条 代理银行依据财政部国库支付执行机构的支付指令，将当日实际支付的资金，按一级预算单位分预算科目（款级）汇总，附实际支付清单与国库单一账户进行资金清算。

第六十一条 代理银行根据《财政直接支付凭证》办理资金支付后，开具《财政直接支付入账通知书》（附件十）发一级预算单位和基层预算单位，作为一级预算单位和基层预算单位收到和付出相应款项的凭证。一级预算单位有所属二级或多级次预算单位的，由一级预算单位负责向二级或其他级次预算单位提供收到和付出款项的凭证。

第六十二条 预算单位根据收到的支付凭证做好相应会计核算工作；财政部国库支付执行机构根据代理银行的回单，记录各用款单位的支出明细账，并向财政部国库管理机构提供预算内外资金按一级预算单位汇总的付款信息。

第六十三条 财政直接支付的资金，因凭证要素填写错误而在支付之前退票的，由财政部核实原因后通知代理银行办理更正手续；财政直接支付的资金由代理银行支付后，因收款单位的账户名称或账号填写错误等原因而发生资金退回财政部零余额账户的，代理银行在当日（超过清算时间在第二个工作日）将资金退回国库单一账户并通知财政部，由中国人民银行国库局恢复相应的财政直接支付额度。对需要支付的资金，财政部与有关单位核实后通知代理银行办理支付手续。

第二节 工 资 支 出

第六十四条 工资支出实行财政直接支付方式。财政部向代理银行签发支付指令，代理银行根据支付指令通过财政部零余额账户将工资直接支付到个人工资账户。

第六十五条 工资支出实行财政直接支付的范围是行政单位和事业单位由财政拨款供养的在编人员。

第六十六条 工资支出要严格执行国家规定的工资标准和有关政策。

第六十七条 一级预算单位根据编制部门和人事部门的要求，每月20日前提供下月本单位的人员编制、实有人数、工资标准和代扣款项等数据，报编制部门和人事部门审核。

代扣款项是指国家政策规定必须由个人缴纳的住房公积金、医疗保险、养老保险、失业保险和依法缴纳的个人所得税等款项。国家政策规定之外应由个人缴纳的其他款项不列入代扣项目。

第六十八条 编制部门对一级预算单位的人员编制数进行审核。人事部门根据编制部门核定的编制数、人员和工资计划管理的政策规定审核各单位所报人员和应发工资额，并于每月 25 日前将审核结果送财政部。

第六十九条 财政部国库支付执行机构根据人事部门核定的各单位在编实有人员及工资额，按照预算科目分类生成发放工资汇总表，计算代扣款项，列出应由财政部发放的工资清单，通知代理银行办理资金支付。

第七十条 代理银行按财政部国库支付执行机构的支付指令，通过财政部零余额账户将工资分解到个人工资账户，并根据所列代扣款项分别将个人所得税、医疗保险、养老保险、失业保险和住房公积金等划入财政部门认定的相关账户；同时，代理银行在工资支付的次日为各单位出具工资明细表，向各单位传送个人工资支付信息。

第七十一条 工资实行财政直接支付的二级及二级以下预算单位，其人员编制、实有人数和工资标准等，由预算单位报上级主管单位人事部门逐级审核汇总，一级预算单位填写《财政直接支付汇总申请书》（附各基层预算单位应由财政发放的工资清单）按规定程序报财政部；财政部审核无误后，签发支付指令，通知代理银行办理有关支付手续。其操作程序比照一级预算单位的工资支付程序办理。

第七十二条 预算执行中，各单位发生增人增资、减人减资、正常工资变动及津补贴变化等情况，一级预算单位要在变动当月 20 日前将变动情况和变动后的人员工资一并汇总报人事部门审核，人事部门在当月 25 日前将审核结果送财政部；二级及二级以下预算单位要在变动当月将变动情况和变动后的人员工资一并汇总报上一级主管单位人事部门，经逐级审核汇总后，按规定程序在当月 25 日前报财政部。财政部及时向代理银行提供变动后的下月工资发放清单。

工资实行财政直接支付过程中，因特殊原因造成部分工资不能在规定时间支付到收款人的，代理银行要在当日将未支付工资的明细情况上报财政部，未支付的工资暂保存在财政部零余额账户；财政部按规定核实后，在每月 20 日前及时通知代理银行将应支付的工资支付到相应的收款人。代理银行在每月 20 日与中国人民银行进行资金清算时，将剩余资金退回国库单一账户。

第三节 工程采购支出

第七十三条 工程采购支出适用于建设单位（建设单位是指负责工程项目建设和管理的基层预算单位）基本建设投资中年度财政投资超过 50 万元人民币（含 50 万元）的支出，包括建筑安装工程、设备采购、工程监理和设计服务等支出。

第七十四条 工程采购支出实行财政直接支付时，建设单位要依据年度单位预算、分月用款计划和有关支付凭证（属于政府采购范围的工程项目，还需要按照财政部有关规定提供相关的政府采购文件），提出项目支付申请，填写财政部统一印制的《中央基层预算单位财政直接支付申请书》。

本条所规定的支付凭证，包括购货合同或招标采购的中标供货合同等文件、票证的复制件。预付工程款还需要提供预付工程款支付凭证；工程款还需要提供工程价款结算单；设备、材料款还需要提供设备、材料采购清单。

第七十五条 建设单位的支付申请书经项目监理审核签字并附加盖单位公章的本单位分月用款计划批复复印件，按规定程序报财政专员办审核签署意见。财政专员办审核支付申请所列项目是否在规定的单位预算和用款额度内，是否符合项目进度，有关申请的支付凭证是否齐全、相符等。

第七十六条 建设单位的支付申请经财政专员办审核签署意见后，按规定程序报上级预算单位审核汇总。一级预算单位审核汇总后，及时填写《财政直接支付汇总申请书》附《中央基层预算单位财政直接支付申请书》报财政部国库支付执行机构。

第七十七条 财政部国库支付执行机构审核一级预算单位提出的财政支付汇总申请无误后，及时向代理银行开具《财政直接支付凭证》，由代理银行通过财政部零余额账户将资金直接支付到收款人或用款单位。

第七十八条 代理银行在当日收到的支付指令，应当及时办理资金支付手续；当日确实无法办理的，于下一个营业日10：00前及时办理。

第七十九条 建筑安装工程、设备采购、工程监理等支出，按规定程序直接支付到有关收款人或用款人。移民征地拆迁等资金原则上支付到移民等收款人；情况特殊的，可按规定程序支付到直接向移民等收款人支付资金的单位，再由其及时支付给收款人。

第八十条 工程质量保证金的支付，按照有关合同条款，在保修期满后按规定程序支付给收款人。

第八十一条 有多项资金来源的项目，按照融资比例、工程进度支付财政性资金。其他来源资金不能到位或到位比例低于财政性资金支付进度50%的，财政部暂缓或停止支付财政性资金。

第八十二条 建设项目概算及财政预算的调整，要按规定程序审批。对办理概算或财政预算调整的项目，一级预算单位和财政部要严格审核其支付申请，在概算、项目预算调整审批之前，原则上暂停支付资金；在概算、项目预算调整审批之后，按照重新批复的概算、项目预算支付资金。

第八十三条 属于政府采购范围的工程采购支出部分（建筑安装工程、设备采购、工程监理等支出），要按照财政部政府采购有关规定实行财政直接支付；需要实行公开招标采购方式的，还应当根据《招标投标法》，履行招标投标程序。

第四节 物品、服务采购支出

第八十四条 物品、服务采购支出适用于预算单位列入财政部颁发的《政府采购品目分类表》的商品、服务采购支出（单件商品或单项服务购买额不足10万元的除外），或未列入《政府采购品目分类表》但单件商品或单项服务购买额超过 10 万元（含 10 万元）的支出。情况特殊的，经一级预算单位同意并报财政部批准后可不作为物品、服务采购支出管理。

第八十五条 基层预算单位依据年度单位预算、分月用款计划和有关支付凭证，提出支付申请，填写财政部统一印制的《中央基层预算单位财政直接支付申请书》。

本条所规定的支付凭证包括购货票证、购货合同、招标采购的中标供货合同等文件、相关票证的复制件。

第八十六条 基层预算单位将支付申请书附加盖单位公章的本单位分月用款计划批复件的复印件，按规定程序报财政专员办审核签署意见。财政专员办审核支付申请所列项目是否在规定的单位预算和用款额度内，是否符合有关合同规定，有关申请的支付凭证是否齐全、相符等。

第八十七条 基层预算单位的支付申请经财政专员办审核签署意见后，按规定程序报上级预算单位审核汇总。一级预算单位审核汇总后，及时填写《财政直接支付汇总申请书》附《中央基层预算单位财政直接支付申请书》报财政部国库支付执行机构。一级预算单位本级的物品、服务采购支出支付申请，可直接报财政部国库支付执行机构审核。

第八十八条 财政部国库支付执行机构审核一级预算单位提出的财政直接支付汇总申请无误后，及时向代理银行开具《财政直接支付凭证》，由代理银行通过财政部零余额账户将资金直接支付到收款人或用款单位。

第八十九条 属于政府采购范围的物品、服务采购支出，要按照财政部有关政府采购的规定实行财政直接支付；需要实行公开招标采购方式的，还应当根据《招标投标法》，履行招标投标程序。

第五章 财政授权支付

第九十条 财政授权支付适用于未纳入工资支出，工程采购支出，物品、服务采购支出管理的购买支出和零星支出；包括单件物品或单项服务购买额不足 10 万元人民币的购买支出；年度财政投资不足 50 万元人民币的工程采购支出（含建设单位管理费）；特别紧急支出；经财政部批准的其他支出。

第九十一条 每月 25 日前，财政部根据批准的一级预算单位用款计划中各基层预算单位的月度财政授权支付额度，分别向中国人民银行和代理银行签发下月《财政授权支付汇总清算额度通知单》（附件十一）和《财政授权支付额度通知单》（附件十二）。

第九十二条 代理银行在收到财政部下达的《财政授权支付额度通知单》的 1

个工作日内，将《财政授权支付额度通知单》所确定的各基层预算单位财政授权支付额度通知其所属各有关分支机构。各分支机构在接到《财政授权支付额度通知单》的1个工作日内，向相关预算单位发出《财政授权支付额度到账通知书》（附件十三）。

第九十三条 基层预算单位凭据《财政授权支付额度到账通知书》所确定的额度支用资金；代理银行凭据《财政授权支付额度通知单》受理预算单位财政授权支付业务，控制预算单位的支付金额，并与国库单一账户进行资金清算。

第九十四条 《财政授权支付额度到账通知书》确定的月度财政授权支付额度在年度内可以累加使用。年度终了，代理银行和基层预算单位对截至12月31日时点财政授权支付额度的下达、支用、余额等情况进行对账签证。代理银行将基层预算单位零余额账户财政授权支付额度余额全部注销，银行对账签证单作为基层预算单位年终余额注销的记账凭证。代理银行要将财政授权支付额度注销的明细及汇总情况在下年度的第二个工作日报送财政部和一级预算单位。财政部下达的下年度财政授权支付额度，由预算单位按规定使用。

第九十五条 预算单位支用财政授权支付额度时，填写财政部统一印制的《财政授权支付凭证》（附件十四）并及时送交代理银行。《财政授权支付凭证》要填写完整、清楚，印章齐全，不得涂改。

第九十六条 代理银行根据支付结算凭证及所附《财政授权支付凭证》，通过预算单位零余额账户及时办理资金支付。

代理银行对预算单位填写无误的支付结算凭证及所附《财政授权支付凭证》，不得做退票处理；对预算单位超出财政授权支付额度签发的支付指令，不予受理。

第九十七条 预算单位支用财政授权支付额度可通过转账或现金等方式结算；代理银行根据预算单位《财政授权支付凭证》确定的结算方式，通过支票、汇票等形式办理资金支付。

第九十八条 预算单位需要从银行支取现金时，必须按照《现金管理暂行条例》等有关规定从零余额账户提取。

第九十九条 预算单位使用支票方式结算时，如果不能确定收款人全称、账号、开户银行和支付金额，《财政授权支付凭证》中相关栏目可以不填写，但必须在结算方式栏中填写所使用的支票号码。

第一百条 预算单位零余额账户需办理同城特约委托收款业务的，可与代理银行签订授权协议，授权代理银行在接到煤、电、水等公用企业提供的收费通知单后，从预算单位零余额账户的财政授权支付额度内划拨资金，并相应扣减预算单位对应项级科目（项目）下的财政授权支付额度。

第一百零一条 中国人民银行在《财政授权支付汇总消算额度通知单》确定的累计余额内，根据代理银行每日按实际发生的财政性资金支付金额填制的划款申请与代理银行进行资金清算。

第一百零二条 代理银行按规定编制《财政支出日报表》(附件十五)和《财政支出旬(月)报表》(附件十六)。支出日报表按基层预算单位,分预算科目类、款、项(基本建设支出、科技三项费支出和专项类支出列到项目)编制;支出旬(月)报表按一级预算单位,分预算科目类、款、项(基本建设支出、科技三项费支出和专项类支出列到项目)编制。

代理银行按规定向财政部国库支付执行机构和一级预算单位报送财政支出日、旬、月报表,同时向中国人民银行报送财政支出月报表。日报表于次日、旬报表于每旬后 1 日、月报表于每月后 2 日(节假日顺延,下同)报送。

财政部国库支付执行机构按照代理银行提供的日、旬、月报表,按日列报财政支出,并向财政部国库管理机构报送日、旬、月报表。

第一百零三条 每月 15 日前,一级预算单位分预算科目类、款、项汇总所属各级预算单位上月零余额账户支出情况(含电子文档)报财政部国库支付执行机构,并将已提取未支用的现金数额单独反映。

第一百零四条 财政授权支付的资金,因凭证要素填写错误而在支付之前退票的,由预算单位核实原因后重新通知代理银行办理支付;财政授权支付的资金由代理银行支付后,因收款单位的账户名称或账号填写错误等原因而发生资金退回预算单位零余额账户的,代理银行在当日(超过清算时间在第二个工作日)将资金退回国库单一账户并通知预算单位,按原渠道恢复预算单位零余额账户财政授权支付额度。

第一百零五条 代理银行在每月初 3 个工作日内,按上月实际发生的明细业务,向基层预算单位发出对账单,按月与基层预算单位对账。

第一百零六条 代理银行受理预算单位财政授权支付业务按规定收取的汇划手续费,由财政部按年度统一与代理银行总行结算,不得向预算单位收取。

第六章 管 理 与 监 督

第一百零七条 财政部在财政性资金支付管理中的主要职责是:

(一)组织制定有关政策和规章制度,管理和监督财政国库管理制度改革试点实施;

(二)审核办理预算单位印鉴预留手续;

(三)审批一级预算单位报送的分月用款计划。根据年度支出预算和分月用款计划,合理调度资金、办理财政直接支付业务,下达财政授权支付额度;

(四)对预算执行、资金支付、财政决算中的重大事项组织调查;

(五)选择代理银行,会同中国人民银行协调预算单位、代理银行和其他有关部门的相关业务工作。

第一百零八条 财政专员办在财政性资金支付管理中的主要职责是：审核预算单位支付申请，签署审核意见；审核的主要内容包括：

（一）用款是否符合预算；

（二）是否按规定程序申请使用资金；

（三）是否根据合同条款支付资金；

（四）是否按项目进度申请使用资金。

负责承办财政部交办的其他相关事项。

第一百零九条 中国人民银行在财政性资金支付管理中的主要职责是：

（一）会同财政部制定财政性资金支付银行清算业务的制度规定，配合财政部管理和监督财政国库管理制度改革试点的实施；

（二）为财政部开设国库单一账户，办理国库单一账户与代理银行的收支清算业务；

（三）监督代理银行代理财政性资金支付的有关业务；

（四）定期向财政部国库管理机构报送国库单一账户的支出和现金情况与财政部核对国库单一账户的库存余额，确保数字一致；

（五）配合财政部制定财政国库管理制度改革的有关政策制度和选择代理银行的资格标准。

第一百一十条 一级预算单位在财政性资金支付管理中的主要职责是：

（一）负责按部门预算管理使用财政性资金，并做好相应的财务管理和会计核算工作；

（二）负责本部门及所属单位的财政性资金支付管理的相关工作；

（三）统一组织本部门及所属单位编制物品、服务采购计划、用款计划，负责审批二级预算单位的用款计划；

（四）负责管理工程进度、工程质量；

（五）配合财政部对本部门及所属单位预算执行、资金申请与拨付和账户管理等情况进行监督管理。

第一百一十一条 基层预算单位在财政性资金支付管理中的主要职责是：

（一）负责按单位预算使用财政性资金，并做好相应的财务管理和会计核算工作；

（二）负责组织管理本单位的招标投标工作；

（三）负责编制用款计划；

（四）负责提出财政直接支付申请，提供有关申请所需凭证，并保证凭证的真实性、合法性；

（五）负责本单位的项目进度、工程质量；

（六）根据财政授权支付管理规定，签发支付指令，通知代理银行支付资金。

第一百一十二条 代理银行在代理财政性资金支付业务中的主要职责是：

（一）按照与财政部签订的委托代理协议及有关规定，及时、准确、便捷、高效、安全地办理零余额账户、预算外资金专户及特设专户的财政性资金支付、清算业务。根据账户管理规定，严格按照财政部的支付指令和财政授权额度支付资金，不得违规支付资金。妥善保管财政部及预算单位提供的财政支付的各种单据、资料，并负有保密义务；

（二）按要求开发代理财政业务的信息管理系统并与财政部联网，向财政部反馈财政直接支付与财政授权支付信息。向财政部提供资金支付实时动态监测系统与信息查询系统；

（三）与中国人民银行签订银行资金清算协议，并定期向财政部、中国人民银行和一级预算单位报送报表。及时向预算单位反馈支出情况、提供对账单并对账；

（四）接受财政部和中国人民银行的管理监督。

第一百一十三条 除国务院批准或国务院授权财政部批准的特殊事项外，发生下列情形之一的，财政部有权拒绝受理支付申请：

（一）无预算、超预算申请使用资金；

（二）自行扩大预算支出范围申请使用资金；

（三）申请手续及提供的文件不完备，有关审核单位没有签署意见或加盖印章；

（四）未按规定程序申请使用资金；

（五）预算执行中发现重大违规违纪问题；

（六）工程建设出现重大问题；

（七）出现其他需要拒付情形。

第一百一十四条 财政部国库管理机构、财政部国库支付执行机构、中国人民银行国库部门、预算单位、代理银行应当加强账务管理，按规定及时对账。具体对账程序按照财政国库管理制度改革试点会计核算办法的有关规定办理。

第七章 法 律 责 任

第一百一十五条 预算单位擅自变更预算，改变预算用款方向或性质，造成预算资金损失浪费的，追究单位负责人和有关直接责任人的行政责任。情节严重构成犯罪的，移交司法机关，依法追究刑事责任。

第一百一十六条 违反本办法规定，有下列行为之一的，依法追究其责任：

（一）伪造、变造或提供虚假合同的；

（二）伪造、变造或提供虚假支付申请的；

（三）伪造、变造或提供虚假收款人及其账户，骗取财政性资金的；

（四）预算单位有关人员与收款人合谋以非法手段骗取财政性资金的；

（五）预算单位提供虚假信息，造成财政性资金流失的。有前款所列行为之一的有关人员，构成犯罪的，移交司法机关追究刑事责任。尚未构成犯罪的，由财政部予以通报，可以对单位并处以一定罚款；对其直接负责的主管人员和其他直接责任人员，可以处以一定罚款；属于国家工作人员的，由其所在单位依法给予行政处分。

第一百一十七条　有关行政部门工作人员在实施财政性资金支付管理、监督工作中滥用职权、玩忽职守、徇私舞弊，造成重大损失，构成犯罪的，移交司法机关追究刑事责任；尚未构成犯罪的，由所在单位依法给予行政处分。

第一百一十八条　违反法律、行政法规或本办法所规定的程序，擅自动用国库库款、预算外资金或者擅自以其他方式支配已入库库款或已存入财政专户预算外资金，构成犯罪的，移交司法机关追究刑事责任；尚未构成犯罪的，由财政部责令退还或者追回国库库款或财政专户预算外资金，并由所在单位对负有直接责任的主管人员和其他直接责任人员依法给予行政处分。

第一百一十九条　代理银行的有关工作人员违反财政部或预算单位支付指令，将财政性资金支付给支付指令以外的单位、个人，构成犯罪的，移交司法机关追究刑事责任，由财政部取消该银行的代理资格。尚未构成犯罪，情节较重的，由财政部取消该银行的代理资格，对该银行予以通报批评；上级主管单位对直接负责的主管人员和其他责任人员依法给予经济处罚；属于国家工作人员的，由其所在单位依法给予行政处分。

第八章　附　　则

第一百二十条　本办法所称特别紧急支出，是指经一级预算单位认定并由国务院批准或国务院授权财政部批准的特别紧急事项的支出。特别紧急支出可通过预算单位零余额账户办理。

第一百二十一条　因特别紧急支出，预算单位零余额账户财政授权支付额度不足时，由其通过一级预算单位提出申请报财政部批准，财政部予以调增并及时通知中国人民银行和代理银行。

第一百二十二条　有关年终结余的现行财政财务政策暂不改变，具体操作暂按《财政国库管理制度改革试点预算结余资金处理的有关规定》（财库〔2002〕11号）执行。

第一百二十三条　有下列情形之一的，可以依据本办法另行作出规定：

（一）因战争、自然灾害等不可抗力因素，需要紧急支出的；

（二）人民生命财产遭受危险，需要紧急支出的；

（三）涉及国家安全或机密的支出；

（四）财政部认定的其他情形。

第一百二十四条 本办法施行前有关规定与本办法不一致的，以本办法为准。

第一百二十五条 本办法由财政部会同中国人民银行负责解释。

第一百二十六条 本办法自发布之日起施行。

附件：

一、财政授权支付银行开户情况汇总申请表（略）

二、中央基层预算单位预算资金拨款印鉴卡（略）

三、中央一级预算单位预算资金拨款印鉴卡（略）

四、中央基层预算单位分月用款计划表（略）

五、中央预算单位分月用款计划汇总表（略）

六、中央基层预算单位财政直接支付申请书（略）

七、财政直接支付汇总申请书（略）

八、财政直接支付汇总清算额度通知单（略）

九、财政直接支付凭证（略）

十、财政直接支付入账通知书（略）

十一、财政授权支付汇总清算额度通知单（略）

十二、财政授权支付额度通知单（略）

十三、财政授权支付额度到账通知书（略）

十四、财政授权支付凭证（略）

十五、财政支出日报表（略）

十六、财政支出旬（月）报表（略）

财政部关于中央单位 2008 年深化国库集中支付改革若干问题的通知

财库〔2007〕101 号

党中央有关部门，国务院各部委、各直属机构，武警部队，新疆生产建设兵团，全国人大常委会办公厅，全国政协办公厅，高法院，高检院，有关人民团体，有关中央管理企业：

根据国务院批准的《财政国库管理制度改革方案》（财库〔2001〕24 号）和国库集中支付制度有关规定，现将中央单位 2008 年深化国库集中支付改革有关事项通知如下：

一、2008 年国库集中支付改革的总体要求

2007 年以来，财政部和各中央部门认真贯彻落实科学发展观，坚持深化改革，加强管理，继续推进国库集中支付改革，取得了新的进展和成效。改革的预算单位级次、数量和预算资金范围进一步扩大，所有中央部门及 7600 多个基层预算单位实施了改革；中央级一般预算资金全部实行国库集中支付，并将改革逐步扩大到部分中央补助地方专项资金；中央预算单位公务卡试点开始推行；预算单位资金归垫管理开始步入制度化管理轨道。但是，国库集中支付改革仍面临改革进展不平衡、现金提取使用管理薄弱、操作中存在一些过渡性措施等问题，需要通过深化改革予以解决。

2008 年是贯彻落实党的十七大报告关于"深化预算管理制度改革，强化预算管理与监督"要求、全面深化国库集中支付改革的重要一年。各中央部门要继续加强组织领导，深入总结改革经验，认真研究并积极采取措施解决好改革中存在的问题，大力推进国库集中支付改革。继续扩大改革的单位级次和范围，将改革实施到所有基层预算单位；继续扩大改革的资金范围，政府性基金从 2008 年 1 月 1 日起实施改革，并积极研究预算外资金实行改革事宜，尽早实现所有财政性资金实行国库集中支付的改革目标；全面推行公务卡制度，减少单位现金流通，2008 年所有一级预算部门都要实行公务卡管理；认真编制用款计划，努力提高用款计划编报的科学性和准确性，2008 年财政部将制定用款计划考核规定，对用款计划执行进度进行考核和管理；继续规范改革操作，及时做好范围划分工作，规范资金支付方式；进一步加强单位财务管理，已经实施改革的单位，特别是一级预算

单位,要尽快实现单位财务的统一归口管理,并继续加强银行账户管理和单位会计核算管理等有关工作,进一步提高单位财务管理水平,努力实现改革的各项目标。

二、2008年国库集中支付改革范围及支付方式

(一)实施改革的预算单位级次。2008年中央部门要将改革实施到所有基层预算单位。

(二)财政直接支付的资金范围。2008年一般预算支出和政府性基金支出中,年度财政投资超过500万元(含500万元)的工程采购支出(建设单位管理费等零星支出除外);在京中央单位纳入政府采购预算的项目支出中单项采购支出超过100万元(含100万元)的物品和服务支出;基本支出中纳入财政统发范围的工资、离退休费。此外,能够直接支付到收款人或用款单位的转移性支出,包括拨付有关企业的补贴等。

(三)财政授权支付的资金范围。2008年一般预算支出和政府性基金支出中,除实行财政直接支付和暂按原渠道支付的资金外,全部实行财政授权支付。

(四)暂按原渠道支付的资金范围。预算外支出暂按原渠道支付。

三、完善国库集中支付操作方式

为进一步简化流程,提高效率,方便预算单位用款,对国库集中支付年终预算结余资金用款计划额度恢复方式及财政直接支付业务流程做出如下调整:

(一)调整国库集中支付年终预算结余资金用款计划额度恢复方式。自2008年起,财政部原则上于下一年度3月底前将年终预算结余资金用款计划额度全部下达各中央部门,其中,1至3月下达比例分别为年终预算结余资金总额的50%、25%和25%(单个基层预算单位的单个预算科目结余不足10万元的,全部于1月份结转)。确有特殊需要的,报经财政部批准后,可以调整年终预算结余资金用款计划额度恢复比例。2007年年终预算结余资金按上述规定执行。

(二)调整财政直接支付业务用印管理。自2008年起,各中央部门办理财政直接支付业务时,原需在《财政直接支付汇总申请书》中加盖的"单位公章",改为单位财务公章。请各中央部门及时办理预留印鉴、领用支付凭证等具体事宜,并按规范要求办理财政直接支付业务。

四、时间要求

(一)各中央部门应于11月30日前根据"一下"预算指标控制数,按照本通知规定的范围划分原则,以司局公文和电子文档形式,向财政部(国库司和部门预算管理司)报送《××(部门)2008年国库集中支付改革范围划分建议表》(格

式见附件，以下简称《建议表》）备案，并根据备案的《建议表》编报用款计划。

（二）2008年部门预算批复后15个工作日内，各中央部门根据部门预算数调整划分范围情况，并按"一下"范围划分报文格式，向财政部（国库司和部门预算管理司）报送《建议表》。

（三）收到按部门预算数编报的《建议表》后，财政部（国库司商部门预算管理司）按规定进行审核，并在15个工作日内将审核同意的《建议表》以司局公文形式回复。

（四）年度预算执行中有调整预算的，应按照调整预算文件确定的资金支付方式编报用款计划。调整预算文件未规定支付方式的，应在编报该项资金用款计划之前，按照本通知规定的范围划分原则自行确定支付方式，并报财政部（国库司）审查备案。

五、其他注意事项

（一）各中央部门要高度重视范围划分工作，按照规定的时间和要求编报《建议表》。不按规定时间编报的，财政部将视具体情况暂缓或停止批复部门用款计划。

（二）按照本通知规定有新增基层预算单位的中央部门，应当抓紧做好新增单位代理银行选择、软件安装、业务培训等准备工作，并按规定向财政部（国库司）报送《财政授权支付银行开户情况汇总申请表》。

（三）财政部拨付有关代编预算中央企业的财政支出，除基本支出以外，全部实行财政直接支付，单位不需要编报《建议表》和财政直接支付用款计划。

特此通知。

附件：
1. ××××（部门）2008年国库集中支付改革范围划分建议表
2. 填报说明及注意事项

财政部
2007年11月29日

第五章 财政部国库集中支付管理相关文件

附件 1

××××（部门）2008年国库集中支付改革范围划分建议表

（按　　　　核定）

单位：万元

序号	预算单位名称	2008年预算构成				基本支出		项目支出	
		预算科目（功能分类）			项目编码和名称	预算数	财政直接支付建议范围	财政授权支付建议范围	财政直接支付建议范围	财政授权支付建议范围
		类	款	项						
	××××合计									
1	××××本级合计									
	××××									
	二级单位合计									
2	××××									
3	××××									
4	××××									
	三、四级单位样式同上									

附件 2

××××（部门）2008 年国库集中支付改造范围划分建议表

填报说明及注意事项

财政部国库司

一、填报说明

（一）应填报的预算单位范围。

本表格由实施财政国库管理制度改革的中央预算部门（有关中央企业除外）组织填报，各部门所属应当在2008年实施国库集中支付改革的独立核算的各级基层预算单位，都要在建议表中反映。2008年实施改革的预算单位级次，应按照规定的范围划分原则确定。

（二）应填报的资金范围。

各中央部门所有财政拨款均应在建议表中反映。包括一般预算支出、预算外专项支出、政府性基金等纳入部门预算的支出。对不同性质和用途的资金，按照规定的范围划分原则，采用不同的支付方式。

（三）具体填写方法。

1. 建议表的标题为"×××（部门）2008年国库集中支付改革范围划分建议表"。其中"×××（部门）"填写部门的规范全称，如："国家发展和改革委员会2008年国库集中支付改革范围划分建议表"。

2. "按核定"。根据实际情况，填写"按'一下'预算控制数核定"或"按部门预算数核定"。

3. 填写的预算数（预算控制数）单位为万元，中间加千字节分隔符，如：2416，00045。小数点后保留两位有效数字，注意合计的总数要与财政部批复的部门预算数（预算控制数）一致。

4. "序号"栏中按每个基层预算单位自然排序填写，从一级预算单位本级编起。

5. "预算单位名称"栏中，"×××合计"，表示中央部门全系统的预算数（预算控制数）财政直接支付数、财政授权支付数等的合计数；"×××"填写部门名称全称；"×××本级合计"，表示中央一级预算单位本级的合计数，这里将中央一级预算单位本级支出作为一个基层预算单位，不包含下级预算单位资金；"二级单位合计"表示实施改革的所有二级预算单位有关合计数，不包括三级和三级以下预算单位的资金（即合计数层层独立）；三、四级等单位格式和填写方法依此类推。

6. "2008年预算构成"栏中：

（1）"预算科目编码和名称"应严格比照财政部制发的《2008年政府收支分类科目》规范填写，注意与以前年度收支科目的变动以及与一些习惯口头说法的差异。如"2080503离退休人员管理机构"不能写成"2080503行政单位离退休人员管理机构"等。

（2）"项目名称和编码"：对所有实行财政直接支付的资金都要细化到具体项目，并填写项目名称；项目编码由财政部国库司统一分配，对新增项目预算单位无需填写该信息，延续项目填写往年财政部已经分配的项目名称和编码。每个实行财政直接支付的项目在建议表中单列一行反映（包括财政统发的工资和离退休费支出）；对于采用财政授权支付的资金，不需要填写项目名称和编码，细化到功能分类的项级科目即可。另外，如果一个项级预算科目下既有实行财政直接支付又有实行财政授权支付方式的，将实行财政直接支付的项目逐项逐行填列，将其余实行财政授权支付的资金单列一行汇总填写。

（3）"预算数（预算控制数）"填写预算细化后对应每个预算科目功能分类的预算数或预算控制数。第一次上报范围划分建议时按财政部下达的"一下"预算指标控制数编报，预算批复后，按部门预算数编报。

7．"基本支出"和"项目支出"根据批复的部门预算分别填写。

8．"财政直接支付建议范围"：填写按规定要求实行财政直接支付的每个项目的具体数额，不实行财政直接支付方式的，此栏不需要填写。

9．"财政授权支付建议范围"比照财政直接支付要求填写。

10．按规定暂按原渠道拨付的资金的填写方法：将相应科目对应的基本支出或项目支出下的"财政直接支付范围"和"财政授权支付范围"两个单元格合并，填写"暂按原渠道拨付"字样并居中。注意不要在合计栏中的"财政直接支付"或"财政授权支付"中反映，也不要在表格中另外增加一列。

11．预算科目应直接在一行中细化到功能分类的项级科目，没有项级科目的，填写到款级科目，不要按类、款、项逐级逐行分解填写。

12．除中央一级预算单位本级需合计数外，其他基层预算单位无需统计每个单位的合计数。

13．没有实施改革或不具备实施改革条件的单位，不在本表中反映。开设特设专户的单位，需要在本表中反映，并在单位名称前加"×"作为标志符。

二、注意事项

1．预算单位报送建议表时须正式行文（文号、印章齐全），将建议表作为来函附件报送。2008年按"一下"预算控制数报送建议表和按部门预算数报送建议表，均以司（局）文件形式向财政部国库司行文（抄送部门预算管理司）。

2．报送的文件要包括纸质文件和电子文档，二者的数据信息必须保持一致式两份，一份送国库司（含软盘），一份送部门预算管理司；纸质文件和电子文档均应设置为A4页面，电子文档应当用Excel表格编制。

3. 建议表中相关数字的勾稽关系为：

（1）按单位合计栏：

××合计＝×××本级合计＋二级单位合计＋三级单位合计＋……（四级和四级以下）。

（2）（基本支出或项目支出）按财政直接支付方式合计栏：

××财政直接支付范围数合计＝××本级财政直接支付范围数合计＋××二级单位财政直接支付范围数合计＋……。

（3）（基本支出或项目支出）按财政授权支付方式合计栏：

××财政授权支付范围数合计＝××本级财政授权支付范围数合计＋××二级单位财政授权支付范围数合计＋……。

（4）总合计数＝部门合计数＝基本支出和项目支出的财政直接支付范围数合计＋基本支出和项目支出的财政授权支付范围数合计＋基本支出和项目支出的原渠道拨付资金数合计。

4. 请各中央部门务必按规定时间报送。

财政部关于进一步加强预算
执行管理的通知

财库〔2008〕1号

国务院各部委、各直属机构,各省、自治区、直辖市、计划单列市财政厅(局):

近年来,随着部门预算、国库集中收付制度等公共财政改革的深入推进,财政资金运行管理新机制基本建立,预算执行管理不断加强,财政资金使用效益不断提高。但是财政预算管理工作中的重分配、轻管理等问题仍未得到根本解决。特别是在财政支出管理方面,年初预算到位率低、预算执行进度慢、项目支出管理不够严等问题仍然存在,有些方面表现得还比较突出,不仅造成财政资金闲置、浪费、效益低下等问题,甚至影响到党和国家重大政策的有效贯彻落实。为深化预算管理制度改革加强预算执行管理,实现预算管理的科学化、精细化,更好地为改革发展稳定大局服务,现将进一步加强财政支出预算执行管理的有关事项通知如下:

一、统一思想,高度重视预算执行管理工作

(一)充分认识加强预算执行管理的重要性。预算执行管理是预算实施的关键环节。加强预算执行管理,关系党和国家各项重大政策的贯彻落实,关系政府公共服务水平和财政管理水平的提升,具有重要的政治、经济和社会意义。各级财政部门和预算单位要以科学发展观为统领,充分认识加强预算执行管理的重要意义,牢固树立"分配与管理并重、投入与绩效并重"的理念,加强领导,充实必要人员,提高管理水平,加强制度和规范建设,把预算执行管理放在更加突出的位置抓实抓好。

(二)加强协调配合,建立部门责任制度。财政部门内部预算管理、国库管理、政府采购管理等职能机构,应当加强协调,明晰职责,强化责任,保证预算执行在财政部门内部运行顺畅。主管部门作为预算执行主体,要切实履行管理职责,监督指导所属单位规范执行预算,加强预算执行分析,及时、准确、全面地向财政部门反馈执行情况和有关问题,与财政部门共同做好预算执行工作。

(三)增强法治意识,强化预算执行的严肃性。各级财政部门和预算单位要牢固树立依法行政、依法理财的观念,严肃财经纪律,严格执行预算管理法律法规制度,规范业务操作,杜绝预算管理中的随意性,强化预算执行的严肃性,加快

推进预算执行管理的规范化和法制化进程。

二、切实加强预算编制管理，夯实预算执行基础

（四）增强预算编制的真实性、准确性。进一步加强部门预算编报规程管理，严格执行《预算法》《预算法实施条例》以及国务院关于预算编制的有关要求，强化预算编报的时间和程序要求，严格预算批复时限规定。进一步推进基本支出预算编制实行定员定额管理，项目支出预算实行项目库管理，推进项目支出预算滚动管理。细化基本支出和项目支出预算编制。

（五）提高部门预算到位率。各级财政部门要努力提高本级财政年初批复预算的到位率和年度预算执行中代编预算的下达进度。有预算分配权的部门，应严格执行有关年初预算预留比例的规定，切实提高年初预算到位率，实现按预算编制时间和要求同步编制投资计划或项目实施计划。有预算分配权的部门执行中下达投资计划或提出项目资金分配方案的时间，最迟不得晚于当年10月底。

（六）严格预算调整。努力减少预算执行中的调整事项。改进超收收入使用办法，逐步将超收收入转由下年预算安排使用；对确需当年使用的超收收入，要根据收入进度情况，提前做好超收收入安排预案，及早下达预算；各级政府部门要严格按照规定时间办理调整预算工作，预算调整申请时间一般为每年7月1日至10月底。除据实结算类项目等特殊指标外，各级财政支出预算调整指标批复的截止时间，原则上为当年11月底。属于动支预备费和财政超收收入追加支出指标的特殊项目，发文截止时间可以适当延长，但原则上不得超过当年12月20日。

（七）强化基本建设投资项目预算执行。重点是提高政府投资项目预算下达的时效性。要加快预算内固定资产投资项目计划和支出预算下达进度，促进和规范投资项目预算执行管理。预算内固定资产投资项目年初预留的投资计划应当在年度执行中及时下达，最晚于当年10月底之前全部下达，相应的支出预算于当年11月底下达完毕。项目预算需要调整的，应当按照规定要求上报审批。

（八）建立结余资金与预算安排衔接制度。要加强结余资金管理，要根据结余资金的不同情况进行分类，将结余资金管理与预算编制相结合，完善预算拨款结余资金管理方式。促进预算单位规范结余资金管理，加快预算执行进度。

三、深化国库集中支付改革，健全预算执行管理运行机制

（九）完善国库单一账户体系。银行账户是资金运行和活动的载体。加强财政资金银行账户管理有利于完善国库集中支付运行机制，提高财政资金活动透明度。要进一步加强预算单位实有资金账户管理，规范账户审批、年检、合并、撤销等基础性管理工作，要按照规范操作、分步推进、动态监控的原则，逐步将预算单位所有实有资金账户纳入国库单一账户体系管理，对预算单位包括实有资金在内

的所有财政性资金实施动态监控。

（十）加强用款计划管理。用款计划是财政资金流量控制和支付管理的重要依据，基本支出用款计划要按照年度均衡性原则编制，要逐步延长基本支出用款计划的编报周期，方便单位预算执行；项目支出用款计划要根据部门预算、年度工作计划、项目实施进度等编报。财政部门要建立国库集中支付用款计划考核机制，推动预算单位准确编制用款计划，及时实施预算执行，科学控制财政资金现金流量。各级预算单位应当加强预算支出的研究分析，提高项目支出用款计划与项目进度管理的协调性，提升用款计划精细化管理水平。

（十一）巩固完善预算执行管理新机制。预算单位应当按照规定的支付方式、程序和时限要求，及时、规范办理财政直接支付和财政授权支付业务，严格按照批复的预算、用款计划的要求以及项目的进度支付资金；加强本单位和系统内部资金支付管理、优化内部资金支付申报管理程序，加强账务核算和资金支付管理的各项基础工作。各级财政部门要进一步健全制度、完善操作、提高审核支付效率，促进财政直接支付顺利实现由中转变为直达，保障财政授权支付方便顺畅、监控有力。加快推行公务卡试点，运用现代支付结算工具，减少现金结算，提高公务支出透明度。

（十二）建立事前事中事后一体化的预算执行动态监控机制。动态监控是运用先进管理系统对财政资金运行及具体活动进行实时监控的重要手段，在预算执行管理中日益发挥出强大的威慑作用。各级财政部门要建立健全动态监控管理，进一步加大监控力度，扩大监控范围，严格防止违规操作和突击花钱行为，增强预算执行监管的威慑力。对监控发现的问题要认真核查，重大问题要跟踪核查，一旦核实要严肃处理。要研究建立核查情况通报制度，要与预算单位建立动态监控互动机制，要建立健全事前威慑、事中监控、事后查处的一体化预算执行监控机制，全面提升财政财务监督管理水平。

（十三）规范专项转移支付资金的预算执行管理。政府间转移支付资金是财政预算的重要组成部分，各级财政部门要确定合理的年初和各季度专项转移支付预算的到位率，保证转移支付资金的顺利执行。年初全国人大批准财政预算后，财力性转移支付预算指标除与预算执行挂钩的项目等特殊情况外，应当在当年第二季度内予以下达；专项转移支付预算指标除有特殊管理需要外，当年第三季度末应下达60%以上。超收收入安排的转移支付资金也要尽可能早下达，保证预算及时执行。地方财政部门应当比照财政部的下达比例和进度，结合本地实际和管理需要，确定地方财政安排的专项转移支付资金年初和各季度的预算到位率，并逐年提高到位比例，确保基层财政部门和基层预算单位能够及时执行预算。

（十四）积极稳妥推进专项转移支付资金国库集中支付。要总结农村义务教育经费保障机制改革中央专项资金国库集中支付试点经验，积极扩大专项转移支付资金国库集中支付改革范围。财政部要逐步将具备条件的专项转移支付资金纳入国库单一账户体系运行管理，实行财政直接支付和财政授权支付，取消中间拨付环节，实现资金直达，同时要对资金流向实行动态监控管理，实时掌握并及时反馈资金支付信息，发现问题要及时核查、纠正和处理，不断提高资金的到位率、支付效率、使用效益和透明度，建立健全政府间专项转移支付资金预算执行管理的新机制。地方财政部门对下级政府的专项转移支付资金，也要逐步实行国库集中支付，建立规范的专项转移支付资金预算执行管理机制。

四、推进政府采购制度改革，严格政府采购预算执行管理

（十五）强化政府采购预算编制管理。预算单位所有使用财政性资金及其他配套资金采购货物、工程和服务的支出都必须编制政府采购预算，并按政府采购预算编制政府采购实施计划。预算单位开展政府采购活动，要严格按批准的政府采购预算和政府采购计划规范执行。

（十六）严格政府采购预算执行。各预算单位要认真落实政府采购预算和政府采购实施计划。采购代理机构要严格执行政府采购各项规定，不断提高采购效率，确保采购工作质量。各预算单位要严格按照规定的时间与中标（成交）供应商签订书面合同，因正当理由不签合同的，财政部门将按有关规定处理；完成履约验收工作后，要严格按照合同规定，及时支付资金，不得故意拖延资金支付。列入政府采购预算的项目支出，应当实行财政直接支付的，一律采用财政直接支付方式支付，未按规定要求实行政府采购和财政直接支付的，财政部门有权按规定采取必要措施予以纠正和处理。

五、加强预算执行分析，强化决算管理

（十七）加强和规范预算执行情况分析报告制度。要进步加大对预算执行情况的分析力度，准确把握财政支出走势，分析反映重点支出情况，充分发挥其促进预算执行工作顺利完成、保证财政资金安全运行、提高运行效率和使用效益等方面的重要作用，及时、有效地为决策管理提供服务。

（十八）建立预算执行追踪问效制度。各级财政部门要及时掌握各部门预算执行动态，定期进行总结分析，并监督各部门加强预算执行管理，结合各部门预算执行进度和项目绩效情况，定期对部门进行考评通报。对预算执行好的部门，予以表彰；对存在问题较多的部门，应要求其做出书面说明、及时提出改进措施，并予以警示或通报，督促其及时采取有效整改措施。

（十九）推进绩效考评试点。财政部门要进一步完善绩效考评制度体系，加快推进绩效考评试点工作，加强绩效考评结果的运用。各部门应积极创造条件实施绩效考评试点工作，不断增强预算执行的有效性。

（二十）强化决算管理。要进一步加强决算编制管理，加大决算审核力度，不断提高决算的完整性、真实性和有效性。要着力提高决算分析水平，注重预、决算的对比分析，通过决算全面反映预算执行情况。要强化决算结果的应用，将决算结果作为编制下年度部门预算的重要依据和参考。要通过加强决算管理全面反映年度预算执行情况，反映预算收支年度执行结果，对预算编制和预算执行情况进行检验和反馈，不断促进预算编制和预算执行管理。

六、加强财政信息化建设，提高预算执行效率

（二十一）加快推进财政信息化建设。推进财政信息化建设，是推进财政管理科学化、精细化的客观要求，对于提升理财能力和管理水平至关重要。要充分利用现代技术手段，推进预算执行管理电子化，以现代化系统解放人力、提高效率、深化管理。要加快实现财政部门内部电子化管理，逐步实现与预算单位业务网络化管理，推进预算执行业务电子化操作，进一步方便预算单位用款，全面提高预算执行效率。

（二十二）改进完善预算执行监控分析系统。要在完善国库集中支付和非税收入收缴等相关系统的基础上，建立和完善预算执行动态监控系统，优化系统设计，拓展系统功能，通过系统实时监控财政资金运行状况，为建立事前事中事后一体化的预算执行动态监控机制提供技术平台。要加快研发和升级预算执行分析系统，充分发挥系统作用，提高财政信息资源综合利用水平，为做好财政经济运行分析提供技术支撑。

财政部
2008 年 1 月 18 日

关于零余额账户管理有关事项的通知

财库〔2009〕47号

党中央有关部门，国务院各部委、各直属机构，各武警部队，新疆生产建设兵团，全国人大常委会办公厅，全国政协办公厅，高法院，高检院，有关人民团体，有关中央管理企业，各省、自治区、直辖市、计划单列市财政厅（局），中国人民银行上海总部、各分行、营业管理部、省会（首府）城市中心支行及大连、青岛、宁波、厦门、深圳市中心支行，各国库集中收付代理银行：

为深化完善国库集中收付制度改革，进一步规范零余额账户管理，根据国务院批准的《财政国库管理制度改革方案》（财库〔2001〕24号）以及《财政部中国人民银行关于印发〈中央单位财政国库管理制度改革试点资金支付管理办法〉的通知》（财库〔2002〕28号）、《人民币结算账户管理办法》（中国人民银行令〔2003〕5号），结合我国目前银行账户管理的有关情况，现就零余额账户管理有关事项通知如下：

一、零余额账户的设置

零余额账户是指财政部门或预算单位经财政部门批准，在国库集中支付代理银行和非税收入收缴代理银行开立的，用于办理国库集中收付业务的银行结算账户。主要包括以下三类：

（一）财政部门零余额账户。

（二）预算单位零余额账户。

（三）财政汇缴零余额账户（即财政汇缴专户）。

上述三类零余额账户中，财政部门零余额账户和财政汇缴零余额账户的性质为专用存款账户；预算单位零余额账户的性质为基本存款账户或专用存款账户。预算单位未开立基本存款账户，或原基本存款账户在国库集中支付改革后已经按财政部门要求撤销的，经同级财政部门批准，预算单位零余额账户作为基本存款账户；除上述情况外，预算单位零余额账户作为专用存款账户。

二、零余额账户的管理

零余额账户需由同级财政部门批准开立，并出具证明文件，由开户银行报经中国人民银行核准后核发开户许可证。

（一）财政部门和预算单位已经开立零余额账户的，财政部门应当按照本通知规定，尽快规范和明确账户性质；预算单位新开立零余额账户的，财政部门在批准开户时，应按本通知规定，在相关证明文件中明确账户性质。零余额账户的变更、合并与撤销须经同级财政部门批准，并按照财政国库管理制度规定的程序和要求执行。

（二）财政部门原则上只能为预算单位开立一个预算单位零余额账户，为执收单位开立一个财政汇缴零余额账户。确因特殊管理需要（如存在异址办公并独立核算的非法人机构等情形），需要开立一个以上账户的，应当通过主管部门向同级财政部门提出申请，经同级财政部门批准后开立。财政部门在同一家代理银行原则上只能开立一个财政部门零余额账户。

（三）财政部门零余额账户和预算单位零余额账户的用款额度具有与人民币存款相同的支付结算功能。财政部门零余额账户可以办理转账等支付结算业务，但不得提取现金。预算单位零余额账户可办理转账、汇兑、委托收款和提取现金等支付结算业务。

（四）代理银行应当严格按照财政部门下达的用款额度办理支付结算业务，在有相应科目用款额度的情况下，不得违反规定拒绝办理本通知规定的各类支付结算业务。代理银行应当将零余额账户的开立、变更、撤销等基本情况报同级人民银行国库部门备案。对于代理银行无故拒付或者不按规定进行零余额账户报备的，人民银行将会同财政部门责成代理银行立即纠正，并按照有关规定及委托代理协议等进行处理。情节严重的，由财政部门取消代理资格。

财政部　中国人民银行
2009 年 6 月 2 日

财政部关于进一步做好预算执行工作的指导意见

财预〔2010〕11号

党中央有关部门，国务院各部委、各直属机构，总后勤部，武警各部队，全国人大常委会办公厅，全国政协办公厅，高法院，高检院，有关人民团体，新疆生产建设兵团，有关中央管理企业，各省、自治区、直辖市、计划单列市财政厅（局）：

近年来，各地区、各部门积极采取措施，切实加强预算管理，取得了一定成效，但预算执行仍然存在一些问题。为发挥财政政策在扩内需、保增长、调结构、惠民生等方面的积极作用，增强预算执行的时效性和均衡性，提高财政资金使用效益，现就进一步做好预算执行工作提出如下意见：

一、进一步完善预算编制

预算编制与预算执行关系密切，各地区、各部门、各单位要采取有效措施，进一步做细、做实、做准预算，为预算执行打下良好基础。

各级财政部门、有预算分配权的主管部门、其他有关部门要积极推进预算编制改革，严格控制代编预算规模，提高预算到位率，切实把预算细化到部门，细化到基层单位，细化到具体项目。

各单位要科学合理编制本单位预算，基本支出预算应严格按照定额管理要求编制，项目支出预算要提高精细化水平，做好项目评估和可行性论证，确保列入年度预算的项目切实可行，对跨年度项目要根据项目进度分年安排，推动项目的滚动管理。

要完善预算编制与预算执行相结合的机制，加强结转和结余资金管理。对部门、单位年底形成的财政拨款结转和结余资金，各级财政部门应统筹安排使用。

二、及时批复和下达预算

各级财政部门应当自本级人民代表大会批准本级政府预算之日起30日内批复本级各部门预算。本级各部门应当自本级财政部门批复本部门预算之日起15日内批复所属各单位预算。

对年初代编预算，各级财政部门、有预算分配权的主管部门、其他有关部门要及时做好资金分配方案的细化和指标下达工作。各级财政部门年初代编安排的预算（包括有预算分配权的主管部门分配的资金），要尽量在 6 月 30 日前落实到部门和单位，超过 9 月 30 日仍未落实到部门和单位且无正当理由的，除据实结算项目外，全部收回总预算，调剂用于其他支出或平衡预算。各部门代编的预算要尽量在 6 月 30 日前全部细化到所属预算单位，超过 9 月 30 日仍未细化到具体承担单位而无法执行的预算，要全部作调减预算处理。

上级财政部门要按照《财政部关于进一步提高地方预算编报完整性的通知》（财预〔2008〕435 号）的规定将转移支付预计数告知下级财政部门，下级财政部门要将上级财政部门告知的转移支付预计数列入本级预算。本级财政安排的一般性转移支付和专项转移支付，除据实结算等特殊项目外，原则上应在本级人民代表大会批准预算后 90 日内尽快下达。据实结算等特殊项目，可先下达、后清算或分季下达。对上级财政下达的转移支付，本级财政部门要在 30 日内分解下达到本级有关部门和下级财政部门。

三、规范追加预算管理

对预备费、当年预计要安排的超收收入，各级财政部门要结合经济和社会事业发展情况，提前做好支出安排预案，并严格依照程序报经批准后，及时落实到具体单位和项目。

各地区、各部门申请追加预算，除特殊事项外，应在 8 月 31 日前将追加预算的申请报财政部门；财政部门要在 9 月 30 日前办理完毕，超过上述时限，财政部门不再办理。

四、加强预算资金支付管理

在本级人民代表大会批准政府预算草案前，各级财政部门要按照规定，认真做好资金的预拨工作。对可以预拨的各部门、各单位的基本支出，要按照年度均衡性原则拨付；项目支出，要结合项目实施进度按照一定比例拨付。对一些特殊项目，要根据实际工作需要，引入预拨和清算制度，及时拨付资金。

各部门、各单位要根据工作和事业发展计划，认真做好项目预算执行的各项前期准备。要根据年度预算安排和项目实施进度等认真编制分月用款计划，及时提出支付申请。各级财政部门要及时审核、下达用款额度或支付，同时，要加强资金支付管理，防止超预算、超进度拨款。

各级财政部门要根据部门和单位用款计划，结合全年收入入库情况，加强库款管理和资金调度，完善预算周转金管理，切实保障基层财政部门资金周转和用款单位支出需要。

五、切实做好预算执行基础工作

各部门、各单位要建立健全预算支出责任制度，明确考核指标，将责任落实到岗，任务落实到人，并与工作业绩考核挂钩，完善内部约束和激励机制。

要加强预算执行分析，及时掌握预算执行动态，做好督促检查工作，并加大对重点单位、重点项目特别是各类建设项目的监控力度，促进重点单位、重点项目切实加快执行进度。对有关单位存在的预算执行不力等问题，要采取通报、约谈等方式，督促有关单位及时解决。

各地区、各部门要充分认识加强预算执行管理的重要意义，加强组织领导，坚持依法理财，推进财政科学化、精细化管理，健全财政管理体制机制，提高工作效率，切实把预算执行工作抓紧抓实抓好。

财政部

2010 年 1 月 22 日

财政部关于印发《2013年全年用款计划编报有关规定》的通知

财库〔2012〕155号

党中央有关部门，国务院各部委、各直属机构，全国人大常委会办公厅，全国政协办公厅，高法院，高检院，武警各部队，有关人民团体，各民主党派中央，新疆生产建设兵团财务局，有关中央管理企业：

　　为全面推进财政财务科学化精细化管理，进一步提高预算执行的及时性、均衡性、有效性和安全性，充分发挥财政资金使用效益，经研究，决定从2013年起在中央部门（单位）开展全年用款计划编报工作。现将《2013年全年用款计划编报有关规定》印发给你们，请认真遵照执行。

　　开展以细化到科目、重点项目为核心内容的全年用款计划编报工作，有利于促进预算编制、预算执行与业务工作有机结合，前瞻性地把握预算执行总体情况，跟踪监测重点项目执行情况，及时发现并有针对性地解决预算执行中存在的问题；有利于落实预算执行责任制，建立科学合理的预算执行考核机制，推动项目滚动预算和预算绩效管理。各部门要高度重视，加强领导，精心组织，周密部署，积极做好2013年全年用款计划编报工作。编报工作中有何意见和建议，请及时反馈财政部，以便总结经验、完善制度，为以后年度更大范围、更深入开展全年用款计划编报工作打下坚实基础。

　　联系人及电话：审核一处　薛虓乾　010－68552170
　　　　　　　　　审核二处　徐永矗　010－68552168

附件：
2013年全年用款计划编报有关规定

财政部
2012年11月2日

附件：

2013年全年用款计划编报有关规定

第一章 总 则

第一条 为全面推进财政财务科学化精细化管理，进一步提高预算执行的及时性、均衡性、有效性和安全性，充分发挥财政资金使用效益，根据财政国库管理制度有关规定，制定本规定。

第二条 本规定所称全年用款计划是指预算单位依据部门预算（或"二上"预算）和年度事业发展规划按年分月编制的用款计划，包括基本支出用款计划和项目支出用款计划。

第三条 项目支出包括重点项目和一般项目两类。原则上预算金额在1亿元（含）以上的项目作为重点项目；1亿元以下的项目，中央部门（单位）自主选择作为重点项目。国家发展改革委安排的基建项目全部作为重点项目。

第四条 本规定适用于公共财政预算资金当年预算的用款计划编制和资金支付管理，政府性基金预算、国有资本经营预算和其他财政性资金可参照执行。

第五条 预算单位应积极参与以细化到科目、重点项目为核心内容的全年用款计划编报工作。有条件的，可选择包括重点项目的全部项目编报用款计划。确有困难的，可暂不参加，按照科目编报用款计划，不影响资金及时支。

第六条 预算单位在报送"二上"预算时选择重点项目，经主管部门审核汇总后报财政部部门预算管理司审定。部门预算和追加预算的重点项目选择应及时报财政部部门预算管理司审定。重点项目选定后年度执行中不得随意取消。

第七条 编报全年用款计划不改变现行国库集中支付主要控制机制和业务流程。

第二章 全年用款计划的编制

第八条 预算单位依据部门预算（或"二上"预算）编制全年用款计划。基本支出用款计划按照年度均衡性原则编制，项目支出用款计划按照项目实施进度和政府采购计划编制。

第九条 重点项目按照项目编制全年用款计划和进行资金支付，其他项目按照科目编制和支付。

第十条 预算单位用款计划原则上一年编制两次。1—5月分月用款计划依据"二上"预算编制，6—12月分月用款计划依据财政部下达的部门预算编制。

第三章 全年用款计划的报送

第十一条 各级预算单位编制本单位的用款计划，逐级审核上报，由一级预算单位审核汇总后报财政部。

第十二条 一级预算单位于 2012 年 12 月 15 日前向财政部报送 2013 年度 1—5 月分月用款计划，于 2013 年 5 月 15 日前报送 2013 年度 6—12 月分月用款计划。

第四章 全年用款计划的批复

第十三条 财政部按项级科目审批一级预算单位审核汇总的用款计划。一级预算单位根据财政部批准的汇总用款计划，及时下达二级及二级以下预算单位的用款计划。

第十四条 财政部于 2012 年 12 月 25 日前，依据"二上"预算批复下达一级预算单位 2013 年度 1—5 月分月用款计划；于 2013 年 5 月 25 日前，依据部门预算批复下达一级预算单位 2013 年度 6—12 月分月用款计划。

第十五条 每月 25 日前，财政部根据批准的一级预算单位汇总用款计划中各基层预算单位的月度用款计划，将下月财政授权支付额度分科目、分项目下达至代理银行。

第五章 全年用款计划的调整

第十六条 年度财政预算执行中发生追加、追减预算时，预算单位在收到预算调整文件后，可随时上报调整用款计划。

第十七条 紧急、突发、重大事项导致用款计划不足以保证资金支付时，可随时上报调整用款计划。

第十八条 除第十六、十七条规定事项和发生以下情形外，全年用款计划原则上不作调整。

（一）财政部下达的部门预算与"二上"预算差额较大，需根据部门预算及时调整已核批的用款计划；

（二）编制 6—12 月分月用款计划时，需将 1—5 月已核批未执行的用款计划调整到以后月份；

（三）9 月 15 日前，需将 1—9 月已核批未执行的用款计划调整到以后月份。

第十九条 预算单位根据 1—5 月已核批用款计划与预计支出之间的差额及剩余指标编制 6—12 月分月用款计划。为保证用款计划与资金支付的准确性，设定以下三种调整方式，预算单位可选择使用其中一种或两种方式结合使用。

方式一：全部冲回 1—5 月剩余用款计划。根据 2013 年 1—5 月已核批用款计划与累计支出测算数之间的差额编制负用款计划，同时根据调整后的剩余预算指标编制 6—12 月分月用款计划。公式：1—5 月已核批用款计划＋负用款计划＋6—12 月用款计划＝预算。

方式二：部分冲回 1—5 月剩余用款计划。测算 2013 年 1—5 月已核批用款计划和累计支出数之间的差额，与 6 月预计支出进行比较，如差额小于或等于 6 月预计支出，不编制负用款计划，将剩余指标补足 6 月用款计划，同时编制 7—12 月的分月用款计划；如差额大于 6 月预计支出，则编制负用款计划冲减超出 6 月预计支出数部分，同时根据调整后的剩余指标分月编制 7—12 月分月用款计划。

方式三：不冲回 1—5 月剩余用款计划。编制 2013 年 6—12 月分月用款计划时，直接按照剩余指标按项目编报分月用款计划。

第二十条 调整用款计划应按规定程序报财政部审批。

第六章 其 他 事 项

第二十一条 2013 年选择部分中央部门开展预算控制细化试点工作，将预算指标对用款计划的控制机制由"部门＋科目"调整为"基层预算单位＋科目"。

第二十二条 编报全年用款计划后，资金支付控制到科目、执行到项目。为避免项目支出超预算情况发生，预算单位上报用款计划时，系统软件对项目预算余额进行提示。当项目用款计划超项目预算时，软件提出警示。如果由于错误填写项目编码等原因导致项目支出超预算，预算单位应及时纠正。财政部国库司定期将项目支出超预算情况提供给各部门及财政部部门预算管理司，由部门向财政部部门预算管理司及国库司提交项目支出超预算的原因及处理办法。各部门应加强项目预算执行管理，减少资金申请拨付中项目支出超出项目预算情况的发生。

第二十三条 2014 年年初恢复结转结余资金用款计划额度时，重点项目资金按项目恢复，其他资金按科目恢复。

第二十四条 各部门要指派专人作为本部门预算执行联络员，与财政部国库司、部门预算管理司建立定期联络制度。要密切跟踪监测项目预算执行情况，对预算执行进度较低的项目，及时分析原因并有针对性地提出加快执行进度的措施和办法，由联络员向财政部反馈。

第二十五条 预算单位业务部门要结合事业发展年度计划、项目实施进度和政府采购计划，积极配合财务部门做好全年用款计划编报工作。财务部门及时向业务部门反馈预算支出执行情况。

第二十六条 本规定由财政部国库司负责解释，适用于 2013 年全年用款计划编报工作。

财政部关于中央预算单位 2013 年预算执行管理有关问题的通知

财库〔2012〕169 号

党中央有关部门，国务院各部委、各直属机构，武警部队，新疆生产建设兵团，全国人大常委会办公厅，全国政协办公厅，高法院，高检院，有关人民团体，有关中央管理企业，各中央国库集中支付代理银行：

根据《中华人民共和国预算法》《国务院关于编制 2013 年中央预算和地方预算的通知》（国发〔2012〕59 号）和财政国库管理制度有关规定，现将 2013 年预算执行管理工作有关事项通知如下：

一、加强预算执行管理的总体要求

2013 年是全面实施"十二五"规划、深化财政改革的关键一年。预算执行是预算管理的重要环节，关系到党和国家方针政策的贯彻落实，关系到财政职能的发挥和财政运行效率。各部门各单位要高度重视预算执行管理工作，继续深化财政国库管理制度改革，完善国库集中收付运行机制；完善国库单一账户体系，进一步清理预算单位银行账户，逐步将中央预算单位实有资金账户纳入国库单一账户体系和监控范围；健全公务卡制度，严格执行公务卡强制结算目录，切实减少公务支出的现金使用；加强用款计划管理，不断提高用款计划的科学性和准确性，积极开展全年用款计划编报工作，跟踪监测重点项目执行情况；加强预算执行动态监控，规范预算单位用款行为；在保证资金安全的前提下，稳步开展财政授权支付网上银行业务；加快预算审核和资金下达进度，对需要在执行中细化的项目，要严格执行规定的时限要求，尽快细化并下达预算；强化预算约束，控制和减少预算执行中的调整事项；完善预算支出责任制度，进一步提高预算执行的效率和均衡性，并严格按照财政国库管理制度有关规定支付资金。

二、认真做好国库集中支付范围划分工作

国库集中支付范围划分工作是预算执行的重要基础性工作。2013 年，公共财政预算和政府性基金预算支出实行财政直接支付的资金范围包括：年度财政投资 1000 万元以上的工程采购支出（包括建筑安装工程、设备采购、工程监理、设计服务、移民征地拆迁和工程质量保证金等支出，不包括建设单位管理费等零星支

出）；单位所在地在直辖市、省会城市和计划单列市市辖区的中央预算单位项目支出中，纳入政府采购预算且单个采购项目金额120万元以上的物品和服务采购支出（以部门报送的项目支出预算明细表为划分依据），未列明单个采购项目的，部门预算中所列采购项目金额200万元以上的物品和服务采购支出；纳入财政统发范围的工资、离退休费；能够直接支付到收款人或用款单位的转移性支出，包括拨付有关企业的补贴等。实行财政授权支付的资金范围包括：未纳入财政直接支付的工程、物品、服务等采购支出；特别紧急支出；财政部规定的其他支出。

国有资本经营预算支出全部实行财政直接支付（财政部另有规定的除外）。

各部门要严格执行范围划分标准，按照规定时间和要求编报范围划分建议表，保障预算执行工作顺利实施。范围划分建议表的报送、审核批复和调整事项处理等按现行有关规定执行。

三、严格执行公务卡制度

各部门各单位要从党风廉政建设和源头预防腐败的高度，切实提高对公务卡制度改革重要性的认识，按照《财政部中国人民银行关于加快推进公务卡制度改革的通知》（财库〔2012〕132号）有关要求，全面实施公务卡制度，规范公务卡使用管理。各预算单位要严格执行《中央预算单位公务卡强制结算目录》，按规定使用公务卡结算的，原则上不再使用现金；完善目录实施细则，重点明确特殊情况下不能使用公务卡结算的财务审批程序和报销手续；加强宣传培训，使公务人员充分了解公务卡的使用方法和安全用卡知识，单位财务人员熟练掌握公务卡管理规定和报销还款具体操作。

各公务卡代理银行要加强公务卡支持系统建设，强化公务卡信息安全的保障措施；简化办卡手续，缩短办卡流程，及时反馈资金还款等信息；完善跨行发行公务卡业务，保持业务渠道便捷通畅；加强公务卡数据统计，密切关注公务卡使用情况，定期向财政部门和预算单位反馈；加强系统内部培训，使工作人员熟练掌握公务卡业务，为预算单位和持卡人提供优质服务。

四、加强预算执行进度管理

各部门各单位要继续加强预算执行进度管理，在确保财政资金安全、规范使用的前提下，不断提高预算执行的效率和均衡性。各部门应在规定时限内，及时批复所属预算单位的预算；对年初代编预算，要尽快做好资金分配方案的细化和指标下达工作；对确需在执行中追加的预算，要尽早提出申请报财政部。各单位要根据工作和事业发展计划，认真做好项目预算执行的各项前期准备工作；根据年度预算安排和项目实施进度等认真编制用款计划，提高用款计划编报的准确性和科学性，并及时提出支付申请；严格按照批复的预算、用款计划以及项目进度支付资金；加强账务核算和资金支付管理等各项基础工作；严肃财经纪律，严格按照财政国库管理制度有关规定支付资金，防止财政资金使用管理中的各种违法违规行为；重视结转结余资金的预算执行，加快结转项目的执行进度，努力减少和消化结转结余资金。各部门要加强对所属预算单位预算执行工作的督导，建立健全预算支出责任制度，督促重点单位、重点项目切实加快预算执行进度。

五、积极开展全年用款计划编报工作

编制全年用款计划，是通过制度、机制创新抓好预算执行，进一步提高预算执行均衡性和有效性的重要措施。各部门各单位要充分认识编制全年用款计划的重要意义，积极开展以细化到科目、重点项目为核心内容的全年用款计划编报工作。要抓住标识重点项目这一关键环节，在报送部门预算时，对重点项目进行标识并报财政部有关司局审定；重点项目选定后，年度执行中不得随意取消。全年用款计划编报的具体事项，按照《财政部关于印发〈2013年全年用款计划编报有关规定〉的通知》（财库〔2012〕155号）执行。

六、从严控制资金垫付行为

各单位要严格执行《财政部关于规范和加强中央预算单位国库集中支付资金归垫管理有关问题的通知》（财库〔2007〕24号）规定，从严控制资金垫付行为的发生，对确需垫付的，应及时按程序办理事前备案、归垫申请等手续。民口科技重大专项资金的归垫管理，按照《关于加强和规范民口科技重大专项资金垫付与归垫管理有关事项的通知》（财办库〔2010〕308号）执行。财政部将进一步加强归垫资金的审核，严格控制资金归垫事项。

七、重视预算执行动态监控工作

各部门各单位要高度重视预算执行动态监控工作，不断加强内部管理，健全完善制度规定，切实提高依法理财意识和规范用款水平。针对动态监控发现的问题，要及时整改，并杜绝类似问题再次发生。各部门要完善与财政部动态监控工作互动机制，加强对所属预算单位监督管理，充分发挥作为主管部门在系统内财政财务管理的优势和作用，共同形成监控合力，保障财政资金安全规范有效使用。

八、做好预算执行各项基础工作

（一）财政授权支付指令编码调整。2013年，基本支出财政授权支付指令编码保持13位；项目支出财政授权支付指令编码由原来的13位（预算执行细化到项目的试点部门为26位）统一调整为16位，编码顺序为：预算管理类型（1位）、功能分类科目（7位）、经济分类科目（3位）、支出类型（1位）、预算来源（1位）、

预算信息关联号（3位）。财政部（国库司）批复项目支出财政授权支付用款计划时，增加预算信息关联号，通过财政国库管理外围（外网）平台一并下达。按科目口径执行的项目支出，财政授权支付指令编码中的预算信息关联号用"000"表示，视为其他项目。

预算单位办理项目支出公务卡报销还款业务时，授权支付指令编码相应填写16位，其中，经济分类科目（3位）和支出类型（1位）填为"3000"，预算信息关联号（3位）按规定填写，用途填"公务卡还款"。

财政授权支付指令编码调整后，各中央国库集中支付代理银行要抓紧做好系统调整和业务培训等工作。各公务卡代理银行要抓紧做好公务卡支持系统、动态监控信息反馈接口等相关升级改造工作。

（二）财政授权支付网上银行业务。财政授权支付网上银行业务为预算单位财政授权支付业务提供了更多办理渠道，可满足预算单位单笔和批量支付以及网银查询等业务需求。预算单位可根据财务管理需求，在确保资金支付安全的前提下，向本单位零余额账户开户行提出开办财政授权支付网上银行的需求，与代理银行签订网银协议后，即可开通业务，不需再报财政部同意。代理银行要按月向财政部汇总报送财政授权支付网上银行业务信息。

（三）政府采购项目财政直接支付申请审核。财政部在对预算单位物品、服务政府采购项目财政直接支付申请审核时，将加强对政府采购程序合规性的审核，具体审核内容包括：政府采购预算、政府采购合同、政府采购中标公告、协议供货合同、集中采购电子验收单、合同约定付款进度等。各单位要严格按照有关制度规定，规范开展政府采购招标活动，提供真实完整的财政直接支付申请审核材料。

（四）年终结余资金处理。各部门2012年国库集中支付年终结余资金，财政授权支付资金按预算科目结转，财政直接支付资金按预算项目结转。结余资金核定批复、恢复比例等事项仍按照现行规定执行。

财政部
2012年11月28日

财政部关于中央预算单位 2014 年预算执行管理有关问题的通知

财库〔2013〕211 号

党中央有关部门,国务院各部委、各直属机构,武警部队,新疆生产建设兵团,全国人大常委会办公厅,全国政协办公厅,高法院,高检院,有关人民团体,有关中央管理企业,各中央国库集中支付代理银行:

根据《中华人民共和国预算法》《国务院关于编制 2014 年中央预算和地方预算的通知》(国发〔2013〕43 号)和财政国库管理制度有关规定,现将 2014 年预算执行管理工作有关事项通知如下:

一、加强预算执行管理的总体要求

2014 年是贯彻落实党的十八届三中全会精神、全面深化改革的开局之年。预算执行是预算管理的重要环节,关系到党和国家方针政策的贯彻落实,关系到财政职能的发挥和财政运行效率。各部门各单位要高度重视预算执行管理工作,继续深化财政国库管理制度改革,完善国库集中收付运行机制;进一步清理预算单位银行账户,凡不符合规定的一律撤销,暂时无法撤销的,逐步将其纳入国库单一账户体系和监控范围;健全公务卡制度,严格执行公务卡强制结算目录,切实减少公务支出的现金使用;积极开展全年用款计划编报,不断提高用款计划的科学性和准确性;完善预算支出责任制度,加快预算执行进度,提高财政资金使用效率和效益;强化预算约束,控制和减少预算执行中的调整事项;建立结转结余资金清理机制,做好清理、消化工作;严格暂付款管理,严禁利用财政资金对外借款;从严控制资金垫付行为,严格按照财政国库管理制度规定支付资金;加强预算执行动态监控,规范预算单位用款行为;继续深化非税收入收缴管理制度改革,完善非税收入收缴管理。

二、做好国库集中支付范围划分工作

各部门要高度重视国库集中支付范围划分工作,严格执行国库集中支付范围划分标准,按照规定时间和要求编报范围划分建议表,确保用款计划编报和预算支出执行工作的顺利实施。2014 年,国库集中支付范围划分标准如下:

实行财政直接支付的资金范围包括:公共财政预算和政府性基金预算支出中,

年度财政投资 1000 万元以上的工程采购支出（包括建筑安装工程、设备采购、工程监理、设计服务、移民征地拆迁和工程质量保证金等支出，不包括建设单位管理费等零星支出）；单位所在地在直辖市、省会城市和计划单列市市辖区的中央预算单位项目支出中，纳入政府采购预算且单个采购项目金额 120 万元以上的物品和服务采购支出（以部门报送的项目支出预算明细表为划分依据），未列明单个采购项目的，部门预算中所列采购项目金额 200 万元以上的物品和服务采购支出；纳入财政统发范围的工资、离退休费；能够直接支付到收款人或用款单位的转移性支出，包括拨付有关企业的补贴等；国有资本经营预算支出（财政部另有规定的除外）。

实行财政授权支付的资金范围包括：未纳入财政直接支付的工程、物品、服务等采购支出；特别紧急支出；财政部规定的其他支出。

范围划分建议表的报送、审核批复和调整事项处理等按现行规定执行。

三、深入开展全年用款计划编报工作

2014 年全年用款计划的编制、报送、批复和调整，以及重点项目的标准和范围等事项参照 2013 年有关规定执行。各部门要深入开展以细化到科目、重点项目为核心内容的全年用款计划编报工作，基本支出用款计划按照年度均衡性原则编制，项目支出用款计划按照项目实施进度和政府采购计划编制。预算单位业务部门要紧密结合事业发展年度计划，积极配合财务部门编实编准全年用款计划，进一步提高用款计划编制的准确性。要切实加强重点项目支出管理，规范用款行为，避免项目支出超预算情况的发生。

2013 年国库集中支付年终结余资金的处理，除部分部门（另行确定）的重点项目按预算项目结转外，其他国库集中支付年终结余，财政直接支付资金按预算项目结转，财政授权支付资金按预算科目结转。结余资金核定批复、恢复比例等事项仍按照现行规定执行。

四、严格执行公务卡制度

各部门各单位要从党风廉政建设和源头预防腐败，以及"厉行节约、反对浪费"的高度，提高对实施公务卡制度重要意义的认识。按照《党政机关厉行节约反对浪费条例》和差旅费管理、会议费管理等有关要求，全面实行公务卡制度，严格执行公务卡强制结算目录，公务差旅费、公务接待费、公务用车购置及运行费、会议费、培训费等经费支出，除按规定实行银行转账的，应当使用公务卡结算。各部门各单位要继续完善公务卡强制结算目录的实施细则，限制现金提取和使用，切实提高公务卡使用率。各部门要加强对所属预算单位公务卡制度实施情况的监督检查，对公务卡使用率不高的单位，要责令其分析原因、限时整改。

各公务卡代理银行要不断完善公务卡支持系统，强化公务卡信息安全的保障措施；简化办卡手续，缩短办卡流程，及时反馈消费及还款信息；研究完善实有资金账户跨行还款业务，方便预算单位还款；加强公务卡数据统计，密切关注公务卡使用情况，定期向财政部和预算单位反馈；加强系统内部培训，使工作人员熟练掌握公务卡业务，为预算单位和持卡人提供优质服务。

五、加强预算支出执行管理

各部门各单位要继续抓好预算支出执行管理，加快预算执行进度，提高财政资金使用效率和效益。各部门应加快对所属预算单位预算的批复进度；对年初代编预算，要尽快做好资金分配方案的细化和指标下达工作；硬化预算约束，规范预算调整行为，对确需在执行中追加的预算，要尽早提出申请报财政部。各单位要认真做好项目预算执行的各项前期准备工作；按照财政部要求认真编制用款计划；严格按照批复的预算、用款计划以及项目执行进度支付资金；资金支付严格执行财政国库管理制度有关规定；应实行政府采购的，按照政府采购有关法律制度执行；充分利用财政部驻各地财政监察专员办事处网上申报审核系统，提高财政直接支付审核效率；重视结转结余资金的预算执行，加快结转项目的执行进度。

六、加大存量资金盘活力度

各部门要认真做好结转结余资金清理、消化工作。对于预算执行进度缓慢、预计年底可能形成较多结转或结余资金，以及经清理确认属于已无法支出或已不需支出的项目，要及时提出调整当年预算的建议。各单位要不断提高预算编制的科学性、准确性和可实施性，在编制下年预算时，充分参考当年预算执行情况，将当年项目支出预算执行情况与下年预算编制统筹考虑，尽量避免产生新的结转结余。各部门各单位要加强暂付款的清理和管理，规范资金支付和使用，严禁利用财政资金对外借款，违反有关法律法规的，将按规定追究有关人员责任。

七、加强非税收入收缴管理

各部门要继续扩大非税收入收缴管理制度改革范围，深化非税收入收缴管理制度改革级次，所有执收单位和收入项目要全部纳入改革范围；不断优化非税收入收缴流程，加大信息技术在非税收入收缴工作中的应用力度，更好地满足缴款人需求；加强对本部门各执收单位非税收入收缴监督，确保非税收入及时足额上缴财政；认真做好本部门非税收入收缴情况分析工作。

八、健全预算执行动态监控工作互动机制

各部门要积极发挥对所属预算单位的财务监督职能，进一步加强国库集中支

付资金管理，在监控、核查、处理、整改、反馈等环节健全与财政部预算执行动态监控工作互动机制，促进提高动态监控效率和效果。各单位要主动配合财政部核实动态监控发现的疑点问题，及时、准确、真实反映情况；对于确认的违规问题，要按照财政部要求及时整改，完善内部管理制度，严防类似问题重复发生。

财政部
2013 年 12 月 12 日

财政部关于进一步加强财政支出预算执行管理的通知

财预〔2014〕85号

党中央有关部门，国务院各部委、各直属机构，总后勤部、武警总部，全国人大常委会办公厅，全国政协办公厅，高法院，高检院，有关人民团体，各中央管理企业，各省、自治区、直辖市、计划单列市财政厅（局），新疆生产建设兵团财务局：

今年以来，我国经济开局平稳，经济运行继续保持在合理区间。各地区、各部门认真贯彻政府工作报告和预算报告确定的政策措施，加强预算执行管理，取得了较好效果。但同时也应看到，当前国内外经济形势仍然错综复杂，经济增长下行压力依然存在，一些困难不容低估。预算执行中还存在部分支出进度较慢、预算资金大量结转、国库存款沉淀较多等问题。为了更好地促进经济结构调整，保障和改善民生，发挥财政对经济增长的拉动作用，现就进一步加强财政支出预算执行管理的有关事项通知如下：

一、加强支出预算管理

（一）加快下达年初预算。各级财政部门要按照规定时间及时下达转移支付预算。对上级财政提前下达的转移支付，本级财政要列入年初预算，并分解到本级有关部门和下级财政。除公共财政预算外，政府性基金预算、国有资本经营预算也要加快下达，社会保险基金预算要按有关规定执行。对于以收定支的支出项目，可采取提前下达、次年清算的方式，并及早开展项目准备，确保预算尽快执行。

（二）细化落实未分配到部门和下级财政的预算。对于年初没有落实到具体单位的本级代编预算、执行中上级下达的转移支付等财政资金，各级财政部门要会同有关部门结合经济和社会事业发展情况，抓紧落实到具体单位。本级代编预算要尽量在6月30日前分配下达；超过9月30日仍未落实到部门和单位且无正当理由的，除据实结算项目外，全部收回总预算。上级转移支付要在收到后30日内分解下达到本级有关部门和下级财政。对于执行中情况发生变化而无法执行的项目，以及无需再支出的据实结算项目，要及时收回总预算，重新安排用于经济社会发展亟须资金支持的领域。各地区、各部门要在依法合规、确保工程质量安全的前提下，加快基建工程及其支出进度，尽早形成实物工作量。

（三）用好以前年度结转资金。各地区、各部门在加快当年预算执行的同时，要加快以前年度结转资金执行进度。结转项目确需继续保留的，要及时下达至本级有关部门和下级财政。各级财政部门要定期对结转资金进行全面清理，将不再使用的结转资金及时收回总预算。建立健全预算编制与结转资金管理相衔接的约束机制，对结转资金常年居高不下、使用不力的部门，相应减少安排其预算。

二、加快资金支付进度

（一）做好支付前期准备。各部门和单位应根据工作和事业发展计划，做好预算执行的前期准备，特别是重大项目的准备工作。要根据年度预算安排和项目实施进度等情况，认真编制分月用款计划，及时提出支付申请。地方各级财政部门要会同有关部门做好转移支付资金拨付的前期准备，力争做到资金一旦下达，及时分配使用。

（二）加快资金审核支付。各级财政部门要加快资金审核和支付，内设相关机构要各司其职，各负其责。要认真审核各部门和单位的用款申请，对重点和大额支出项目，审核后要跟踪后续进展；要及时下达用款额度并办理资金支付，对基本支出按照年度均衡性原则支付，对项目支出按照项目实施进度和合同约定支付，对据实结算项目根据实际需要引入预拨和清算制度。

（三）规范财政专户管理。对于按有关规定从国库拨付到专项支出财政专户的资金，要采取措施加快形成实际支出，防止资金滞留专户。严禁违规将国库资金转入财政专户等"以拨代支"行为，确保国库资金安全。从 2014 年 6 月 1 日起，一律不再新设专项支出财政专户；目前已设立的专项支出财政专户要逐步取消，确需保留的经财政部审核后报国务院批准。

（四）加强暂付款和权责发生制核算管理。规范会计核算，全面清理已发生的财政借垫款。对符合制度规定的临时性借垫款，应及时收回核销；对符合制度规定应当在支出预算中安排的款项，按规定列入预算支出；对不符合制度规定的财政借垫款要限期收回。严格权责发生制核算范围，地方各级财政应按规定使用权责发生制，不得超范围列支。

三、做好支出预算执行分析评价

（一）加强预算执行分析。各部门要建立本部门预算执行分析制度，研究分析预算执行中存在的问题，对财政拨款规模较大的重点单位、重点项目要重点分析，加强对垂直管理下级单位的指导。各级财政部门要及时掌握预算执行动态，深入分析预算执行中反映出的各类问题，特别是要加强对预算收支执行、国库存款、结转结余、暂付暂存款和财政专户资金的分析，研究采取切实可行的操作管理办法，并要结合各地区、各部门预算执行和排名情况，提出具体工作目标和改进措施。

（二）健全考核机制。各部门要建立健全预算支出责任制度，明确考核指标。同一部门通过不同预算分别安排的支出，都要纳入执行进度考核范围。对于所属单位当年预算执行进度低于平均进度且无正当理由的，核减下一年该单位项目经费；对某一预算年度安排的项目支出连续两年未使用、或者连续三年仍未使用完形成的剩余资金，视同结余资金管理。各级财政部门要建立预算执行与预算编制挂钩制度，对本级部门和下一级地区的预算执行进度进行考核，建立以减少存量资金、提高资金使用效率为核心的预算执行考核评价体系，对于支出进度较低、存量资金数额较大的部门或地区，在安排下年预算和分配转移支付资金时，也要予以适当核减。

（三）加大问责力度。各级财政部门对于预算执行不力的本级部门和下一级地区，应采取通报、调研或约谈等方式，提出加快预算执行的建议，推动有关部门或地区查找原因并改进工作。上级财政部门要继续完善地方支出进度月度通报机制，对排名靠后的下一级财政部门，将支出进度情况通报同级政府分管财政工作的领导，下一级财政部门要撰写情况说明报送上级财政部门。

各地区、各部门要充分认识加强预算执行管理的重大意义，加强组织领导，坚持依法理财，提高财政资金使用效益，把预算执行工作抓紧抓实抓好。各级财政部门要协调把握财政支出及时性与均衡性的关系，避免月度间支出水平大起大落，有效发挥财政资金在稳增长、调结构、惠民生等方面的重要作用，确保完成全年经济社会发展预期目标。

财政部

2014 年 5 月 21 日

财政部关于中央预算单位 2015 年预算
执行管理有关问题的通知

财库〔2014〕198 号

党中央有关部门，国务院各部委、各直属机构，武警部队，新疆生产建设兵团，全国人大常委会办公厅，全国政协办公厅，高法院，高检院，有关人民团体，有关中央管理企业，各中央国库集中支付代理银行，财政部驻各省、自治区、直辖市、计划单列市财政监察专员办事处：

根据新修订的《中华人民共和国预算法》《国务院关于深化预算管理制度改革的决定》（国发〔2014〕45 号）、《国务院关于编制 2015 年中央预算和地方预算的通知》（国发〔2014〕54 号）和财政国库管理制度有关规定，现将 2015 年预算执行管理工作有关事项通知如下：

一、加强预算执行管理的总体要求

（一）2015 年是贯彻落实党的十八届三中全会各项改革部署的关键一年，也是实施"十二五"规划的收官之年。加强预算执行管理，对于贯彻落实党和国家方针政策、保障各项财政政策的实施效果、提高财政资金使用效益具有重要意义。各部门各单位要充分认识加强预算执行管理的重要性，严格落实国家财政财务管理规定，认真做好预算执行工作。

（二）各部门各单位要严格执行国库集中支付范围划分标准，应实行财政直接支付的资金，不得采用财政授权支付方式；按财政部要求做好中央本级国库集中收付电子化管理试点工作；严格执行公务卡强制结算目录，切实提高公务卡使用率；加强政府采购管理，应当实行政府采购的严格按照政府采购有关法律制度执行；进一步规范账户管理，加大清理归并预算单位银行账户力度；深入开展全年用款计划编报，加强重点项目执行管理；强化预算约束，控制和减少预算执行中的调整事项；从严控制资金垫付行为；严格执行财经纪律，对预算执行动态监控发现的问题要及时整改；继续深化非税收入收缴管理改革。

（三）财政部驻各地财政监察专员办事处（以下简称专员办）要充分发挥就地监管优势，强化对基层预算单位预算执行监管。

二、做好国库集中支付范围划分工作

（四）2015 年实行财政直接支付的资金范围包括：一般公共预算和政府性基金

预算支出中，年度财政投资 1000 万元以上的工程采购支出（包括建筑安装工程、设备采购、工程监理、设计服务、移民征地拆迁和工程质量保证金等支出，不包括建设单位管理费等零星支出）；单位所在地在直辖市、省会城市和计划单列市市辖区的中央预算单位项目支出中，纳入政府采购预算且单个采购项目金额 120 万元以上的货物和服务采购支出（以部门报送的项目支出预算明细表为划分依据），未列明单个采购项目的，部门预算中所列采购项目金额 200 万元以上的货物和服务采购支出；纳入财政统发范围的工资、离退休费；能够直接支付到收款人或用款单位的转移性支出，包括拨付有关企业的补贴等；国有资本经营预算支出（财政部另有规定的除外）；财政部规定的其他支出。

（五）2015 年实行财政授权支付的资金范围包括：未纳入财政直接支付的工程、货物、服务等采购支出；特别紧急支出；财政部规定的其他支出。

（六）各部门各单位要严格执行范围划分标准，按照规定时间和要求编报范围划分建议表，保障预算执行工作顺利实施。范围划分建议表的报送、审核批复和调整事项处理等按现行规定执行。

三、深入开展全年用款计划编报工作

（七）各部门各单位要继续深入开展以细化到科目、重点项目为核心内容的全年用款计划编报工作，加强预算执行事前规划，提高用款计划编制的准确性。

（八）2015 年适当扩大重点项目范围，原则上当年财政拨款预算金额在 1 亿元（含）以上的项目应全部选为重点项目，教育、社保、就业、医疗卫生、住房等民生支出中未达到 1 亿元的大额项目也应选为重点项目。重点项目的选择，应由部门审核汇总后报财政部（部门预算管理司）审定。

（九）各部门各单位要进一步强化对重点项目资金的监督管理，规范用款行为，避免项目支出超预算情况的发生。全年用款计划的编制、报送、批复和调整等事项按照现行规定执行。

（十）2014 年国库集中支付年终结余资金按如下方式处理：重点项目国库集中支付年终结余资金按预算项目结转；非重点项目国库集中支付年终结余资金，财政直接支付资金按预算项目结转，财政授权支付资金按预算科目结转。

（十一）各部门各单位国库集中支付年终结余资金申报事项按新的表格（见附件）填列，核定批复、恢复比例等其他事项仍按照现行规定执行。

四、严格执行公务卡制度

（十二）各部门各单位要认真贯彻落实《党政机关厉行节约反对浪费条例》关于"全面实行公务卡制度"的要求，严格执行公务卡强制结算目录，切实提高公务卡使用率，减少现金提取和使用。

（十三）科研院所、高等学校等事业单位要按照《国务院关于改进加强中央财政科研项目和资金管理的若干意见》（国发〔2014〕11号）要求，改进科研项目资金结算方式，对承担项目所发生的会议费、差旅费、小额材料费和测试化验加工费等，按规定实行公务卡结算。

（十四）各公务卡代理银行要切实采取有效措施，不断提升公务卡业务水平，为预算单位和持卡人提供优质服务。要按照统一要求稳步推进公务卡由磁条卡升级为IC芯片卡的换卡工作。进一步加大偏远地区POS机具布设力度，推动完善公务卡受理环境。

五、规范预算单位银行账户管理

（十五）各部门各单位要加强预算单位零余额账户管理，因预算单位撤销或合并、项目完工或筹建期结束、停止使用财政资金等原因不再使用的预算单位零余额账户，应及时向财政部（国库司）提交账户撤销申请。

（十六）各部门各单位要认真厘清实有资金账户的资金来源和余额构成，规范账户资金使用。进一步清理归并存量账户，性质相同或相近资金在同一账户内分账核算。

（十七）各部门各单位要严格按照规定程序办理银行账户开立、变更和撤销业务，及时报送账户备案、年检资料，做好与财政、银行的对账和账户资金余额统计等工作。银行账户开户银行选择要增强公开性和透明度，建立领导班子集体决策制度，有条件的可实行招投标方式。

六、深化非税收入收缴管理改革

（十八）各部门各单位要继续深化非税收入收缴管理改革，扩大改革范围，深化改革级次，将所有非税收入项目和执收单位全部纳入改革范围。

（十九）各部门各单位要进一步优化非税收入收缴管理流程，提高办理收缴业务的效率，做好中央财政汇缴专户、《非税收入一般缴款书》管理等基础性工作，实现资金信息及时匹配，切实方便缴款人。

（二十）各部门要进一步加强对本部门非税收入收缴的监督管理，督促各执收单位依法征收非税收入，严格执行非税收入的减、免、停征和取消政策，加大欠缴收入清理力度，确保应收尽收、应缴尽缴。

七、高度重视预算执行动态监控工作

（二十一）各部门各单位要高度重视预算执行动态监控管理工作，严格执行《财政部关于印发〈中央财政国库动态监控管理暂行加去〉的通知》（财库〔2013〕

217号）有关规定，不断加强部门内部财政财务管理，切实提高依法理财意识和规范用款水平。

（二十二）各部门要加强对所属预算单位预算执行情况的监督管理，健全与财政部动态监控工作互动机制，针对动态监控发现的疑点问题，积极配合财政部调查核实，对于确认的违规问题，督促单位及时整改，杜绝类似问题再次发生。

八、充分发挥专员办预算执行监管职能

（二十三）专员办应严格按照财政国库管理制度规定的程序和时限审核属地中央二级及二级以下预算单位财政直接支付申请，充分利用财政直接支付网上申报审核系统，不断提高审核效率。

（二十四）专员办应通过国库外围平台的支付数据监控属地中央二级及二级以下预算单位财政授权支付情况，发现违规问题及时纠正，监控处理情况上报财政部（国库司和部门预算管理司）。

附件：
1. ××××年度国库集中支付当年结余资金申报核批表（略）
2. ××××年以前年度集中支付累计结余资金申报核批表（略）
3. ××××年度国库集中支付结余资金汇总申报核批表（略）

财政部
2014年12月8日

财政部关于中央预算单位 2016 年预算执行管理有关问题的通知

财库〔2015〕220 号

党中央有关部门，国务院各部委，各直属机构，武警部队，新疆生产建设兵团，全国人大常委会办公厅，全国政协办公厅，高法院，高检院，各民主党派中央，有关人民团体，有关中央管理企业，各中央国库集中支付代理银行，西藏自治区财政厅，财政部驻各省、自治区、直辖市、计划单列市财政监察专员办事处：

根据《中华人民共和国预算法》《国务院关于深化预算管理制度改革的决定》（国发〔2014〕45 号）、《国务院关于编制 2016 年中央预算和地方预算的通知》（国发〔2015〕65 号）和财政国库管理制度有关规定，现将 2016 年预算执行管理工作有关事项通知如下：

一、加强预算执行管理的总体要求

（一）2016 年是贯彻落实党的十八届五中全会会议精神、全面实施"十三五"规划的开局之年。加强预算执行管理，对于贯彻落实党和国家方针政策、保障财政职能发挥、提高财政资金使用效益具有重要意义。各部门各单位要继续高度重视预算执行管理，严格落实国家财政财务管理规定，认真做好预算执行工作。

（二）各部门各单位要严格执行国库集中支付范围划分标准；深入开展全年用款计划编报，除部分特殊部门和项目外，中央部门预算全部细化执行到项目；加强项目组织实施管理、加快支出进度；按财政部要求积极参与国库集中收付电子化管理试点工作；严格执行公务卡制度，加快推进科研项目实施公务卡结算；加强政府采购管理，严格执行政府采购有关法律制度；规范银行账户管理，做好银行账户管理有关基础工作；强化预算约束，控制和减少预算执行中的调整事项；从严控制资金垫付行为；继续深化非税收入收缴管理改革；严格执行财经纪律，高度重视预算执行动态监控工作。

二、做好国库集中支付范围划分工作

（三）2016 年实行财政直接支付的资金范围包括：一般公共预算和政府性基金预算支出中，年度财政投资 1000 万元以上的工程采购支出（包括建筑安装工程、设备采购、工程监理、设计服务、移民征地拆迁和工程质量保证金等支出，不包括建设单位管理费等零星支出）；单位所在地在直辖市、省会城市和计划单列市市辖区的中央预算单位项目支出中，纳入政府采购预算且单个采购项目金额 120 万元以上的货物和服务采购支出（以部门报送的项目支出预算明细表为划分依据），未列明单个采购项目的，部门预算中所列采购项目金额 200 万元以上的货物和服务采购支出；纳入财政统发范围的工资、离退休费；能够直接支付到收款人或用款单位的转移性支出，包括拨付有关企业的补贴等；国有资本经营预算支出（财政部另有规定的除外）；财政部规定的其他支出。

（四）2016 年实行财政授权支付的资金范围包括：未纳入财政直接支付的工程、货物、服务等采购支出；特别紧急支出；财政部规定的其他支出。

（五）各部门各单位要严格执行范围划分标准，按照规定时间和要求编报范围划分建议表。为保证预算细化执行到项目，部门和单位填报 2016 年范围划分明细建议表时，财政直接支付和财政授权支付应填列到具体项目。范围划分建议表的报送、审核批复和调整事项处理等按现行规定执行。

三、深入开展全年用款计划编报工作

（六）各部门各单位要深入开展以细化到项目为核心内容的全年用款计划编报工作，加强预算执行事前规划，提高用款计划编报的准确性。

（七）2016 年，除部分特殊部门和项目外，中央部门预算全部细化执行到项目，项目支出按照具体项目编报全年用款计划和进行资金支付。各部门各单位要进一步强化对项目支出执行的监督管理，规范用款行为，避免项目支出超预算情况的发生。其他有关全年用款计划编制、报送、批复和调整的事项按照现行规定执行。

（八）2015 年国库集中支付年终结余资金按如下方式处理：财政直接支付资金按预算项目结转，财政授权支付资金按预算科目结转。结余资金核定批复、恢复比例等其他事项仍按照现行规定执行。

四、加强资金支付管理

（九）各部门各单位要加强财政资金支付管理，严肃财经纪律，严格按照财政国库管理制度有关规定支付资金，防止财政资金使用管理中的各种违法违规行为；严格按照批复的预算、用款计划以及项目进度支付资金；除涉密资金等特殊资金和国家另有规定外，不得将资金支付到预算单位实有资金账户；从严控制资金垫付行为，严格执行资金垫付事先备案及归垫申请、审核和批复等规定。

（十）2016 年，财政直接支付申请按照经济分类款级科目编报，财政授权支

指令填写到经济分类款级科目。财政授权支付指令编码相应调整,基本支出财政授权支付指令编码由 13 位调整为 15 位,编码顺序为:预算管理类型(1 位)、功能分类科目(7 位)、经济分类科目(5 位)、支出类型(1 位)、预算来源(1 位);项目支出财政授权支付指令编码由 16 位调整为 18 位,编码顺序为:预算管理类型(1 位)、功能分类科目(7 位)、经济分类科目(5 位)、支出类型(1 位)、预算来源(1 位)、预算信息关联号(3 位)。预算单位办理公务卡报销还款业务时,财政授权支付指令编码中的经济分类科目(5 位)和支出类型(1 位)填为"300000",用途填"公务卡还款"。

(十一)有关指令编码和凭证调整后,各中央国库集中支付代理银行、公务卡代理银行要抓紧做好系统调整和业务培训等工作。

(十二)国库集中支付有关凭证和报表调整事项另行发文通知。

五、严格执行公务卡制度

(十三)各部门各单位要全面实施公务卡制度,严格执行公务卡强制结算目录,切实提高公务卡使用率,减少现金提取和使用。各部门要加强对所属预算单位公务卡制度实施情况的监督检查,对公务卡使用率不高的单位,要责令其分析原因、及时整改。

(十四)有关部门和单位要充分认识科研项目推行公务卡结算的重要意义,按照《中共中央、国务院关于深化科技体制改革加快国家创新体系建设的意见》(中发〔2012〕6 号)、《国务院关于改进加强中央财政科研项目和资金管理的若干意见》(国发〔2014〕11 号),以及公务卡管理有关制度规定,加快推进科研项目使用公务卡结算。

六、规范预算单位银行账户管理

(十五)各部门各单位要进一步加强银行账户归口管理,明确单位财务部门是银行账户使用和管理的责任部门,由财务部门负责办理账户开立、变更和撤销业务。

(十六)各部门各单位要高度重视银行账户年检工作,按规定时限向财政部门报送账户年检资料,对年检结论指出的问题及时整改。

(十七)各部门要加强对所属预算单位银行账户的监管,加快推进银行账户管理信息系统建设,强化银行账户管理基础。

七、深化非税收入收缴管理改革

(十八)各部门各单位要继续扩大非税收入收缴管理制度改革范围,深化非税收入收缴管理制度改革级次，将所有非税收入项目和执收单位全部纳入改革范围。

（十九）各部门各单位要按照财政部的部署实施非税收入收缴电子化，进一步优化非税收入收缴管理流程，提高办理收缴业务的效率，做好中央财政汇缴专户、《非税收入一般缴款书》管理等基础性工作，实现资金信息及时匹配，切实方便缴款人。

（二十）各部门要进一步加强对本部门非税收入收缴的监督管理，督促各执收单位依法征收非税收入，严格执行非税收入的减、免、停征和取消政策，加大欠缴收入清理力度，确保应收尽收、应缴尽缴。

八、高度重视预算执行动态监控工作

（二十一）各部门各单位要高度重视预算执行动态监控工作，严格执行《财政部关于印发〈中央财政国库动态监控管理暂行办法〉的通知》（财库〔2013〕217号）有关规定，切实增强财经纪律观念、合规用款意识和财务管理水平。积极配合财政部调查核实动态监控发现的疑点，对违规问题按要求及时整改。

（二十二）各部门要加强对所属预算单位国库集中支付工作的指导和监督，规范资金支付和使用。各部门要完善与财政部的监控工作互动机制，对财政部通过动态监控发现的违规问题要督促单位落实整改措施，严防类似违规问题再度发生。有条件的部门可充分利用现代信息网络技术，加强对所属预算单位财政资金使用的动态监管。

九、充分发挥专员办预算执行监管职能

（二十三）财政部驻各地财政监察专员办事处（简称专员办）充分发挥就地监管优势，严格按照《财政部关于专员办加强财政预算监管工作的通知》（财预〔2014〕352号）和财政国库管理制度有关规定，强化对基层预算单位预算执行监管。

财政部

2015年12月2日

关于调整完善国库集中支付有关凭证和报表格式的通知

财库〔2015〕239号

党中央有关部门，国务院各部委、各直属机构，武警总部，全国人大常委会办公厅，全国政协办公厅，高法院，高检院，各民主党派中央，有关人民团体，新疆生产建设兵团，有关中央管理企业，各中央国库集中支付代理银行：

为进一步推进预算执行细化管理，规范中央预算单位国库集中支付业务，根据《财政部关于中央预算单位2016年预算执行管理有关问题的通知》（财库〔2015〕220号）和财政国库管理制度有关规定，结合预算执行管理的新要求，财政部对国库集中支付各业务环节涉及的凭证和报表格式进行了调整完善。现就有关事宜通知如下：

一、预留印鉴

中央预算单位办理预留印鉴手续，使用《中央基层预算单位预算资金拨款印鉴卡》（附件1）、《中央一级预算单位预算资金拨款印鉴卡》（附件2）和《中央一级预算单位财政直接支付印鉴卡》（附件3）。

二、用款计划

中央预算单位通过中央预算单位财政资金支付管理系统编报用款计划，及时将电子数据报财政部。中央预算单位财政资金支付管理系统中的用款计划表格包括《明细用款计划打印表》（附件4）、《预算单位1—5月基本支出分月用款计划表》（附件5）、《预算单位6—12月基本支出分月用款计划表》（附件6）、《预算单位1—5月项目支出分月用款计划表》（附件7）和《预算单位6—12月项目支出分月用款计划表》（附件8）。

三、财政直接支付

（一）支付申请。基层预算单位办理财政直接支付申请时，填写《中央基层预算单位财政直接支付申请书》（附件9），报送财政部驻本省、自治区、直辖市、计划单列市财政监察专员办事处（以下简称专员办）审核；一级预算单位审核汇总后，填写《财政直接支付汇总申请书（单位财务公章）》（附件10）。与原凭证相比，调整内容包括：取消《财政直接支付汇总申请书（单位公章）》凭证；预算科目栏中的"经济分类（类级科目）"修订为"经济分类（类款）"；"预算管理类型"在原有"基本支出（1）、项目支出（2）"的基础上增加"资本性支出（7）、费用性支出（8）、其他支出（9）"三个选项，其他"预算管理类型"分类按财政部有关要求填写；《中央基层预算单位财政直接支付申请书》增加"专员办留存联"联次；《财政直接支付汇总申请书（单位财务公章）》取消"财政部国库审核留存联"。

（二）支付指令。财政部通知代理银行支付资金时，填写《财政直接支付凭证》（附件11）。新增"科目（经济分类）"凭证要素。

（三）信息反馈。代理银行办理资金支付业务后开具《财政直接支付入账通知书》（附件12）。其中，预算科目栏中的"经济分类（类级科目）"修订为"经济分类（类款）"。

（四）更正调整。基层预算单位办理财政直接支付更正调整业务时，填写《中央基层预算单位财政直接支付更正申请书》（附件13），报送属地专员办审核；一级预算单位审核汇总后，填写《财政直接支付更正汇总申请书（单位财务公章）》（附件14）。与原凭证相比，调整内容包括：取消《财政直接支付更正汇总申请书（单位公章）》凭证；预算科目栏中的"经济分类（类级科目）"修订为"经济分类（类款）"；《中央基层预算单位财政直接支付更正申请书》增加"专员办留存联"联次；《财政直接支付更正汇总申请书（单位财务公章）》取消"财政部国库审核留存联"。

（五）资金退回。财政直接支付的资金由代理银行支付后，因收款单位的账户名称或账号填写错误等原因而发生资金退回财政部零余额账户的，代理银行应当在当日（超过清算时间的在第二个工作日）将资金退回国库单一账户并向财政部（国库司）发出《财政直接支付资金退回入账通知书》（附件15）。新增"经济分类"内容。

四、财政授权支付

（一）额度下达。财政部下达财政授权支付用款额度时，向代理银行签发《财政授权支付额度通知单》（附件16）。有关财政授权支付明细信息以电子方式传递。

代理银行通知基层预算单位用款额度到账时，使用《财政授权支付额度到账通知书》（附件17）。

（二）支付指令。预算单位办理财政授权支付业务使用的票据凭证不变，"附加信息"栏填写要求作如下调整：

预算单位办理基本支出财政授权支付业务时，支付指令编码填写15位，依次为：预算管理类型（1位）、功能分类科目（7位）、经济分类科目（5位）、支出类型（1位）、预算来源（1位）；办理项目支出财政授权支付业务时，支付指令编码填写18位，依次为：预算管理类型（1位）、功能分类科目（7位）、经济分类科目（5位）、支出类型（1位）、预算来源（1位）、预算信息关联号（3位）；办理公务卡报销还款业务时，支付指令编码中经济分类科目（5位）和支出类型（1位）填写为"300000"，用途填"公务卡还款"。

（三）更正退回。财政授权支付资金更正（退回）时使用的《财政授权支付更正（退回）通知书》（附件18），格式保持不变，"信息代码"栏的指令编码，按照前款有关要求填写。

五、代理银行日（月）报表

代理银行根据国库集中支付业务发生情况编报《财政授权支付日报表》（附件19）、《财政授权支付日报表（经济分类）》（附件20）、《财政支出月报表》（附件21）、《财政支出月报表（经济分类）》（附件22）、《财政直接支付业务汇总清单》（附件23）和《财政授权支付业务汇总清单》（附件24）报送财政部（国库司）。其中，《财政授权支付日报表（经济分类）》和《财政支出月报表（经济分类）》为新增表格。

六、对账管理

财政部门、预算单位、代理银行之间按照预算科目、区分预算来源进行对账，对账管理有关报表格式和填报要求保持不变。

本通知自2016年1月1日起施行，2009年12月29日财政部发布的《财政部关于预算执行细化管理后调整国库集中支付有关凭证和报表格式的通知》（财库〔2009〕168号）同时废止。请各中央部门、代理银行按照本通知要求，按新的凭证和报表格式做好国库集中支付业务和相关的业务培训等工作。

附件：
1. 中央基层预算单位预算资金拨款印鉴卡
2. 中央一级预算单位预算资金拨款印鉴卡
3. 中央一级预算单位财政直接支付印鉴卡
4. 明细用款计划打印表
5. 预算单位1—5月基本支出分月用款计划表
6. 预算单位6—12月基本支出分月用款计划表
7. 预算单位1—5月项目支出分月用款计划表
8. 预算单位6—12月项目支出分月用款计划表
9. 中央基层预算单位财政直接支付申请书

10. 财政直接支付汇总申请书（单位财务公章）
11. 财政直接支付凭证
12. 财政直接支付入账通知书
13. 中央基层预算单位财政直接支付更正申请书
14. 财政直接支付更正汇总申请书（单位财务公章）
15. 财政直接支付资金退回入账通知书
16. 财政授权支付额度通知单
17. 财政授权支付额度到账通知书
18. 财政授权支付更正（退回）通知书
19. 财政授权支付日报表
20. 财政授权支付日报表（经济分类）
21. 财政支出月报表
22. 财政支出月报表（经济分类）
23. 财政直接支付业务汇总清单
24. 财政授权支付业务汇总清单

财政部

2015 年 12 月 11 日

第五章 财政部国库集中支付管理相关文件

附件 1：

中央基层预算单位预算资金拨款印鉴卡

卡片编号：

单位组织机构代码			单位名称	
一级预算单位	组织机构代码			
	名称			
单位负责人		单位经办机构		
财务负责人		零余额账户	开户银行	
经办人			账号	
电话		启用日期		
邮编				
单位地址				

印鉴

单位负责人	
财务负责人	单位公章

附件 1：

背面

拨款功能分类预算科目名称

科目编码	名称

注　本印鉴卡财政部国库司、中央一级预算单位和基层预算单位各一份。各栏必须填写齐全，如有变动，基层单位须上报更换。

附件 2:

中央一级预算单位预算资金拨款印鉴卡

卡片编号:

单位预算编码		单位组织机构代码	
单位名称			
单位财务负责人		单位经办司处	
处长		零余额账户 开户银行	
		账号	
电话		启用日期	
邮编			
单位地址			

印鉴

单位财务负责人印章	单位财务公章

注 1. 中央一级预算单位的零余额账户只用于本级预算单位财政授权支付。

2. 中央一级预算单位如只有财政直接支付,则不需填零余额账户信息。

3. 单位财务公章是指中央一级预算单位负责系统财务管理的财务机构的公章。

附件 2：

背面

拨款功能分类预算科目名称

科目编码	名称	财政部主管司

注 本印鉴卡财政部国库司和中央一级预算单位各一份。各栏必须填写齐全，如有变动，一级预算单位持便函更换。

第五章 财政部国库集中支付管理相关文件

附件 3：

<h3 style="text-align:center">中央一级预算单位财政直接支付印鉴卡</h3>

卡片编号：

单位预算编码		单位组织机构代码	
单位名称			
单位财务负责人		单位经办司处	
		开户银行	
处长		账号	
电话		启用日期	
邮编			
单位地址			

印鉴

单位财务负责人印章	
	单位财务公章

注 1. 本印鉴卡适用于中央一级预算单位作为用款单位申领财政资金的账户（含特设专户等）备案。
2. 上述需要备案的账户，是由中央一级预算单位指定一个经批准保留的实有资金账户，并经财政部确认后，办理财政直接支付业务。
3. 单位财务公章是指中央一级预算单位负责系统财务管理的财务机构的公章。

附件 3：

背面

拨款功能分类预算科目名称

科目编码	名称	财政部主管司

注　本印鉴卡财政部国库司和中央一级预算单位各一份。各栏必须填写齐全，如有变动，一级预算单位持便函更换。

附件 4：

明细用款计划打印表

预算单位组织机构代码：　　　　　　　　　　　　　　　　　　　打印日期：
预算单位名称：　　　　　　　　　　　　　　　　　　　　　　　　单位：元

计划行号	月份	预算来源	资金性质	支出类型	支付方式	预算科目（功能分类）		预算项目		密级	金额
						编码	名称	编码	名称		
合计											

附件5：

预算单位1—5月基本支出分月用款计划表

预算单位组织机构代码：
预算单位名称：
预算来源 当年预算（1） 上年结余（2）：（ ）
批次号：
打印日期：
第　页　共　页
单位：元

预算科目编码			科目名称	合计	1月		2月		3月		4月		5月	
类	款	项			直接支付	授权支付	直接支付	授权支付	直接支付	授权支付	直接支付	授权支付	直接支付	授权支付
合计														

单位负责人：　　　财务负责人：　　　经办人：　　　联系电话：　　　申请日期：

附件6：

预算单位 6—12 月基本支出分月用款计划表

预算单位组织机构代码：　　　　　　　　　　　　　　　　　　　　　　　　打印日期：
预算单位名称：　　　　　　　　　　　　　　　　　　　　　　　　　　　　第　页　共　页
预算来源　当年预算（1）　上年结余（2）：（　）　批次号：　　　　　　　　单位：元

预算科目编码			科目名称	合计	6月		7月		8月		9月		10月		11月		12月	
类	款	项			直接支付	授权支付	直接支付	授权支付	直接支付	授权支付	直接支付	授权支付	直接支付	授权支付	直接支付	授权支付	直接支付	授权支付
预算科目（功能分类）																		
合计																		

单位负责人：　　　　财务负责人：　　　　经办人：　　　　联系电话：　　　　申请日期：

附件7:

预算单位1—5月项目支出分月用款计划表

预算单位组织机构代码:　　　　　　　　　　　　　　　　　　　　　　　　　　打印日期:
预算单位名称:　　　　　　　　　　　　　　　　　　　　　　　　　　　　　　第　页　共　页
预算来源 当年预算（1）　上年结余（2）:（　）　　批次号:　　　　　　　　　　单位: 元

预算科目编码			科目名称	项目编码	项目名称	合计	1月		2月		3月		4月		5月	
类	款	项					直接支付	授权支付	直接支付	授权支付	直接支付	授权支付	直接支付	授权支付	直接支付	授权支付
合计																

单位负责人:　　　　　　财务负责人:　　　　　　经办人:　　　　　　联系电话:　　　　　　申请日期:

附件8：

预算单位6—12月项目支出分月用款计划表

预算单位组织机构代码：　　　　　　　　　　　　　　　　　　　　　　　　　　　打印日期：
预算单位名称：　　　　　　　　　　　　　　　　　　　　　　　　　　　　　　　第　页　共　页
预算来源　当年预算（1）　上年结余（2）：（　）　　批次号：　　　　　　　　　　单位：元

预算科目（功能分类）				项目编码	项目名称	合计	6月		7月		8月		9月		10月		11月		12月	
科目编码			科目名称				直接支付	授权支付	直接支付	授权支付	直接支付	授权支付	直接支付	授权支付	直接支付	授权支付	直接支付	授权支付	直接支付	授权支付
类	款	项																		
合计																				

单位负责人：　　　　　　　财务负责人：　　　　　　　经办人：　　　　　　　联系电话：　　　　　　　申请日期：

附件9：

中央基层预算单位财政直接支付申请书

申请书序号：
一级预算单位名称：
联系人及电话：
邮政编码及地址：

申请单位名称：
申请单位组织机构代码：
预算管理类型：（ ）

（单位公章）

年 月 日

单位：元

预算来源 (1) 上年结余 (2)：( ) 当年预算 (1)：( )

支付申请编号	支出类型	预算科目		项目		收款人			申请金额	财政专员办审核意见	上级主管预算单位审核意见
		功能分类（类款项）编码和名称	经济分类（类款）编码和名称	编码	名称	全称	开户银行	银行账号			
合计											

第一联 报上一级主管单位

申请部门联系电话：

填表说明 1. 预算管理类型共分为五种：(1) 基本支出、(2) 项目支出、(3) 资本性支出、(4) 费用性支出、(5) 其他支出，请按此分类序号在表中"预算管理类型"栏填写相应类型。其他按财政部有关要求填写。
2. 支出类型共分八种：(1) 货物政府采购支出、(2) 工程政府采购支出、(3) 服务政府采购支出、(4) 货物非政府采购支出、(5) 工程非政府采购支出、(6) 服务非政府采购支出、(7) 转移支出、(8) 工资支出，请按此分类序号在表中"支出类型"栏填写相应支出类型。

附件 9：

(单位公章)

中央基层预算单位财政直接支付申请书

第二联 报 财政部国库司

申请书序号：
一级预算单位名称：
联系人及电话：
邮政编码及地址：

申请单位名称：
申请单位组织机构代码：
预算管理类型：( )
预算来源当年预算 (1) 上年结余 (2)：( )

年　月　日　　　　　　　　　　　　　　　　　单位：元

支付申请编号	支出类型	预算科目		项目		收款人			申请金额	财政专员办审核意见	上级主管预算单位审核意见
		功能分类(类款项)编码和名称	经济分类(类款)编码和名称	编码	名称	全称	开户银行	银行账号			
合计											

申请部门联系电话：

填表说明 1. 预算管理类型共分为五种：(1) 基本支出、(2) 项目支出、(3) 资本性支出、(4) 费用性支出、(5) 其他支出，分类按财政部有关要求填写。请按此分类序号在表中"预算管理类型"栏填写相应类型。
2. 支出类型共分八种：(1) 货物政府采购支出、(2) 工程政府采购支出、(3) 服务政府采购支出、(4) 货物非政府采购支出、(5) 工程非政府采购支出、(6) 服务非政府采购支出、(7) 转移支出、(8) 工资支出，请按此分类序号在表中"支出类型"栏填写相应支出类型。

附件9：

中央基层预算单位财政直接支付申请书

申请书序号：
一级预算单位名称：
联系人及电话：
邮政编码及地址：

申请单位名称：
申请单位组织机构代码：
预算管理类型：（　）
预算来源　当年预算（1）　上年结余（2）：（　）

（单位公章）

年　月　日

单位：元

支付申请编号	预算科目		项目		收款人			申请金额	财政专员办审核意见	上级主管预算单位审核意见
	功能分类（类款项）编码和名称	经济分类（类款）编码和名称	编码	名称	全称	开户银行	银行账号			
合计										

第三联　支付申请单位留存

申请部门联系电话：

填表说明　1.预算管理类型共分为五种：(1)基本支出，(2)项目支出，(3)资本性支出，(4)费用性支出，(5)其他支出，请按此分类序号在表中"预算管理类型"栏填写相应类型。
2.支出类型共分八种：(1)货物政府采购支出，(2)工程政府采购支出，(3)服务政府采购支出，(4)货物非政府采购支出，(5)工程非政府采购支出，(6)服务非政府采购支出，(7)转移支出，(8)工资支出，请按此分类序号在表中"支出类型"栏填写相应支出类型。

附件9：

中央基层预算单位财政直接支付申请书

申请书序号：
一级预算单位名称：
联系人及电话：
邮政编码及地址：

申请单位名称：
申请单位组织机构代码：
预算管理类型：（ ）
预算来源 当年预算（1）： 上年结余（2）：（ ）

（单位公章）
年 月 日

单位：元

第四联 专员办留存

支付申请编号	支出类型	预算科目		项目		收款人			申请金额	财政专员办审核意见	上级主管预算单位审核意见
		功能分类（类款项）编码和名称	经济分类（类款）编码和名称	编码	名称	全称	开户银行	银行账号			
合计											

申请部门联系电话：

填表说明 1．预算管理类型共分为五种：(1) 基本支出，(2) 项目支出，(3) 资本性支出，(4) 费用性支出，(5) 其他支出，分类按财政部有关要求填写。其他"预算管理类型"栏填写相应类型。
2．支出类型共分八种：(1) 货物政府采购支出，(2) 工程政府采购支出，(3) 服务政府采购支出，(4) 货物非政府采购支出，(5) 工程非政府采购支出，(6) 服务非政府采购支出，(7) 转移支出，(8) 工资支出，请按此分类填写相应的"支出类型"栏填写相应支出类型。

附件10：

申请部门名称：
申请部门预算编码：
预算管理类型：（ ） 上年结余（2）：（ ）
预算来源 当年预算（1）

（单位财务公章）

部门申请书序号：
财政部国库司审核编号：
财政直接支付汇总清算额度通知单编号：

财政直接支付汇总申请书

年 月 日

单位：元

第一联 退一级预算单位

支付申请编号	支出类型	基层预算单位		预算科目			收款人			申请金额	财政部核定金额	直接支付凭证编号
		组织机构代码	名称	功能分类（类款项）编码和名称	经济分类（类款）编码和名称		全称	开户银行	银行账号			
合计												

申请支付部门（签章）：
财政部核定金额合计（大写）：

财务负责人	处长	经办人		财政部国库司					备注
				司长	支付处		审核处		
					处长	经办人	处长	经办人	
月 日	月 日	月 日		月 日	月 日	月 日	月 日	月 日	

申请部门联系电话：

填表说明
1. 预算管理类型共分为五种：（1）基本支出、（2）项目支出、（3）资本性支出、（4）费用性支出、（5）其他支出，请按此分类序号在表中"预算管理类型"栏填写相应类型。其他支出按财政部有关要求填写。
2. 支出类型共分八种：（1）货物政府采购支出、（2）工程政府采购支出、（3）服务政府采购支出、（4）货物非政府采购支出、（5）工程非政府采购支出、（6）服务非政府采购支出、（7）转移支出、（8）工资支出，请按此分类序号在表中"支出类型"栏填写相应支出类型。
3. 单位财务公章是指中央一级预算单位负责财务管理的财务机构的公章。

· 188 ·

第五章 财政部国库集中支付管理相关文件

附件 10：

申请部门名称：
申请部门预算编码：
预算管理类型：（ ）
预算来源 当年预算：（1） 上年结余：（2）：（ ）

部门申请书序号：
财政部国库司审核编号：
财政直接支付汇总清算额度通知单编号：

（单位财务公章）

财政直接支付汇总申请书

年 月 日

第二联 财政部国库会计留存

单位：元

支付申请编号	基层预算单位		预算科目		收款人			申请金额	财政部核定金额	直接支付凭证编号
	组织机构代码	名称	功能分类（类款项）编码和名称	经济分类（类款）编码和名称	全称	开户银行	银行账号			
合计										

财政部核定金额合计（大写）：

申请支付部门（签章）			财政部国库司				
			支付处			审核处	
财务负责人	处长	经办人	司长	处长	经办人	处长	经办人
月 日	月 日	月 日	免签章 月 日	月 日	月 日	月 日	月 日

备注

申请部门联系电话：

填表说明
1. 预算管理类型共分为五种：(1) 基本支出，(2) 项目支出，(3) 资本性支出，(4) 费用性支出，(5) 其他支出，请按财政部有关要求填写。其他"预算管理类型"分类栏填写相应类型。
2. 支出类型共分八种：(1) 货物政府采购支出，(2) 工程政府采购支出，(3) 服务政府采购支出，(4) 货物非政府采购支出，(5) 工程非政府采购支出，(6) 服务非政府采购支出，(7) 转移支出，(8) 工资支出，请按此分类序号在表中"支出类型"栏填写相应支出类型。
3. 单位财务公章是指中央一级预算单位负责本系统财务管理的财务机构的公章。

附件 11：

财政直接支付凭证（借方凭证）1 第　号

年　　月　　日　　　　　　　　　　　　　　　　　　　　　　　　　　　　单位：元

付款人	全称		收款人	全称	
	账号或地址			账号或地址	
	开户银行			开户银行	

支付金额	人民币：（大写）			金额（小写）	

基层预算单位		一级预算单位	

科目（功能分类）		科目（经济分类）		类型	

用途		支付申请编号		预算来源	

银行会计分录	（借） 对方科目

财政部支付印章　　　　　　复核员：　　记账员：

8.5×17.5公分（白纸蓝油墨）

第五章 财政部国库集中支付管理相关文件

附件 11：

财政直接支付凭证（贷方凭证）2 第　号

年　月　日　　　　　　　　　　　　　　　　　　　　　　　　　单位：元

付款人	全称		收款人	全称	
	账号或地址			账号或地址	
	开户银行			开户银行	

支付金额	人民币：（大写）			金额（小写）	

基层预算单位		一级预算单位	

科目（功能分类）		科目（经济分类）		类型	

用途		支付申请编号		预算来源	

银行会计分录	（贷）	备注
	对方科目	

复核员：　　记账员：

8.5×17.5公分（白纸红油墨）

附件 11：

财政直接支付凭证（收账通知）3 第　号

年　　月　　日　　　　　　　　　　　　　　　　　　　　　　　　　　　　　　单位：元

付款人	全称		收款人	全称	
	账号或地址			账号或地址	
	开户银行			开户银行	

支付金额	人民币：（大写）		金额（小写）

基层预算单位		一级预算单位	

科目（功能分类）		科目（经济分类）		类型	

用途		支付申请编号		预算来源	

会计分录：	付款行转款或付款日期	上列款项已进账，如有错误，请持此联来行面洽。此致（收款单位）
	年　　月　　日	
借：_____	记账员： 出纳员：	

8.5×17.5公分（白纸紫油墨）

第五章 财政部国库集中支付管理相关文件

附件 11：

财政直接支付凭证（回单）4 第　号

年　月　日　　　　　　　　　　　　　　　　　　　　　　　　　　　单位：元

付款人	全称		收款人	全称	
	账号或地址			账号或地址	
	开户银行			开户银行	

支付金额	人民币：（大写）		金额（小写）

基层预算单位		一级预算单位	

科目（功能分类）		科目（经济分类）		类型	

用途		支付申请编号		预算来源	

上项款已办理 银行盖章经办人 年　月　日	备注

8.5×17.5公分（白纸黑油墨）

附件 12：

财政直接支付入账通知书

基层预算单位名称：　　　　　　　　　　　　　一级预算单位名称：　　　　　　　　　　　　　单位：元

支付申请编号	预算来源	预算科目				收款人全称	金额	备注
		功能分类（类款项）		经济分类（类款）				
		编码	名称	编码	名称			
合计								

以上款项，已由财政部国库司直接支付，请据以入账。　　　　　　　银行（印章）　　日期

注 本通知书一式三联，第一联：一级预算单位作记账依据；第二联：基层预算单位备查；第三联：代理银行备查。

第五章 财政部国库集中支付管理相关文件

附件13：

中央基层预算单位财政直接支付更正申请书

（单位公章）

年　月　日

第一联 报上一级主管单位

申请书序号：
一级预算单位名称：
联系人及电话：
邮政编码及地址：

申请单位名称：
申请单位组织机构代码：

单位：元

内容 事项	支付申请编号	支付申请原始编号	预算来源	预算管理类型	支出类型	预算科目		项目		收款人			申请金额	财政专员办审核意见	上级主管单位预算审核意见
						功能分类（类款项）编码和名称	经济分类（类款）编码和名称	编码	名称	全称	开户银行	银行账号			
原列事项															
调整事项															
合计															

备注：

申请部门联系电话：

填表说明　在已支付资金收款人不变的情况下调整相应事项，请按"正负相抵、余额为零"原则填列此单。表中"支付申请编号"由系统自动生成，原列事项的"支付申请原始编号"栏查询后填列，原列事项其余栏也即由系统自动生成，其中申请金额显示为负数。

附件13：

第二联 报财政部国库司

中央基层预算单位财政直接支付更正申请书

（单位公章）

申请书序号：
一级预算单位名称：
联系人及电话：
邮政编码及地址：

申请单位名称：
申请单位组织机构代码：

年　月　日

单位：元

事项\内容	支付申请编号	支付申请原始编号	预算来源	预算管理类型	支出类型	预算科目		项目		收款人			申请金额	财政专员办审核意见	上级主管预算单位审核意见
						功能分类（类款项）编码和名称	经济分类（类款）编码和名称	编码	名称	全称	开户银行	银行账号			
原列事项															
调整事项															
合计															

备注：

申请部门联系电话：

填表说明 在已支付资金收款人不变的情况下调整相应事项，请按"正负相抵、余额为零"原则填列此单。表中"支付申请编号"由系统自动生成，原列事项的"支付申请原始编号"栏需查询后填列，原列事项其余栏也即由系统自动生成，其中申请金额显示为负数。

· 196 ·

第五章 财政部国库集中支付管理相关文件

附件 13：

中央基层预算单位财政直接支付更正申请书

（单位公章）

第三联 支付申请单位留存

申请书序号：
一级预算单位名称：
联系人及电话：
邮政编码及地址：

申请单位名称：
申请单位组织机构代码：

年　月　日

单位：元

内容事项	支付申请编号	支付申请原始编号	预算来源	预算管理类型	支出类型	预算科目		项目		收款人			申请金额
						功能分类（类款项）编码和名称	经济分类（类款）编码和名称	编码	名称	全称	开户银行	银行账号	
原列事项													
调整事项													
合计													

财政专员办审核意见	上级主管预算单位审核意见

备注：

申请部门联系电话：

填表说明 在已支付资金收款人不变的情况下调整相应事项，请按"正负相抵、余额为零"栏查询后填列，原列事项其余栏也即由系统自动生成，其申请金额显示为负数。"支付申请原始编号"栏查询后填列，原列事项其余栏也即由系统自动生成，其申请金额显示为负数。表中"支付申请编号"由系统自动生成，原列事项的

附件13：

中央基层预算单位财政直接支付更正申请书

（单位公章）

第四联 专员办留存

申请书序号：
一级预算单位名称：
联系人及电话：
邮政编码及地址：

申请单位名称：
申请单位组织机构代码：

年　月　日

单位：元

事项\内容	支付申请编号	支付申请原始编号	预算来源	预算管理类型	支出类型	预算科目		项目		收款人			申请金额	财政专员办审核意见	上级主管预算单位审核意见
						功能分类（类款项）编码和名称	经济分类（类款）编码和名称	编码	名称	全称	开户银行	银行账号			
原列事项															
调整事项															
合计															

备注：

申请部门联系电话：

填表说明 在已支付资金收款人不变的情况下调整相应事项，请按"正负相抵、余额为零"原则填列此单。表中"支付申请编号"由系统自动生成，"支付申请原始编号"栏需查询后填列，原列事项其余栏也即由系统自动生成，其中申请金额显示为负数。

附件 14：

申请部门名称：
申请部门预算编码：
基层预算单位名称：
基层预算单位组织机构代码：

(单位财务公章)

财政直接支付更正汇总申请书

年　月　日

部门申请书序号：
财政部国库司审核编号：

单位：元

第一联 退级预算单位

内容 事项	支付申请编号	支付申请原始编号	预算末额	预算管理类型	支出类型	预算科目		项目		收款人			申请金额	财政部核定金额
						功能分类（类款项）编码和名称	经济分类（类款）编码和名称	编码	名称	全称	开户银行	银行账号		
原列事项														
调整事项														
合计														

申请支付部门（签章）		财政部国库司				备注
		支付处		审核处		
财务负责人	处长	处长	经办人	处长	经办人	
年 月 日	年 月 日	年 月 日	年 月 日	年 月 日	年 月 日	

申请部门联系电话：

填表说明 1. 单位财务公章是指中央一级预算单位负责系统财务管理机构的财务机构的公章。
2. 在已支付资金收款人不变的情况下调整相应事项，请按"正负相抵、余额为零"原则填列此单。表中"支付申请编号"由系统自动生成，原列事项的"支付申请原始编号"栏需查询后填列，原列事项其余栏由系统自动生成，其中申请金额显示为负数。

· 199 ·

附件 14：

申请部门名称：
申请部门预算编码：
基层预算单位名称：
基层预算单位组织机构代码：

部门申请书序号：
财政部国库司审核编号：

财政直接支付更正汇总申请书

（单位财务公章）

年　月　日

单位：元

内容 事项	支付申请编号	支付申请原始编号	预算来源	预算管理类型	支出类型	预算科目			收款人			申请金额	财政部核定金额
						功能分类（类款项）编码和名称	经济分类（类款）编码和名称	项目 编码 / 名称	全称	开户银行	银行账号		
原列事项													
调整事项													
合计													

申请支付部门（签章）		财政部国库司		
		支付处		审核处
财务负责人	处长	处长	经办人	处长	经办人
年 月 日	年 月 日	司长　　　年 月 日	年 月 日	年 月 日	年 月 日

备注：

第二联　财政部国库会计留存

申请部门联系电话：

填表说明：1. 单位财务公章是指中央一级预算单位负责本系统财务管理的财务机构的公章。
2. 在已支付资金收款人不变的情况下调整相应事项，请按"正负相抵、余额为零"原则填列此单。表中"支付申请编号"由系统自动生成，原列事项的"支付申请原始编号"栏需查询后填列，原列事项其余栏由系统自动生成，其中申请金额显示为负数。

· 200 ·

附件15：

财政直接支付资金退回入账通知书

日期：   单位：元

序号	预算来源	基层预算单位		功能分类		经济分类		退回金额	原支付日期	原支付申请编号	备注
		组织机构代码	名称	科目编码	名称	科目编码	名称				
一、当年预算支出退回合计											
二、国库集中支付结余支出退回合计											
总计											

以上款项已退回，请据此入账。银行（印章）

填写说明 填写"预算来源"时，当年预算填"1"，国库集中支付结余填"2"。

附件 16：

财政授权支付额度通知单

第一联　代理银行清算凭证

_____银行：

现将____月____日共____家部门____月份财政授权支付额度通知单送你行，请在规定的额度内支付和清算资金。

单位：元

流水号	部门名称	预算科目（功能分类）		财政授权支付额度			备注
		科目编码	科目名称	合计	基本支出	项目支出	

财政部国库司

司长	处长	经办人	财政部支付印章
月　日	月　日	月　日	

附件 16：

财政授权支付额度通知单

_____银行：

现将____月____日____家部门____月份财政授权支付额度通知单送你行，请在规定的额度内支付和清算资金。

单位：元

第二联 退财政部国库司

流水号	部门名称	预算科目（功能分类）		财政授权支付额度		
		科目编码	科目名称	合计	基本支出	项目支出

财政部国库司

司长	处长	经办人	备注：
月 日	月 日	月 日	财政部支付印章

附件17：

财政授权支付额度到账通知书

你单位_____月份的财政授权支付额度已经财政部核准,特予通知。

银行(签章)单位组织机构代码：   零余额账户账号：

单位：元

支出功能分类		项目		财政授权支付额度			备注
科目编码	科目名称	编码	名称	合计	基本支出	项目支出	

注：本通知书一式两联，第一联：预算单位作授权额度到账通知；第二联：留代理银行备查。

第五章 财政部国库集中支付管理相关文件

附件 18：

财政授权支付更正（退回）通知书

第一联 预算单位作记账凭证

单位名称： 凭证编号：

内容事项	业务类型	信息代码	时间			金额									
			年	月	日	亿	千	百	十	万	千	百	十	元	角	分
原列事项	支付															
调整事项																
备注																
预算单位 签章			代理银行 签章													
负责人			负责人													
经办人			经办人													

注：1. 凭证中的单位名称要填写预算单位名称的全称，凭证标号由单位从 0001 开始，根据业务发生情况，按自然连续原则填写，单位负责人和经办人要加盖本人名章，单位签章加盖财务专用章，代理银行负责人和经办人及签章内容由各代理银行根据管理情况作具体规定。
2. 需要使用该凭证的预算单位，按规定向财政部（国库司）申请领用。

· 205 ·

附件 18：

财政授权支付更正（退回）通知书

单位名称：　　　　　　　　　　　　　　　　　　　　　　　　　　　　凭证编号：

内容事项	业务类型	信息代码	时间			金额								
			年	月	日	十	亿	千	百	十	万	千	百	十	元	角	分
原列事项	支付														
调整事项															
备注															

预算单位	代理银行
负责人	
签章	签章
经办人	

负责人
经办人

第二联　代理银行留存

注：1. 凭证中的单位名称要填写预算单位名称的全称。凭证标号由单位从 0001 开始，根据业务发生情况，按自然连续原则填写。单位负责人和经办人要加盖本人名章，单位签章加盖财务专用章，代理银行签章内容及签章内容由各代理银行根据管理情况作具体规定。
2. 需要使用该凭证的预算单位，按规定向财政部（国库司）申请领用。

附件 19：

财政授权支付日报表

代理银行盖章：　　　　　　制表日期：　　　　　　　　　　　　　　　　　　支付表号：
　　　　　　　　　　　　　　　　　　　　　　　　　　　　　　　　　　　　第　页　共　页
　　　　　　　　　　　　　　　　　　　　　　　　　　　　　　　　　　　　单位：元

序号	预算来源	基层预算单位名称	科目编码及名称（功能分类）	金额	序号	预算来源	基层预算单位名称	科目编码及名称（功能分类）	金额
001		总计			025				
002		其中：当年预算支出			026				
003		国库集中支付结余支出			027				
004		支付合计			028				
005		其中：当年预算支出			029				
006		国库集中支付结余支出			030				
007		退款合计			031	三、国库集中支付结余支出付款明细			
008		其中：当年预算支出			032				
009		国库集中支付结余支出			033				
010	一、当年预算支出付款明细				034				
011					035				
012					036				
013					037				
014					038				
015					039	四、国库集中支付结余支出退款明细			
016					040				
017					041				
018					042				
019					043				
020	二、当年预算支出退款明细				044				
021					045				
022					046				
023					047				
024					048				

填写说明：填写"预算来源"时，当年预算填"1"，国库集中支付结余填"2"。

附件20:

财政授权支付日报表（经济分类）

代理银行盖章：　　　　　　　　制表日期：　　　　　　　　支付表号：
第　页　共　页
单位：元

序号	预算来源	科目编码（经济分类）	名称	金额	序号	预算来源	科目编码（经济分类）	名称	金额
001			总计		025				
002			其中：当年预算支出		026				
003			国库集中支付结余支出		027				
004			支付合计		028				
005			其中：当年预算支出		029				
006			国库集中支付结余支出		030				
007			退款合计		031	三、国库集中支付结余支出付款明细			
008			其中：当年预算支出		032				
009			国库集中支付结余支出		033				
010	一、当年预算支付款明细				034				
011					035				
012					036				
013					037				
014					038				
015					039	四、国库集中支付结余支出退款明细			
016					040				
017					041				
018					042				
019					043				
020	二、当年预算支出退款明细				044				
021					045				
022					046				
023					047				
024					048				

填写说明　1. 此表为新增附表，需与原《财政授权支付日报表》一并报送。
2. 此表需按经济分类科目编制。

附件21：

财政支出月报表

代理银行盖章：
支付表号：
制表日期：

第 页 共 页
单位：元

预算来源	一级预算单位名称	预算科目（功能分类）		合计		财政直接支付		财政授权支付	
		科目编码	科目名称	本期支出数	累计支出数	本期支出数	累计支出数	本期支出数	累计支出数
	总计								
	当年预算支出合计								
	预算单位名称一		小计						
			科目1						
			…						
	预算单位名称二		小计						
			科目1						
			…						
	…								
	国库集中支付结余支出合计								
	预算单位名称一		小计						
			科目1						
			…						
	预算单位名称二		小计						
			科目1						
			…						
	预算单位名称三		小计						
			科目1						
			…						

填写说明 填写"预算来源"时，当年预算填"1"，国库集中支付结余填"2"。

附件 22：

财政支出月报表（经济分类）

代理银行盖章：
支付表号：
制表日期：

第 页 共 页
单位：元

预算来源	预算科目（经济分类）		合计		财政直接支付		财政授权支付	
	科目编码	科目名称	本期支出数	累计支出数	本期支出数	累计支出数	本期支出数	累计支出数
	总计							
当年预算支出合计								
	科目 1							
	科目 2							
	科目 3							
	…							
国库集中支付结余支出合计								
	科目 1							
	科目 2							
	科目 3							
	…							

填写说明 1. 此表为新增附表，需与原《财政支出月报表》一并报送。
2. 此表需按经济分类科目编制。

第五章 财政部国库集中支付管理相关文件

附件 23：

财政直接支付业务汇总清单

代理银行：　　　　　　　　　日期：　　　　　　　　　第　号

项目	本日发生额	本月累计	本年累计
一、财政直接支付金额合计			
其中：当年预算支出			
国库集中支付结余支出			
1. 支付小计			
其中：当年预算支出			
国库集中支付结余支出			
2. 退款小计			
其中：当年预算支出			
国库集中支付结余支出			
二、与国库单一账户清算金额合计			
1. 支付小计			
2. 退款小计			
三、未与国库单一账户清算金额合计			
1. 支付小计			
2. 退款小计			

附件 24：

财政授权支付业务汇总清单

代理银行：　　　　　　　　　　　　日期：　　　　　　　　　　　　第　号

项目	本日发生额	本月累计	本年累计
一、财政授权支付金额合计			
其中：当年预算支出			
国库集中支付结余支出			
1. 支付小计			
其中：当年预算支出			
国库集中支付结余支出			
2. 退款小计			
其中：当年预算支出			
国库集中支付结余支出			
二、与国库单一账户清算金额合计			
1. 支付小计			
2. 退款小计			
三、未与国库单一账户清算金额合计			
1. 支付小计			
2. 退款小计			

财政部关于印发《中央部门结转和结余资金管理办法》的通知

财预〔2016〕18号

党中央有关部门，国务院各部委、各直属机构，军委后勤保障部，武警各部队，全国人大常委会办公厅，全国政协办公厅，高法院，高检院，各民主党派中央，有关人民团体，新疆生产建设兵团，有关中央管理企业：

　　为了深化部门预算改革，加强和规范中央部门一般公共预算和政府性基金预算结转结余资金管理，优化资源配置，盘活存量资金，提高财政资金使用效益，我部对《中央部门财政拨款结转和结余资金管理办法》（财预〔2010〕7号）进行了修订，制定了《中央部门结转和结余资金管理办法》。现印发给你们，请遵照执行。

附件：
中央部门结转和结余资金管理办法

财政部
2016年2月17日

附件：

中央部门结转和结余资金管理办法

第一章 总 则

第一条 为加强中央部门结转和结余资金（以下简称结转结余资金）管理，优化财政资源配置，提高资金使用效益，根据《中华人民共和国预算法》《中华人民共和国预算法实施条例》以及部门预算管理有关规定，制定本办法。

第二条 本办法所称结转结余资金，是指与中央财政有缴拨款关系的中央级行政单位、事业单位（含企业化管理的事业单位）、社会团体及企业，按照财政部批复的预算，在年度预算执行结束时，未列支出的一般公共预算和政府性基金预算资金。

第三条 结转资金是指预算未全部执行或未执行，下年需按原用途继续使用的预算资金。结余资金是指项目实施周期已结束、项目目标完成或项目提前终止，尚未列支的项目支出预算资金；因项目实施计划调整，不需要继续支出的预算资金；预算批复后连续两年未用完的预算资金。

第四条 按照国库集中收付管理制度，结转结余资金包括国库集中支付结余资金和非国库集中支付结余资金。

第五条 中央部门核算和统计结转结余资金，应与会计账表相关数字保持一致。

第六条 按照本办法管理的结转结余资金应扣除以下两项内容：一是已支付的预付账款；二是已用于购买存货，因存货未领用等原因尚未列支的账面资金。预付账款在以后年度收回资金，或者在以后年度因出售存货收回资金的，收回的资金应按照本办法相关规定管理。

第二章 基本支出结转资金管理

第七条 年度预算执行结束时，尚未列支的基本支出全部作为结转资金管理，结转下年继续用于基本支出。

第八条 基本支出结转资金包括人员经费结转资金和公用经费结转资金。

第九条 编制年度预算时，中央部门应充分预计和反映基本支出结转资金，并结合结转资金情况统筹安排以后年度基本支出预算。财政部批复年初预算时一并批复部门上年底基本支出结转资金情况。

第十条 部门决算批复后，决算中基本支出结转资金数与年初批复数不一致的，应以决算数据作为结转资金执行依据。

第十一条 中央部门在预算执行中因增人增编需增加基本支出的，应首先通过基本支出结转资金安排。

第三章 项目支出结转资金管理

第十二条 项目实施周期内，年度预算执行结束时，除连续两年未用完的预算资金外，已批复的预算资金尚未列支的部分，作为结转资金管理，结转下年按原用途继续使用。

第十三条 基本建设项目竣工之前，均视为在项目实施周期内，年度预算执行结束时，已批复的预算资金尚未列支的部分，作为结转资金管理，结转下年按原用途继续使用。

第十四条 编制年度预算时，中央部门应充分预计和反映项目支出结转资金，并结合结转资金情况统筹安排以后年度项目支出预算。财政部批复年初预算时一并批复部门上年底项目支出结转资金情况。

第十五条 部门决算批复后，决算中项目支出结转资金数与年初批复数不一致的，应以决算数据作为结转资金执行依据。

第四章 项目支出结余资金管理

第十六条 项目支出结余资金包括：项目目标完成或项目提前终止，尚未列支的预算资金；实施周期内，因实施计划调整，不需要继续支出的预算资金；实施周期内，连续两年未用完的预算资金；实施周期结束，尚未列支的预算资金；部门机动经费在预算批复当年未动用的部分。项目支出结余资金原则上由财政部收回。

第十七条 按照基本建设财务管理的有关规定，基本建设项目竣工后，项目建设单位应抓紧办理工程价款结算和清理项目结余资金，并编报竣工财务决算。财政部和相关主管部门应及时批复竣工财务决算。基本建设项目的结余资金，由财政部收回。

第十八条 按照《关于改进加强中央财政科研项目和资金管理的若干意见》（国发〔2014〕11号）精神，中央财政科研项目结余资金中符合相关条件的，报财政部确认后，可在一定期限内由项目单位统筹安排用于科研活动的直接支出。具体管理办法另行制定。

第十九条 年度预算执行结束后，中央部门应在45日内完成对结余资金的清理，将清理情况区分国库集中支付结余资金和非国库集中支付结余资金报财政部。财政部收到中央部门报送的结余清理情况后，应在30日内发文收回结余资金。

第二十条 部门决算批复后，决算中项目支出结余资金数超出财政部已收回结余资金数的，财政部应根据批复的决算，及时发文将超出部分的结余资金收回；决算中项目支出结余资金数低于财政部已收回结余资金数的，收回的资金不再返回中央部门。

第二十一条 年度预算执行中，因项目目标完成、项目提前终止或实施计划调整，不需要继续支出的预算资金，中央部门应及时清理为结余资金并报财政部，由财政部发文收回。

第五章 控制结转资金规模

第二十二条 中央部门应努力提高预算编制的科学性、准确性，合理安排分年支出计划，根据实际支出需求编制年度预算。

第二十三条 预算执行中，中央部门应及时跟踪预算资金使用情况，定期进行统计，分析预算执行中存在的问题及原因，采取措施合理加快执行进度。

第二十四条 对当年批复的预算，预计年底将形成结转资金的部分，除基本建设项目外，中央部门按照规定程序报经批准后，可调减当年预算或调剂用于其他急需资金的支出。

第二十五条 对结转资金中预计当年难以支出的部分，除基本建设项目外，中央部门按照规定程序报经批准后，可调剂用于其他急需资金的支出。连续两年未用完的结转资金，由财政部收回。

第二十六条 中央部门拟调减预算或对结转资金用途进行调剂，应按照规定程序在8月31日前提出申请。财政部收到中央部门申请后，原则上应在9月30日前办理完。

第二十七条 中央部门调减预算或对结转资金用途进行调剂后，相关支出如在以后年度出现经费缺口，应在部门三年支出规划确定的支出总规模内通过调整结构解决。

第二十八条 中央部门结转资金规模较大、占年度支出比重较高的，财政部可收回部分结转资金。

第二十九条 财政部对中央部门控制结转资金情况应加以考核，并对考核情况予以通报。

第三十条 中央部门应对所属单位结转资金规模控制情况进行考核，并建立激励约束机制。

第六章 结转结余资金收回

第三十一条 中央部门应按照财政部收回结转结余资金的文件，及时将资金上交国库，并区分国库集中支付结余资金和非国库集中支付结余资金，按照相关规定办理。

第三十二条 上交国库集中支付结余资金，中央部门应及时调整用款计划，财政部相应调整国库集中支付结余指标。

第三十三条 上交非国库集中支付结余资金，中央部门应在财政部发文规定的时限内将资金上交国库，并将缴款单据印送财政部备查。

第三十四条 对收回的结转结余资金，财政部应按照《财政总预算会计制度》（财库〔2015〕192号）有关规定进行会计处理。

第三十五条 基本建设项目结余资金的收回，按照基本建设项目结余财政资金管理的有关规定执行。

第七章　国库集中支付结余资金管理

第三十六条 年度预算执行结束后，中央部门与财政部就预算指标、资金支出情况进行核对。根据核对情况，财政部于1月31日前将国库集中支付结余数据发给中央部门。

第三十七条 中央部门收到国库集中支付结余数据后，应在15日内将国库集中支付结余资金申报核批表报财政部。财政部收到核批表后，应及时发文批复。申报和批复国库集中支付结余资金时，不得调整支出功能分类科目。

第八章　附　　则

第三十八条 中央部门在结转结余资金管理中违反本办法规定的，财政部应责成其进行纠正。对未及时纠正的，财政部可将有关资金收回。

第三十九条 中央部门可以依据本办法规定，结合部门实际情况，制定本部门结转结余资金管理的具体办法。中国人民解放军、武装警察部队参照本办法的原则，另行制定管理规定。

第四十条 本办法由财政部负责解释。

第四十一条 本办法自发布之日起施行，财政部2010年1月18日发布的《中央部门财政拨款结转和结余资金管理办法》（财预〔2010〕7号）同时废止。

财政部关于中央预算单位 2017 年预算执行管理有关问题的通知

财库〔2016〕207 号

党中央有关部门，国务院各部委、各直属机构，武警部队，全国人大常委会办公厅，全国政协办公厅，高法院，高检院，各民主党派中央，有关人民团体，新疆生产建设兵团，有关中央管理企业，各中央国库集中支付代理银行，西藏自治区财政厅，财政部驻各省、自治区、直辖市、计划单列市财政监察专员办事处：

根据《中华人民共和国预算法》《国务院关于深化预算管理制度改革的决定》（国发〔2014〕45 号）、《国务院关于编制 2017 年中央预算和地方预算的通知》（国发〔2016〕66 号）和财政国库管理制度有关规定，现将中央预算单位 2017 年预算执行管理工作有关事项通知如下：

一、总体要求

（一）为贯彻落实《中华人民共和国预算法》关于"各部门各单位是本部门本单位预算执行主体，负责本部门本单位的预算执行，并对执行结果负责"的有关要求，根据国务院关于推进简政放权、放管结合、优化服务改革的精神和财政部支出经济分类科目改革要求，2017 年将对中央预算单位预算执行管理业务流程和国库集中支付范围划分标准进行适当调整，扩大预算单位用款自主权，加大事前、事中、事后财政监管力度，在保障资金支付安全的基础上，进一步提高财政资金运行的效率和效益。各部门各单位要充分认识本次业务调整的重要意义，认真学习文件精神，尽快适应新业务要求，确保 2017 年预算执行工作顺利开展。

二、提高用款计划编报准确性

（二）自 2017 年开始，预算单位不再向财政部报送财政直接支付和财政授权支付范围划分建议表。

（三）预算单位用款计划报送时间、内容、批复和调整等事项仍按照现行规定执行。用款计划中的资金支付方式由预算单位根据资金使用预计情况编制。各部门各单位要加强预算执行事前规划，提高用款计划编报的准确性，资金使用预计情况发生变化时应及时上报调整用款计划。财政部根据用款计划下达用款额度。

（四）预算单位应严格依据本单位预算指标编制用款计划。预算指标对用款计划的控制机制原则上全部细化到"基层预算单位+支出功能分类科目"。

（五）2016年国库集中支付年终结余资金按如下方式处理：基本支出按预算科目结转，项目支出按预算项目结转。结余资金核定的批复程序、恢复比例等其他事项仍按照现行规定执行。

三、合理划分资金支付方式

（六）预算单位在实际使用资金时，按照财政部规定的支付方式划分标准自行选择对应的资金支付方式。与原用款计划编报的资金支付方式不一致的，需提前调整用款计划。预算单位应当为调整用款计划预留充足时间，避免影响资金支付。

（七）2016年国库集中支付结余资金应按照新的支付方式划分标准重新确定资金支付方式。

（八）除下列规定外，单笔支付金额在500万元（含）以上的支出实行财政直接支付，单笔支付金额在500万元以下的支出实行财政授权支付。

1. 纳入财政统发范围的工资津补贴、离退休费，国有资本经营预算支出，以及财政部规定的有特殊管理要求的支出，实行财政直接支付；

2. 未纳入财政统发范围的工资津补贴、离退休费，奖助学金，社会保险缴费，住房改革支出，日常运行的水费、电费、取暖费支出，需兑换外汇进行支付的支出，以及经财政部批准的其他支出，实行财政授权支付。

四、扩大零余额账户开设范围

（九）使用财政资金的中央高校附属中学、附属小学等预算单位，应开设零余额账户，纳入国库集中支付管理范围。

（十）中央预算单位所属异地、异址办公的非法人独立核算机构，由主管部门报经财政部审核同意，为其开设零余额账户。

五、加强预算单位实有资金账户管理

（十一）各部门各单位要按照财政部有关要求加强实有资金账户管理，按规定程序办理实有资金账户开立、变更和撤销业务，及时报送账户备案和年检资料。中央部门要切实履行账户归口管理职责，对所属预算单位开立实有资金账户情况严格把关。

六、从严控制向实有资金账户划转资金

（十二）除下列支出外，预算单位不得从本单位零余额账户向本单位或本部门其他单位实有资金账户划转资金：

1. 依照《财政部民政部工商总局关于印发〈政府购买服务管理办法（暂行）〉

的通知》（财综〔2014〕96号）等制度规定执行的政府购买服务支出；

2. 确需划转的工会经费、住房改革支出、应缴或代扣代缴的税金，以及符合相关制度规定的工资中的代扣事项；

3. 按照有关制度规定由预算单位与科研项目委托任务承担单位签订科研委托协议或合同，确需将资金支付到委托任务承担单位的；

4. 高等学校、科研单位内部机构之间合理的结算支出，如测试化验加工费用、成本分摊费用等；

5. 尚不能通过零余额账户委托收款的水费、电费、取暖费等；

6. 经财政部审核批准的归垫资金；

7. 报经财政部审核批准的其他资金。

（十三）各部门各单位应将预算细化编制到基层预算单位，从源头上控制从上级预算单位零余额账户向基层预算单位实有资金账户划转资金的行为。对于年初确实无法将预算细化到基层用款单位的，可在执行中按照预算调整程序对预算进行细化，并依据细化调整后的预算进行资金支付。

七、严格执行公务卡制度

（十四）预算单位办理公务卡报销还款业务时，应据实完整填写财政授权支付指令编码中的支出经济分类和支出类型，不再填写简化的"300000"编码，用途填"公务卡还款"。

（十五）各部门要加强对所属预算单位执行公务卡制度情况的监督检查，切实提高公务卡使用率。高校、科研单位等应按照《财政部科技部关于中央财政科研项目使用公务卡结算有关事项的通知》（财库〔2015〕245号）要求，规范科研项目公务卡结算管理。

（十六）代理银行应不断提高公务卡服务质量，简化办卡手续，缩短办卡流程。按照银行卡升级有关规定尽快完成公务卡升级工作，新发放和到期更换的公务卡一律使用芯片卡。

八、强化预算执行动态监控

（十七）财政部将结合资金支付方式划分调整，在全面实施预算执行动态监控基础上，完善预警规则，加大监控力度，按照《财政部关于印发〈中央财政国库动态监控管理暂行办法〉的通知》（财库〔2013〕217号）规定，严肃查处通过违反合同约定人为拆分支付金额等手段规避财政直接支付审核、违规向实有资金账户转款、不按规定履行政府采购程序、违反财经纪律使用财政资金等违规行为，确保资金合规使用。

（十八）财政部驻各地财政监察专员办事处（以下简称专员办）要加强对属地

中央预算单位财政授权支付资金监控,发现违规问题按财政部规定及时进行处理。

(十九)各部门各单位应主动配合财政部调查核实动态监控发现的疑点问题,对确认的违规问题要认真纠正、严肃整改。各部门应加强对所属预算单位的财务监督,加强资金监管,建立健全与财政部监控工作互动机制,形成合力,切实提高监控效率和效果。

九、高度重视会计对账工作

(二十)各部门各单位按照《财政部中国人民银行关于印发〈中央财政国库集中支付会计对账办法〉的通知》(财库〔2011〕180号)及财政国库管理制度有关规定,规范开展会计对账工作,切实保障预算单位、代理银行、财政部、中国人民银行等相关各方会计信息的准确性、一致性。

十、深化非税收入收缴管理改革

(二十一)继续深化非税收入收缴管理制度改革,所有非税收入项目全部实行国库集中收缴。全面实施非税收入收缴电子化,逐步撤销中央财政汇缴专户。切实做好《非税收入一般缴款书》保管、年度审验和核销等工作,及时匹配资金信息。

(二十二)各部门要进一步加强对本部门非税收入收缴的监督管理,督促各执收单位依法征收非税收入,严格执行非税收入有关取消、降低、免征和停征政策,加大欠缴收入清理力度,确保应收尽收、应缴尽缴。

十一、认真开展部门决算管理工作

(二十三)各部门各单位应当根据财政部的工作要求,在全面清理核实收入、支出、资产、负债,并办理年终结账的基础上编制决算。决算编制必须符合法律、行政法规,做到收支真实、数额准确、内容完整、报送及时。

(二十四)各部门应当督促所属预算单位积极配合专员办审核属地预算单位决算工作,按时向专员办报送决算并根据专员办审核意见及时调整决算数据。

(二十五)各部门各单位应加强决算数据分析利用,坚持问题导向,充分发挥决算对预算的反馈促进作用。

(二十六)各部门各单位应当按照党中央、国务院的决策部署,加强决算公开组织工作,完善公开方案,扩大公开范围,细化公开内容,主动回应社会关切。

十二、充分发挥专员办就地监管优势

(二十七)专员办应充分发挥就地监管优势,严格按《财政部关于印发〈财政部驻各地财政监察专员办事处开展财政国库业务监管工作规程〉的通知》(财库

〔2016〕47号)和财政国库管理有关制度规定,加强对属地中央基层预算单位预算执行业务监管,发现问题及时向财政部相关司局报告。

(二十八)专员办应加强财政直接支付审核管理,政府采购支出按照《财政部驻各地财政监察专员办事处财政国库管理制度改革试点资金支付审核管理暂行办法》(财库〔2002〕45号)规定进行审核,非政府采购支出重点审核是否按照预算和有关制度规定进行支付,是否违规向预算单位实有资金账户转款等。财政直接支付审核工作的开展应与财政授权支付动态监控工作紧密结合,必要时进行延伸检查。

十三、其他事项

(二十九)中央一级预算单位本级支出的财政直接支付用款申请全部报财政部(国库司)审核。

(三十)各部门各单位应增强保密意识,严禁通过互联网传送涉密的财政直接支付审核资料。

(三十一)支出经济分类科目改革涉及预算执行管理事宜按照《财政部关于印发〈支出经济分类科目改革试行方案〉的通知》(财预〔2016〕135号)规定执行,支付指令按照政府预算经济分类科目填写。

(三十二)按照财政信息化建设总体要求,财政部国库支付系统正在进行升级改造。新系统上线运行后,除整体涉密单位外,中央预算单位将从2016年底开始分批迁移到新系统。各部门各单位上线的具体安排和业务操作规定等事宜财政部将另行发文通知。

财政部
2016年11月28日

关于调整中央预算单位银行账户管理有关事项的通知

财库〔2016〕210号

党中央有关部门，国务院各部委、各直属机构，全国人大常委会办公厅，全国政协办公厅，高法院，高检院，各人民团体，新疆生产建设兵团，中央财政预算单列的企业集团总公司，财政部驻各省、自治区、直辖市、计划单列市财政监察专员办事处，中国人民银行上海总部、各分行、营业管理部，各省会（首府）城市中心支行，深圳市中心支行：

按照中央全面深化改革要求，为贯彻落实国务院关于"简政放权、放管结合、优化服务"的改革精神，完善中央预算单位（以下简称中央单位）银行账户管理，进一步理顺管理职责，财政部、中国人民银行决定对《财政部中国人民银行监察部审计署关于印发〈中央预算单位银行账户管理暂行办法〉的通知》（财库〔2002〕48号）及其补充规定中的单位范围、管理方式及年检工作等事项进行调整。现通知如下：

一、调整银行账户管理的单位范围

下列中央单位，财政部门将不再进行账户审批、备案等管理，相关银行账户管理工作交由中央单位自主负责。具体包括：

（一）无财政预算拨款的中央企业集团总公司及所属单位；

（二）无财政预算拨款的政企合一单位；

（三）与中央单位存在代管或挂靠关系，但无财政预算拨款的学会、协会、研究会、基金会、各种中心等社团组织；

（四）按照中共中央办公厅、国务院办公厅印发的《行业协会商会与行政机关脱钩总体方案》，已取消与行政机关主办、主管、联系或挂靠关系的单位；

（五）其他无财政预算拨款的单位。

本通知所称"无财政预算拨款"单位，是指未列入中央财政部门预算，无"财政拨款收入"或"财政补助收入"的单位。除本通知规定的上述五类单位外，其他中央单位银行账户管理工作仍按财库〔2002〕48号文件、有关补充规定及本通知规定执行。

二、调整银行账户审批、备案管理方式

对纳入管理范围的中央单位银行账户管理方式做如下调整：

（一）基本存款账户、外汇账户、专用存款账户继续实行审批管理方式；

（二）贷款转存款账户由备案管理方式调整为单位自主管理方式；

（三）党费账户、工会经费账户、房改资金账户、离退休经费账户、定期存款账户，以及中央单位所属医院、门诊部为核算病人看病费用开设的有关银行账户等，由目前的审批或备案管理方式，全部调整为备案管理方式。

三、调整银行账户年检方式

对纳入管理范围的中央单位银行账户年检方式做如下调整：

（一）将目前按年开展的年检方式，调整为每两年一个年检周期、每年按账户数量50％比例进行审检的方式。对年检结论为不合格或存在问题的中央单位，下一年度需继续实行年检。每年度审检单位的具体名单，由财政部、各财政监察专员办事处分别按照管理的中央单位范围研究确定。

（二）建立中央单位银行账户抽检机制。财政部和各财政监察专员办事处、中国人民银行和各分支机构，在各自的职责范围内，每年按照管理单位总量约3％的比例，对中央单位账户管理情况开展实地抽查，对抽查中发现的问题，按规定予以严肃处理。

四、有关工作要求

（一）高度重视，抓好组织落实。各中央部门要高度重视此次调整工作，及时将调整事项具体内容通知所属基层单位，并做好政策宣传和工作指导，确保各基层单位全面掌握调整事项具体要求。各中央部门要及时梳理统计本部门所属各单位预算管理情况，在收到本通知1个月内，将本部门财政预算拨款单位和无财政预算拨款单位名单报财政部（国库司），并抄送中国人民银行（支付结算司）。后续管理中，如所属单位预算管理关系发生调整变化，应在2个月内，将变动情况和有关证明材料由中央部门书面报财政部（国库司），并抄送中国人民银行（支付结算司）。

（二）严格管理，规范财务行为。各级中央单位要继续加强账户和资金的统筹管理，除工会经费、住房公积金、提租补贴以及经财政部批准的特殊款项外，禁止将单位零余额账户资金违规转入本单位或上级主管单位、所属下级单位实存资金账户。财政部将进一步强化预算执行动态监控管理，重点监控中央单位内部零余额账户与其他各类账户之间、中央单位相互之间违规划转资金的行为，发现违规问题的，将按有关规定严肃处理。

（三）完善机制，强化监管职责。财政部驻各地财政监察专员办事处要将中央单位银行账户管理列入财政综合监管的重点内容，发挥属地监管优势，加强管理监督；认真梳理属地中央单位范围和银行账户类型，做好政策调整后的账户审批、备案管理工作，对于不再纳入管理范围的中央单位，做好账户信息资料存档工作；科学安排年检工作次序，结合监管工作重点，合理确定年度抽检单位名单；综合运用账户监管成果，按时向财政部报送年检报告，并将年检和抽检中发现的问题及时通报人民银行当地分支机构。人民银行各分支机构按照本通知有关调整事项，要求开户银行做好相关工作。

本通知自印发之日起执行。各有关单位在执行中如遇问题，请及时告知财政部（国库司），联系电话：010－68553256。

财政部　中国人民银行
2016 年 12 月 5 日

财政部关于进一步加强财政部门和预算单位资金存放管理的指导意见

财库〔2017〕76号

党中央有关部门，国务院各部委、各直属机构，全国人大常委会办公厅，全国政协办公厅，高法院，高检院，各民主党派中央，有关人民团体，新疆生产建设兵团，各省、自治区、直辖市、计划单列市财政厅（局），有关银行业金融机构：

　　近年来，各地区、各部门在加强财政部门和预算单位资金存放管理方面做了大量工作，取得一定成效，但还面临许多亟待解决的问题。主要表现在：有的地方和部门资金存放管理不够透明，存在廉政风险甚至利益输送现象；资金存放管理不够规范，存在资金安全隐患；资金存放管理不够科学，选择资金存放银行未综合考虑安全性、流动性和收益性等因素。各地区、各部门应当充分认识当前资金存放管理中存在的问题和面临的风险，从加强党风廉政建设和完善公共财政治理体系的高度，切实提高思想认识，加强组织领导，以高度的责任感做好财政部门和预算单位资金存放管理工作。为进一步规范财政部门和预算单位资金存放行为，经国务院同意，现就进一步加强财政部门和预算单位资金存放管理提出以下指导意见。

一、主要目标和基本原则

（一）主要目标。建立健全科学规范、公正透明的财政部门和预算单位资金存放管理机制，防范资金存放安全风险和廉政风险，发挥暂时闲置资金支持经济发展的重要作用，提高资金存放综合效益。

（二）基本原则。财政部门和预算单位资金存放管理应遵循以下原则：

依法合规。资金存放应当符合法律法规和政策规定，符合廉政建设要求。

公正透明。资金存放银行选择应当公开、公平、公正，程序透明，结果透明，兼顾效率。

安全优先。资金存放应当以确保资金安全为前提，充分评估资金存放银行经营状况，防止出现资金安全风险事件。

科学评估。综合考虑资金安全性、流动性、支持经济发展、资金收益等因素，科学设置资金存放银行评选指标。

权责统一。实施资金存放的单位应当履行资金存放管理的主体责任，组织好资金存放管理工作,保证资金存放平稳有序。

二、严格规范资金存放银行的选择方式

除国家政策已明确存放银行和涉密等有特殊存放管理要求的资金外,财政部门和预算单位应当按照规定采取竞争性方式或集体决策方式选择资金存放银行。

(一)竞争性方式。需开展资金存放的财政部门或预算单位(以下简称资金存放主体)应就选择资金存放银行事宜公开邀请银行报名参与竞争,采用综合评分法进行评分,根据评分结果择优确定资金存放银行。主要流程包括:资金存放主体或受其委托的中介机构发布资金存放银行竞争性选择公告,载明资金存放事宜、参与银行基本资格要求、报名方式及需提供材料、报名截止时间等事项;资金存放主体或受其委托的中介机构组建由资金存放主体内部成员和外部专家共同组成的评选委员会,采用综合评分法对符合基本资格要求的参与银行进行评分;资金存放主体根据评选委员会评分结果择优确定资金存放银行并对外公告。资金存放主体应当制定具体操作办法,对参与银行基本资格要求、操作流程、评选委员会组成方式、具体评选方法、监督管理等内容作出详细规定。

(二)集体决策方式。资金存放主体组织对备选银行采用综合评分法进行评分,将评分过程和结果提交单位领导办公会议集体讨论,集体决定资金存放银行。中央部门可由负责账户管理的内设机构领导办公会议集体讨论商议存放银行,并报本部门负责同志审定。备选银行应当遵循公平、公正的原则选取,一般不得少于3家。资金存放主体所在地银行少于3家的,按实际数量确定备选银行。备选银行的评分情况、会议表决情况和会议决定等内容应当在领导办公会议纪要中反映,并在单位内部显著位置予以公告。以集体决策方式选择资金存放银行,对资金存放主体的主要领导干部、分管资金存放业务的领导干部以及相关业务部门负责人应实行利益回避制度,不得将本单位公款存放在上述人员的配偶、子女及其配偶和其他直接利益相关人员工作的银行。

三、科学制定综合评分法的评分指标和评分标准

综合评分法的评分指标和评分标准的具体设置,应当遵循客观、公正、科学的原则。

(一)评分指标。主要包括经营状况、服务水平、利率水平等方面。经营状况方面的指标应能反映资金存放银行的资产质量、偿付能力、运营能力、内部控制水平等。服务水平方面的指标应能反映资金存放银行提供支付结算、对账、分账核算等服务的能力和水平。利率水平主要指定期存款利率等,利率应当符合国家利率政策规定。具体指标由资金存放主体根据实际情况和管理要求设置。地方政府财政部门可结合本地实际,研究设置反映资金存放银行对小微企业、三农、扶

贫领域贷款等支持经济发展贡献度的相关指标。

（二）评分标准。评分标准主要明确各项评分指标的权重和计分公式，由资金存放主体结合实际情况和管理要求设置。

四、加强财政专户资金存放管理

（一）财政部门新开立财政专户存放资金和变更财政专户开户银行存放资金，一般应当采取竞争性方式选择资金存放银行。资金量较小的，可采取集体决策方式选择资金存放银行，资金量标准由省级财政部门结合本地区实际情况统一确定。

（二）财政专户资金转为定期存款、协定存款、通知存款的，一般在财政专户开户银行办理。社会保险基金等大额财政专户资金，可以转出开户银行进行定期存款，定期存款银行应当采取竞争性方式选择，在增强资金存放透明度的同时实现资金保值增值。粮食风险基金等国务院批准保留的专项支出类财政专户资金和待缴国库非税收入资金、外国政府和国际金融组织贷款和赠款资金，一律不得转出开户银行进行定期存款。

省级财政部门开展财政专户资金转出开户银行定期存款，应当制定具体操作办法并报省级人民政府同意。省级以下财政部门是否开展财政专户资金转出开户银行定期存款，由省级财政部门规定。

五、加强预算单位银行账户资金存放管理

（一）预算单位（不包括财政预算单列的企业，下同）新开立银行结算账户存放资金和变更银行结算账户开户银行存放资金，一般采取集体决策方式选择资金存放银行，鼓励有条件的预算单位采取竞争性方式选择资金存放银行。

（二）预算单位银行结算账户资金转为定期存款、协定存款、通知存款的，一般在开户银行办理。预算单位银行结算账户内的事业收入、经营收入等非财政补助收入资金，在扣除日常资金支付需要后有较大规模余额的，可以按照财政部门的规定转出开户银行进行定期存款，定期存款银行应当采取竞争性方式选择。到期后不需要收回使用的定期存款可以在原定期存款银行续存，累计存期不超过2年。

中央和省级预算单位开展银行结算账户资金转出开户银行定期存款的单位范围、资金规模，分别由财政部和省级财政部门规定。省级以下预算单位是否开展银行结算账户资金转出开户银行定期存款，由省级财政部门规定。

六、加强资金存放银行管理与约束

（一）加强资金存放银行管理。资金转出开户银行进行定期存款的，资金存放主体应当严格控制每次定期存款的银行数量，并与定期存款银行签订协议，全面、清晰界定双方权利和义务。资金存放银行出现重大安全风险事件或者经营状况恶化影响资金存放安全的，资金存放主体应当及时收回资金。

（二）防范资金存放银行利益输送行为。资金存放主体新选择资金存放银行时，应当要求资金存放银行出具廉政承诺书，承诺不得向资金存放主体相关负责人员输送任何利益，承诺不得将资金存放与资金存放主体相关负责人员在本行亲属的业绩、收入挂钩。凡发现并经核实资金存放银行未遵守廉政承诺或者在资金存放中存在其他利益输送行为的，资金存放主体应当及时收回资金，并由财政部门进行通报，在一定期限内取消该银行参与当地财政部门和预算单位资金存放的资格。

（三）规范银行吸存行为。银行应按照监管要求，进一步规范存款经营行为，完善绩效考核机制，并强化监管和问责。

七、工作要求

（一）加强资金流量预测，确保资金支付需要。财政部门和预算单位开展定期存款操作的，应当科学预测资金流量，合理确定开展定期存款操作的资金规模和期限，确保资金支付需要。除社会保险基金等按照国家规定开展保值增值管理的资金外，定期存款期限一般控制在1年以内（含1年）。

（二）加强资金存放内部控制和监督检查，防范风险事件。财政部门和预算单位要建立健全资金存放内部控制办法，通过流程控制和制度控制，强化各环节有效制衡，防范资金存放风险事件。财政部门和预算单位领导干部不得以任何形式违规干预、插手资金存放。财政部门要加强预算单位资金存放的监督检查，并对下级财政部门资金存放管理进行监督指导，及时发现和纠正资金存放中的违规问题。

（三）严格执行账户管理规定，提高资金存放规范性。财政部门和预算单位资金存放涉及开立银行账户的，应当严格执行财政专户和预算单位银行账户管理制度有关规定。财政部门和预算单位不得以资金转出开户银行进行定期存款为由，在定期存款银行新开立财政专户或预算单位银行结算账户。财政部门和预算单位不得采取购买理财产品的方式存放资金。各级财政部门要按照国务院和财政部有关规定，全面清理整顿存量财政专户。各地区、各部门要切实加强预算单位银行账户审批、备案、年检等管理工作，加大预算单位银行账户清理力度，从严控制预算单位银行账户数量。

（四）盘活银行账户存量资金，充分发挥财政资金作用。预算单位应按照国务院和财政部有关规定，盘活银行账户内的一般公共预算和政府性基金预算存量资金，提高财政资金使用效益。

（五）国库资金存放管理应严格按照财政部和中国人民银行关于国库现金管理

的有关规定执行。

（六）严肃查处资金存放违法违纪行为，通报曝光典型案例。各级领导干部要严格遵守廉洁自律有关规定，不得以任何形式违规干预、插手资金存放。对资金存放过程中的违规行为，财政部门应及时予以纠正，涉嫌违法违纪的，应移交有关部门查处和问责。对资金存放违法违纪典型案例应予以通报曝光，发挥警示教育作用。

各地区、各部门要充分认识加强财政部门和预算单位资金存放管理的重要性和紧迫性，严格落实本意见各项规定，确保加强资金存放管理工作取得实效。各省、自治区、直辖市、计划单列市财政厅（局）要结合本地区实际情况，制定具体的资金存放管理实施办法，报财政部备案。

财政部

2017 年 3 月 31 日

关于加强和规范中央预算单位未纳入财政统发范围的工资支付管理有关事项的通知

财办库〔2017〕170号

党中央有关部门办公厅（室），国务院各部委、各直属机构办公厅（室），武警各部队后勤（财务）部门，全国人大常委会办公厅机关事务管理局，全国政协办公厅机关事务管理局，高法院办公厅，高检院办公厅，各民主党派中央办公厅，有关人民团体办公厅（室），新疆生产建设兵团财务局，有关中央管理企业财务部门，各中央国库集中支付代理银行机构业务部门，西藏自治区财政厅，财政部驻各省、自治区、直辖市、计划单列市财政监察专员办事处：

近年来，国库集中支付运行机制不断优化，中央预算单位预算资金支付管理水平明显提高。但一些中央预算单位也存在将未纳入财政统发范围的工资（以下简称非统发工资）从零余额账户违规转入单位实有资金账户的问题，为进一步加强和规范工资支付管理，现就有关事项通知如下：

一、中央预算单位发放非统发工资应严格执行国库集中支付制度。预算单位在发放非统发工资时实行财政授权支付，可通过本单位零余额账户将资金批量支付到最终收款人账户，也可通过零余额账户开户行设置的代发工资户批量支付到最终收款人账户。预算单位应严格按照财政部关于中央预算单位预算执行管理的有关要求发放非统发工资，除确需划转的工会经费、住房改革支出、应缴或代扣代缴的税金以及符合相关制度规定的工资中的代扣事项外，严禁从零余额账户向本单位或本部门其他单位实有资金账户划转资金。

二、各部门要全面掌握所属预算单位非统发工资的支付情况，进一步加强指导和监督。存在将非统发工资从零余额账户违规转入单位实有资金账户问题的预算单位，要制定整改计划限期完成整改。整改情况应于2017年10月底前报送财政部（国库司）。

三、财政部（国库司）依托财政国库动态监控系统，对中央部门本级非统发工资的支付实施动态监控。财政部驻各地财政监察专员办事处应依托财政国库动态监控系统，实时监控属地二级及以下预算单位的非统发工资支付情况，发现违规问题及时予以纠正，并将监控处理情况报送财政部（国库司）。

四、各中央国库集中支付代理银行应合理设置代发工资户名称，账户名称需包含"代发"字样,避免与预算单位实有资金账户的名称混淆,并准确向财政国库动态监控系统反馈账户相关信息。同时,应确保各级分支行系统支持非统发工资的跨行批量处理业务。

财政部办公厅
2017 年 9 月 26 日

财政部关于中央预算单位 2018 年预算执行管理有关问题的通知

财库〔2017〕207 号

党中央有关部门，国务院各部委、各直属机构，武警各部队，全国人大常委会办公厅，全国政协办公厅，高法院，高检院，各民主党派中央，有关人民团体，有关中央管理企业，各中央国库集中支付代理银行，西藏自治区财政厅，财政部驻各省、自治区、直辖市、计划单列市财政监察专员办事处：

根据《中华人民共和国预算法》《国务院关于深化预算管理制度改革的决定》（国发〔2014〕45 号）、《国务院关于编制 2018 年中央预算和地方预算的通知》（国发〔2017〕52 号）和财政国库管理制度有关规定，现将中央预算单位 2018 年预算执行管理工作有关事项通知如下：

一、总体要求

（一）2018 年是全面贯彻落实党的十九大精神和习近平新时代中国特色社会主义思想的开局之年。各部门各单位要按照十九大报告提出的"建立全面规范透明、标准科学、约束有力的预算制度，全面实施绩效管理"的要求，进一步加强预算执行管理，强化预算单位作为预算执行主体的地位；完善国库集中支付运行机制，落实支出经济分类科目改革，积极推进新版中央国库支付管理系统（以下简称新国库支付系统）上线相关工作；严格执行公务卡制度，减少现金提取和使用；调整国家科技重大专项（民口）（以下简称民口科技重大专项）资金支付流程；继续深化非税收入收缴管理改革；加强预算单位实有资金账户管理，严格执行预算单位银行账户资金存放管理制度；加强预算执行动态监控，从严控制向实有资金账户划转资金；在保障资金安全的基础上，加快预算执行进度，进一步提高财政资金运行的效率和效益。

二、完善国库集中支付运行机制

（二）预算单位要严格依据本单位预算指标编制用款计划，加强预算执行事前规划，提高用款计划编报的准确性。用款计划中的资金支付方式由预算单位根据资金使用预计情况编制，资金使用预计情况发生变化时应及时上报调整用款计划。

（三）预算单位在实际使用资金时，按照财政部规定的支付方式划分标准自行选择对应的资金支付方式。

（四）除下列规定外，单笔支付金额在 500 万元（含）以上的支出实行财政直接支付，单笔支付金额在 500 万元以下的支出实行财政授权支付。

1. 纳入财政统发范围的工资津贴补贴、离退休费，国有资本经营预算支出，以及财政部规定的有特殊管理要求的支出，实行财政直接支付；

2. 未纳入财政统发范围的工资津贴补贴、离退休费，奖助学金、国家助学贷款贴息及风险补偿金、来华留学经费，社会保险缴费，住房改革支出，日常运行的水费、电费、应由单位承担的支付给供热企业的取暖费，需兑换外汇进行支付的支出，以及经财政部批准的其他支出，实行财政授权支付。

（五）继续扩大零余额账户开设范围。使用财政资金的中央高校附属中学、附属小学等预算单位，应开设零余额账户，纳入国库集中支付管理范围。中央预算单位所属异地、异址办公的非法人独立核算机构，由主管部门报经财政部审核同意，为其开设零余额账户。

（六）严格控制向实有资金账户划转资金。除下列支出外，预算单位不得从本单位零余额账户向本单位或本部门其他单位实有资金账户划转资金：

1. 依照《财政部民政部工商总局关于印发〈政府购买服务管理办法（暂行）〉的通知》（财综〔2014〕96号）等制度规定执行的政府购买服务支出；

2. 确需划转的工会经费、住房改革支出、应缴或代扣代缴的税金，以及符合相关制度规定的工资中的代扣事项；

3. 按照有关制度规定由预算单位与科研项目委托任务承担单位签订科研委托协议或合同，确需将资金支付到委托任务承担单位的；

4. 高等学校、科研单位内部机构之间合理的结算支出，如测试化验加工费用、成本分摊费用等；

5. 尚不能通过零余额账户委托收款的水费、电费、取暖费等；

6. 经财政部审核批准的归垫资金；

7. 报经财政部审核批准的其他资金。

各部门各单位要将预算细化编制到基层预算单位，从源头上控制从上级预算单位零余额账户向基层预算单位实有资金账户划转资金的行为。对于年初确实无法将预算细化到基层用款单位的，可在执行中按照预算调整程序对预算进行细化，并依据细化调整后的预算进行资金支付。

（七）加强国库集中支付结余资金管理。各部门和有关中央管理企业要以办公厅（财务司）名义向财政部（部门预算管理司）申报国库集中支付结余资金，财政部将以办公厅名义发文确认。

2018年起，中央部门在年初结余资金申报环节不允许申请调整结余资金，如确需调整国库集中支付结余资金，由部门在年度预算执行中，按照预算管理有关规定另行以部发文申请。

（八）严格执行公务卡制度。各部门各单位要严格执行公务卡强制结算目录，完善公务卡内部管理规则，减少现金提取和使用，切实提高公务卡使用率。公务卡发卡银行要进一步提高公务卡服务质量，优化公务卡刷卡环境，在保障资金安全的基础上，不断拓展公务卡应用场景。

（九）加强工资支付管理。各部门各单位要严格按照国库集中支付制度有关规定发放工资。预算单位在发放非统发工资时实行财政授权支付，可通过本单位零余额账户将资金批量支付到最终收款人账户，也可通过零余额账户开户行设置的代发工资户批量支付到最终收款人账户。最终收款人账户开户行为中央国库集中支付代理银行（以下简称代理银行）时，预算单位还可使用最终收款人账户开户行设置的代发工资户发放非统发工资。代理银行应按有关规定设置代发工资户名称，保证账户名称包含"代发"字样，避免与预算单位实有资金账户的名称混淆。

最终收款人账户开户行不是代理银行时，预算单位在发放非统发工资时应协商最终收款人账户开户行合理设置代发工资户名称，账户名称需包含"代发"字样。

（十）2018年中央企业基本支出用款计划的编报与审核流程按现行规定执行。项目支出和国有资本经营预算的用款计划根据拨款进度要求在系统中自动生成。

三、做好支出经济分类科目改革预算执行工作

（十一）各部门各单位应严格按照财政部关于支出经济分类科目改革要求，在支付指令中准确填写政府预算经济分类科目。各部门各单位预算会计核算使用部门预算经济分类科目记账，财政总预算会计按支付指令中记录的政府预算经济分类科目记账，代理银行要向财政部（国库司）及时、准确反馈支付指令中的政府预算经济分类科目信息。各部门各单位预算会计核算涉及的部门预算支出经济分类科目要与支付指令中使用的政府预算支出经济分类科目保持严格的对应关系。

（十二）各部门各单位应按要求强化预算约束，减少预算执行中的预算调整事项，不得突破政府预算经济分类"类"级科目。执行中如确需对政府预算经济分类"类"级科目调剂的，应当报财政部（部门预算管理司）批准，不得自行办理；需要对政府预算经济分类"款"级科目调剂的，由各部门自行审核办理，并报财政部（部门预算管理司）备案。对于未按政府预算经济分类科目调剂规定执行的，财政部将按照有关规定严肃处理。

（十三）各部门各单位办理国库集中支付支出经济分类科目更正时，财政直接支付使用《财政直接支付更正汇总申请书》进行更正；财政授权支付使用《财政授权支付更正（退回）通知书》进行更正。

（十四）部门决算编制使用部门预算经济分类科目，以部门（单位）预算会计

核算数据为基础生成。政府决算编制使用政府预算经济分类科目，以财政总预算会计数据为基础生成。各部门各单位要在 2017 年度部门决算中按支出经济分类科目试编具体项目支出，准确反映支出信息。

（十五）各部门各单位要配合财政部（国库司）做好支出经济分类科目账务核算信息核对工作，确保财政总预算会计核算的政府预算经济分类科目信息和部门（单位）预算会计核算的部门预算经济分类科目信息相衔接。

四、推进新国库支付系统上线相关工作

（十六）按照财政信息化建设总体方案要求，符合条件的中央预算单位将分批从现行国库支付管理系统迁移到新国库支付系统办理业务。新国库支付系统中预算指标直接控制资金支付，控制机制全部细化到"基层预算单位＋支出功能分类科目＋基本支出/项目支出＋人员经费/公用经费/预算项目＋政府预算经济分类类级科目"。

（十七）新国库支付系统中，应严格将预算指标对应到执行单位。

预算不单列但在支付环节需要独立执行的（如中央预算单位所属异地、异址办公的非法人独立核算机构），由主管部门报经财政部（国库司）审核同意，为其开设零余额账户。有拆分权限的预算单位在新国库支付系统中将列在本单位的可执行指标进行拆分，生成执行单位的可执行指标。

预算单列但因管理需要尚未开设零余额账户、资金支付由其他单位代为执行的，应由主管部门将其预算指标对应到实际执行单位。

（十八）用款计划编制包括全年用款计划和月度用款计划。

全年用款计划用于现金流量预测和考核，不对资金支付进行控制。基层预算单位编制全年用款计划，由部门审核汇总后报财政部。

月度用款计划主要用于生成用款额度，对资金支付进行额度校验。月度用款计划按照预算科目（功能分类）编制，不再填列预算项目。预算单位当年累计支付金额不得超过当年已下达的月度用款计划。基层预算单位根据预算指标和支出情况预测编制下月月度用款计划，并直接报送财政部。

（十九）中央预算单位迁入新国库支付系统办理业务后，具体资金支付业务按照《财政部关于启用新版中央国库支付管理系统确定第一批试点单位有关事宜的通知》（财库〔2017〕168 号）有关规定执行。

五、调整民口科技重大专项资金支付流程

（二十）根据《财政部科技部发展改革委关于印发〈国家科技重大专项（民口）资金管理办法〉的通知》（财科教〔2017〕74 号）有关规定，2018 年 1 月 1 日起，民口科技重大专项资金不再通过特设账户拨付，资金统一按照国库集中支付

制度有关规定,通过项目管理专业机构的零余额账户支付到项目(课题)牵头承担单位,尚未委托项目管理专业机构的民口科技重大专项,资金通过牵头组织单位的零余额账户支付到项目(课题)牵头承担单位。项目管理专业机构要督促项目(课题)预算执行,监督检查项目(课题)资金使用情况,建立健全民口科技重大专项项目(课题)资金管理、财务验收和内部监督等制度。

(二十一)2017年及以前年度已支付到特设账户的民口科技重大专项资金,仍按照现行规定支付使用,现有特设账户的后续处理方式财政部将另行发文明确。

六、深入推进非税收入收缴工作

(二十二)各部门各单位要进一步加强非税收入收缴管理,按规定将所有非税收入全部实行国库集中收缴,严格非税收入收缴银行账户的使用管理,按规定的缴库方式和时限及时办理收缴业务,认真做好《非税收入一般缴款书》保管、使用、年度审验和核销等工作;要进一步优化非税收入征缴业务流程,加强收缴电子化管理,不断提高非税收入征管效率和便民服务水平。

(二十三)各部门各单位要加强对本部门非税收入收缴的监督管理,督促所属执收单位依法征收非税收入,严格执行非税收入的取消、停征、减征、免征和缓征政策,加大欠缴收入清理力度,确保非税收入应收尽收、足额入库。

七、做好预算单位实有资金账户管理和资金存放管理

(二十四)各部门各单位要按照财政部有关要求加强实有资金账户管理。严格执行《财政部中国人民银行关于调整中央预算单位银行账户管理有关事项的通知》(财库〔2016〕210号)有关规定,合理确定纳入银行账户管理的基层单位范围,根据调整后的银行账户审批、备案管理方式加强账户分类管理,并按照财政部确定的年检单位范围和时限报送年检审核材料。中央部门要切实履行账户归口管理职责,对所属预算单位开立实有资金账户情况严格把关。

(二十五)中央预算单位要严格落实《财政部关于进一步加强财政部门和预算单位资金存放管理的指导意见》(财库〔2017〕76号)和《财政部关于印发〈中央预算单位资金存放管理实施办法〉的通知》(财库〔2017〕176号)规定,建立健全科学规范、公正透明的资金存放管理机制,防范资金存放安全风险和廉政风险。

八、强化预算执行动态监控

(二十六)各部门各单位要高度重视预算执行动态监控工作在国库集中支付改革中的积极作用,主动配合财政部调查核实动态监控发现的疑点问题,对确认的违规问题要认真纠正、严肃整改。各部门应加强对所属预算单位的财务监督,加强资金监管,建立健全与财政部监控工作互动机制,形成合力,切实提高监控效

率和效果。

（二十七）财政部驻各地财政监察专员办事处应充分发挥就地监管优势，严格按《财政部关于印发〈财政部驻各地财政监察专员办事处开展财政国库业务监管工作规程〉的通知》（财库〔2016〕47号）和财政国库管理有关制度规定，加强对属地中央基层预算单位预算执行业务监管，发现问题及时向财政部相关司局报告。

财政部
2017年12月22日

关于印发《机构改革涉及部门办理资金支付和采购业务服务指南》的通知

财库便函〔2018〕121号

有关部门办公厅（财务司）：

为做好机构改革涉及部门资金支付和采购业务工作，保障机构改革顺利进行，我们研究制定了《机构改革涉及部门办理资金支付和采购业务服务指南》（附后），现印发给你们，供办理业务时参考。

在业务办理过程中，如遇特殊情况，请及时向我们反映，共同研究解决。

附件：

机构改革涉及部门办理资金支付和采购业务服务指南

财政部国库司

2018年4月4日

附件：

机构改革涉及部门办理资金支付和采购业务服务指南

一、开设零余额账户

（一）财政部（国库司审核一、二处）依据新成立部门纳入一级预算单位的通知，直接发文将新组建部门纳入国库集中支付管理。

（二）新成立部门一级单位在财政授权支付11家代理银行（工行、农行、中行、建行、交行、光大、中信、招商、邮储、民生、浦发）中自主选择1家代理银行分支机构、作为其财政授权支付业务经办行，填制《财政授权支付开户银行情况汇总申请表》，并附申请材料报送财政部（国库司支付处）。财政部审核无误后通知代理银行办理单位零余额账户账号配置手续。

（三）代理银行为预算单位配置零余额账户后，报送财政部。财政部（国库司支付处）将预算单位零余额账户开设情况通知一级预算单位。

（四）一级预算单位根据财政部国库司通知办理预留财政印鉴手续，供财政直接支付审核使用。

（五）一级预算单位到各自的零余额账户开户行办理预留银行印鉴手续。可授权他人办理，除出具相应的证明文件外，还应出具其法定代表人或单位负责人的授权书及身份证件，以及被授权人的身份证件；也可由法定代表人或单位负责人直接办理，除出具相应的证明文件外，还应出具法定代表人或单位负责人的身份件。

（六）代理银行为预算单位办理零余额账户预留印鉴时，一般审核以下资料：

1. 统一社会信用代码证书；（若尚未办理，国库司可协调代理银行暂不提供，以后补齐）

2. 预算单位机构设置的批准文件；

3. 财政部同意开户的批准文件；

4. 预算单位预留印鉴；

5. 根据《人民币银行结算账户管理办法》规定，单位还应出具其开立基本存款账户的证明文件和基本存款账户开户登记证等。（若尚未办理，国库司可协调代理银行暂不提供，以后补齐）

联系人：国库司支付处　董罡 68552295

二、开设基本存款账户

（一）新成立部门。

新成立的一级部门，可按规定开立1个基本存款账户及其他相关账户。部门选择开户银行应按照《中央预算单位资金存放管理实施办法》（财库〔2017〕176号）有关规定执行。办理流程：

1. 新成立部门向财政部（国库司总会计一处）报送申请开立基本存款账户的函，并附《中央一级预算单位开立银行账户申请表》及统一社会信用代码证书复印件；

2. 财政部国库司按程序办理银行账户开立审批；

3. 对同意开立的行账户，财政部国库司向部门出具《中央预算单位开立银行账户批复书》；

4. 部门持《中央预算单位开立银行账户批复书》至选定的开户银行办理具体开户手续。

（二）机构整合部门。

机构整合部门可在原部门银行账户内继续办理资金支付业务。待新机构整合到位后，及时向财政部（国库司总会计一处）来函申请开立相关银行账户（办理流程同上），原部门各自保留的银行账户分别撤销，并向财政部（国库司总会计一处）备案。

（三）机构名称调整部门。

机构名称调整部门，仍可在原部门银行账户内办理资金支付业务。新的机构名称批复后，可持统一社会信用代码证书及相关资料至开户银行办理银行账户名称变更手续，并向财政部（国库司总会计一处）备案。

（四）机构撤销部门。

机构撤销部门在完成机构改革各项工作任务后，可自行至开户银行撤销原部门开立的全部银行账户，并向财政部（国库司总会计一处）备案。

联系人：国库司总会计一处　张挺 68553256

三、资金支付

（一）新成立部门。

1. 按照本指南第一部分流程，新成立部门纳入国库集中支付管理范围，并开立零余额账户。

2. 按照本指南第六部分开展安装款件、联网等准备工作。（采用联网方式需至少一个月，采用报盘方式可迅速投入使用）

3. 按照国库集中支付管理规定办理资金支付手续。

（二）机构整合部门和机构名称调整部门。

1. 部门和单位有关职责、机构和人员转隶前，暂按原预算部门和单位支付资金。

2. 有关职责、机构和人员转隶后，部门和单位应申请办理有关变更手续。

3. 预算单位填报支付申请（指令）上所盖印章应与预留印鉴一致。若印鉴发生变更，应及时办理有关预留印鉴变更手续。

4. 2017年度国库集中支付结余资金按照新部门加注原部门名称的方式批复，结余核定表数据使用原部门数据，如核批国家市场监督管理总局（原国家食品药品监督管理总局）2017年度国库集中支付结余资金。因机构职能调整，2017年度国库集中支付结余需要相应划转的，由部门司在批复2018年度预算调整申请时一并批复。

联系人：国库司审核一处　杨凤亮 68553340
　　　　国库司审核二处　沈志华 68551818

四、政府采购

对于正常运转急需的办公设备、家具等用品，新组建部门可从中央国家机关政府采购中心确定的协议供货范围中直接选购。对于为保障运转需要暂难履行政府采购程序的项目，可由采购单位根据实际情况提出具体采购方案，报财政部（国库司政府采购管理一处）审核同意后组织实施，具体采购方案可单独报送，也可随预算安排及调整、账户开设等事项一并提出。

联系人：国库司政府采购管理一处　周菁 68552387

五、账务处理

（一）支出科目。

各部门支付指令要按照《政府收支分类科目》中政府支出功能分类和政府支出经济分类填制。部门预算会计核算使用部门预算经济分类科目记账，财政总预算会计按支付指令中记录的政府预算经济分类科目记账，各部门各单位要配合财政部（国库司总会计二处）做好支出经济分类科目账务核算信息核对工作，确保财政总预算会计核算的政府预算经济分类科目信息和部门（单位）预算会计核算的部门预算经济分类科目信息相衔接。

（二）总预算会计支出对账。

各部门各单位按照《财政部中国人民银行关于印发〈中央财政国库集中支付会计对账办法〉的通知》（财库〔2011〕180号）及财政国库管理制度有关规定，规范开展会计对账工作，切实保障预算单位、代理银行、财政部、中国人民银行等相关各方会计信息的准确性、一致性，对账口径为：部门（单位），支出功能分类,政府支出经济分类,支付方式(实拨、直接支付、授权支付),金额等要素。

联系人:国库司总会计二处　孙海滨68552246

六、系统与数据申报

(一)基础数据信息申报。

部门填写《预算单位基本信息登记表》,盖章后,报送财政部(国库司信息管理处)。(联系人:李炜,68552033;唐贝贝,68552368)

(二)软件申领。

《中央预算单位财政资金支付管理系统(8.0)》是提供给中央部门本级及下级预算单位使用的单机版软件。预算单位使用该软件进行用款计划、财政直接支付申请书、财政拨款申请书、国库集中支付结余资金核定表等电子数据的编报。

申领程序:部门到财政部(信息网络中心3111房间)领取《中央预算单位财政资金支付管理系统(8.0)》软件光盘和操作说明,在本单位自行配备的工作计算机上安装使用。(联系人:程刚,68551832)

(三)国库管理外围平台开设。

国库管理外围平台是提供给中央部门本级通过部门与财政部的专线网络使用的网络版系统(http://gkww.mof.gow.cn)。预算单位使用该系统与财政部进行用款计划、财政直接支付申请书、财政拨款申请书、国库集中支付结余资金核定表、执行指标、基础信息等电子数据的交换和预算执行数据的查询。

开设程序:

1. 连接与财政部专线。部门向财政部(国库司信息管理处)来函申请开设网络专线,来函中需注明本单位地址、联系人及电话等信息。(联系人:李炜,6852033;唐贝贝,68552368),后续财政部(信息网络中心)协调运营商开展联网工作,工期大约需要1个月。(联系人:赵学明,68551113)

2. 开设用户。部门填写《财政国库集中收付管理信息系统业务操作用户申请(变更)表》,盖章后,报送国库司信息管理处。(联系人:李炜,68552033;唐贝贝,68552368)

3. 计算机配置。部门自行配备用于使用国库管理外围平台的专用计算机,并对计算机进行网络连线、ip地址配置等。(联系人:赵学明,68551113)

在专线开通前,部门通过报盘方式报送相关电子信息。

(四)系统技术支持服务。

1. 专线网络技术支持:赵学明,68551113。

2. 国库管理外围平台技术支持:张丽玮,68554108;李敏,68553124。

3. 《中央预算单位财政资金支付管理系统(8.0)》技术支持:王俊杰,68551832;李敏,68553124。(可提供免费上门技术支持服务)

关于机构改革涉及部门预算划转后预算执行调整有关事项的通知

财库便函〔2018〕188号

有关部门办公厅（财务司）：

为做好机构改革涉及部门经费保障工作，确保机构改革涉及部门预算划转后预算执行顺利进行，根据财政部关于机构改革涉及部门预算划转的总体要求和财政国库管理制度等规定，现将机构改革涉及部门预算划转后预算执行调整有关事项通知如下：

一、调整内容和程序

（一）机构改革涉及门结合自身情况，参照《机构改革涉及部门办理资金支付和采购业务服务指南》（财库便函〔2018〕121号）办理国库管理属关系变更和账户开设等事宜，新设立预算代码的单位，原则上需新开立零余额账户，有关部门应尽早向财政部（国库司支付处）提出开户请，并办理先成有关开户手续，为预算执行划转做好准备。

（二）财政部（部门预算管理司）批复划转预算后，预算划入部门根据预算划入情况编制用款计划，报送至财政部（国库司审核一处、审核二处）。预算划入部门应编报正数用款计划，包括正常用款计划和用于调账的用款计划（简称调账用款计划，下同）两部分，正常用款计划由财政部审核后下达代理银行，调账用款计划不下达代理银行，调账用款计划金额应大于或等于拟调账支出。

（三）预算划出部门与财政部（国库司审核一处、审核二处）对账，主要核对是否存在项目已核批用款计划超过全年预算指标、已支出金额超过已核批用款计划等情况。如有超出，应通过更正支出、上报正负调整计划进行处理。

（四）预算划入部门预算划出部门和财政部（国库司审核处、审核二处）协商确定资金支账户切换时点。预算部门应确保从约定时点起，划出账户（即原支出账户）不再办理划转预算的资金支付，有关资金支付通过划入账户（即新支出账户）办理。

（五）预算划出部门根据预算划出情况编制负数用款计划，报送至财政部（国库审核一处、审核二处），用于冲减已下达用款计划的未支出部分。财政部（国库司审核一处、审核二处）审核后，将负数用款计划下达代理银行。

（六）预算划入部门将与预算划出部门协商一致的《机构改革涉及预算支出调整信息表》（详见附件）报送财政部（国库司审核一处、审核一处），财政部（国库司审核一处、审核二处）审核确认拟调整支出信息是否符合调账用款计划，其中：支出经济分类科目调整信息以预算部门上报信息为准。财政部（国库司总会计二处）根据审核确认的信息进行账务处理，将预算划出部门的已支出信息调整到预算划入部门。

（七）预算划出部门报送金额为支出调整部分的负数调账用款计划，财政部（国库司审核一处、审核二处）审核，调账用款计划不下达代理银行。

（八）预算划出零余额账户需办理销户的，预算部门向财政部（国库司支付处）提出申请并办理有关手续。

二、有关工作要求

（一）预算执行调整涉及工作环节较多，过程复杂，有关部门应高度重视本次调整工作，提早准备，有序推进。

（二）调整过程中预算部门应按要求及时规范报送有关材料，切实提高材料报送质量，避免因材料不全或差错等原因造成工作反复，影响调整时效。

（三）预算划出部门与预算划入部门应加强沟通协调，就预算执行调整事项达成一致。调整过程中遇到问题，及时向财政部（国库司）反馈。

联系人及联系方式：
财政部国库司总会计二处　孙海滨 68552246
财政部国库司审核一处　杨凤亮 68553340
财政部国库司审核二处　沈志华 6851818
财政部国库司支付处　董罡 68552295
财政部国库司信息管理处　李炜 68552033

附件：
机构改革涉及预算支出调整信息表

财政部国库司
2018 年 5 月 15 日

附件：

机构改革涉及预算支出调整信息表

填报单位（盖章）：　　　　　　　　　　　　　　　　　　　　　　　　　　　填报时间：

序号	调整情况	资金类型		单位		预算科目		会计科目		预算类型		支付类型		项目		收支管理		经济分类		资金来源		金额（元）
		代码	名称	代码	名称	代码	名称	代码	名称	代码	名称	代码	名称	代码	名称	代码	名称	代码	名称	代码	名称	
1																						
…																						

负责人：　　　　　　　　　　　　　　　　　　　　填表人：　　　　　　　　　　　　　　　　　　　　联系电话：

填表说明：

1. 拟调出总数及各科目、项目合计数应与调出单位在支付系统中支出金额一致，部分职能调整的单位调出数可小于支付系统支出数。
2. 拟调入总数及各科目、项目合计数应等于调出数。
3. 调出数据明细可在调出单位零余额账户停止支付后向财政部国库司（审核一处、审核二处）查询。
4. 可将一项支出调为多项支出，也可多项支出调整为一项支出，但同一序号下调出入总额必须相同。
5. 填入列调入信息对不能对调出信息进行修改，只能修改单位、预算科目、项目、经济分类，金额5项信息。
6. 调入单位信息填组织机构代码与国库支付系统中的信息保持一致。
7. 涉及多次预算划转的部门，可根据预算发文进行多次调整。

第六章　水利部国库集中支付管理相关文件

水利部财务司转发财政部关于中央单位 2008 年深化国库集中支付改革若干问题的通知

财经函〔2007〕192 号

部直属各单位：

现将《财政部关于中央单位 2008 年深化国库集中支付若干问题的通知》（财库〔2007〕101 号，以下简称《通知》）转发给你们，并提出如下要求，请遵照执行。

一、总体要求

各单位要认真学习和贯彻《通知》精神，全面深化国库集中支付改革，加强管理，规范国库集中支付业务操作，保证国库集中支付各项工作规范、高效运行。根据财政部 2008 年改革要求，提出如下具体要求：

1. 各单位要高度重视政府性基金纳入国库集中支付改革的工作。按照国库改革的要求，将中央水利建设基金支出、库区建设基金支出等政府性基金划分支付方式。有关具体业务操作，待财政部有关办法下达后结合我部实际另行布置。

2. 按照财政部加快支付进度和 2008 年将制定用款计划考核规定，对用款计划执行进度进行考核管理的要求，我部将在今年加快支付进度所制定的各项措施基础上，进一步加强对全年执行进度的考核并相应建立支付考核制度。各预算单位要合理编制用款计划，提高资金使用效率。

3. 按照 2008 年财政部在所有一级预算部门推行公务卡制度的精神，请各单位做好 2008 年公务卡实行的准备工作。有关具体规定，待财政部明确后再另行通知。

二、改革范围及支付方式划分

（一）实施改革的预算单位范围。2008 年我部所有五级预算单位原则上全部纳入国库集中支付改革范围。请各单位按照要求上报新增单位基本信息，对不能纳入改革范围的单位，二级预算单位要向部预算执行中心报送说明。

（二）财政直接支付的资金范围。凡符合财政部规定的财政直接支付资金标准，原则上都要纳入财政直接支付范围。

（三）财政授权支付的资金范围。除实行财政直接支付和暂按原渠道支付的资金外，全部实行财政授权支付。

（四）预算外支出暂按原渠道支付。

三、支付方式划分的时间要求

（一）各单位要根据2008年"一下"预算指标控制数，认真组织做好2008年的范围划分工作，按要求填写《2008年国库集中支付改革范围划分建议表》（见附件），并于2007年12月18日前报送部预算执行中心。不按时间编报的，财政部将视情况暂缓和停止批复2008年用款计划。

（二）正式部门预算批复后10个工作日内，各单位要根据正式部门预算数调整划分范围，报送部预算执行中心。

（三）年度预算执行中有调整或追加预算的，应在编报该项资金用款计划之前，按照规定的范围划分原则自行确定支付方式并报部预算执行中心。

四、2008年国库结余资金额度恢复方式

自2008年起，财政部原则上将年终国库结余资金额度在下年度的3月底前全部下达，1至3月额度恢复比例分别为50％、25％和25％。确有特殊需要的，可向部预算执行中心报送特殊恢复申请，报经财政部批准后，可以调整年终国库结余资金额度恢复比例。2007年年终国库结余资金额度恢复按上述规定执行。

五、其他事项

（一）有新纳入国库改革范围的单位，二级预算单位应于12月22日前向部预算执行中心报送《财政授权支付银行开户情况汇总申请表》和《预算单位基本信息表》，并将新增单位列入《2006年国库集中支付改革范围划分建议表》。

（二）有关《财政授权支付银行开户情况汇总申请表》《预算单位基本信息表》《2008年国库集中支付改革范围划分建议表》的格式请登录部预算执行网站（http：//www.becmwr.cn）下载。各单位在报送纸质文件同时，发送电子文档至jtsgkb@163.com。

填报中如有问题，请与部预算执行中心联系。

附件：

《财政部关于中央单位 2008 年深化国库集中支付若干问题的通知》（财库〔2007〕101 号）（略）

水利部财务司
2007 年 12 月 14 日

关于预算执行进度实行旬报的通知

财务函〔2009〕114号

部直属各单位：

按照财政部的要求，为及时了解财政资金执行进度情况，便于采取针对性措施加快预算执行进度，自2009年9月起，预算执行进度实行分单位、分科目、分项目旬报制度。具体要求如下：

一、填报方式及内容

为方便各级预算单位能够分科目、分项目按旬填报预算执行进度，我司组织对水利部财务报表申报系统（以下简称"系统"）进行升级，增加了分科目、分项目填报及分析功能。各级预算单位通过系统分科目、分项目填报预算执行相关数据后，系统将逐级自动生成《__年__月__旬水利国库集中支付预算执行情况表》（见附件1，以下简称《执行表》）、《__年__月__旬水利财政经费预算明细执行分析及计划安排表》（见附件2，以下简称《分析及计划安排表》），各二级预算单位应利用系统汇总后分科目、分项目的执行数据，补充完善原因分析后形成《分析及计划安排表》按旬报部预算执行中心。

系统网址：http://www.dfslcw.cn/esweb，具体操作另行通知。

二、报送时间

每月1日、11日和21日上午10：00前各单位务必将截至前日的财政资金国库集中支付资金支出进度情况通过系统上报，同时二级预算单位将计划表报部预算执行中心。

三、其他要求

1. 做好数据核对工作

2009年9月4日前，我司已根据2008年度决算报表行政事业类项目收入支出决算表（06-1表）、基本建设类项目收入支出决算表（06-2）表中的分科目、分项目结余情况导入系统。请各级预算单位据此核对，指标结余合计数必须与2008年度决算报表财政性资金国库集中支付预算执行情况表（财决附01表）保持一致。各二级预算单位必须对所属单位的项目核对情况把关，核对过程中有何问题请于 9 月 7 日下班前反馈部财务司。

2. 加强项目分析

各级预算单位对支付进度没有达到序时进度要求的项目,必须进行客观、具体、详细的原因分析,对于上年结余项目仍然达不到今年序时进度的,要详细说明项目进度滞后的具体成因,影响金额,及年末预计结余等。

四、联系人及联系方式

联 系 人:郑伯韦 陈 炜
联系电话:010 - 63203097、63202357
传   真:010 - 63202971

附件:
1. __年__月__旬水利国库集中支付预算执行情况表(略)
2. __年__月__旬水利财政经费预算明细执行分析及计划安排表(略)

水利部财务司
2009 年 9 月 3 日

水利部转发财政部关于 2013 年全年用款计划编报有关规定的通知

水财务〔2012〕482 号

部直属各单位：

为全面提高财政财务科学化精细化管理水平，促进预算执行与业务工作紧密有效结合，进一步提高预算执行的及时性、均衡性、有效性和安全性，充分发挥财政资金使用效益，财政部印发了《关于印发〈2013 年全年用款计划编报有关规定〉的通知》（财库〔2012〕155 号）。

（以下简称《通知》，见附件）。现将《通知》转发给你们，并提出如下要求，请一并遵照执行：

一、各单位要充分认识实行全年用款计划编报的重要性，高度重视全年用款计划编报工作，切实加强组织领导，落实相关责任，严格按照《通知》要求，扎实做好本单位全年用款计划编报工作。

二、各单位应按以下原则选择重点项目：一是国家发展改革委安排的基建项目；二是没有基建项目的单位可自主选择 1 个行政事业类或科研类项目作为重点项目。单位确有困难的，说明理由，可暂不参加，按照科目编报用款计划，不影响资金及时支付。

三、各单位要在报送"二上"预算时选择重点项目，经部财务司审核汇总后报财政部部门预算管理司审定。追加预算也要按要求选择重点项目，经部财务司审核汇总后报财政部部门预算管理司审定。

四、各单位根据部门预算（或"二上"预算）编制分月全年用款计划。基本支出用款计划仍按照年度均衡性原则编制，项目支出用款计划按照项目实施进度和政府采购计划编制。用款计划原上一年编制两次。二级预算单位应于 2012 年 11 月 30 日前向部预算执行中心报送 2013 年度 1—5 月分月用款计划，于 2013 年 4 月 30 日前报送 2013 年 6—12 月分月用款计划。

用款计划执行过程中确需调整的，各单位应按照《通知》规定报送调整用款计划，二级预算单位在报送调整用款计划时应向部预算执行中心报送相关说明。

各单位在报送 2013 年 6—12 月分月用款计划时，对 1—5 月剩余用款计划，统一按照《通知》中第十九条方式三的要求，直接按照年度剩余指标按项目编报分月用款计划。

五、各单位应加强项目预算管理,避免项目支出超预算。出现由于错误填写项目编码等原因导致项目支出超预算的,预算单位应及时纠正。部预算执行中心将财政部国库司提供的我部项目支出超预算情况在 2 个工作日内转发至有关单位。相关二级预算单位应在收到转发文件 4 个工作日内向部预算执行中心报送有关原因说明及处理办法的文件。

六、各单位要指派专人作为本单位预算执行联络员,密切跟踪监测项目预算执行情况,对预算执行进度较慢的项目,及时分析原因并有针对性地提出加快执行进度的措施和办法。各二级预算单位应于 2012 年 11 月 20 日前将本单位预算执行联络员名单报送部财务司及预算执行中心。

执行中有何问题,请及时反馈我部。

部财务司联系人:陈龙　　　　电话:010—63203097

部预算执行中心联系人:霍静怡　电话:010—63202354

附件:

财政部关于印发《2013 年全年用款计划编报有关规定》的通知(财库〔2012〕155 号)(略)

水利部

2012 年 11 月 15 日

水利部办公厅关于转发财政部关于中央预算单位 2013 年预算执行管理有关问题的通知

办财务〔2012〕552 号

部直属各单位：

为进一步推进财政财务科学化精细化管理水平，切实做好我部 2013 年预算执行管理有关工作，现将《财政部关于中央预算单位 2013 年预算执行管理有关问题的通知》（财库〔2012〕169 号，以下简称《通知》，见附件 1）转发给你们，并提出如下要求，请遵照执行。

一、总体要求

各单位要认真学习贯彻《通知》精神，高度重视预算执行管理工作，继续深化财政国库管理制度改革，完善国库集中收付运行机制；健全公务卡制度，严格执行公务卡强制结算目录，切实减少公务支出的现金使用；加强用款计划管理，不断提高用款计划的科学性和准确性，积极开展全年用款计划编报工作，跟踪监测重点项目执行情况；加强预算执行动态监控，规范预算单位用款行为；在保证资金安全的前提下，稳步开展财政授权支付网上银行业务。

二、国库集中支付改革范围划分工作

各单位要高度重视国库集中支付改革范围划分工作，严格按照《通知》要求的划分标准，按照规定时间和要求编报范围划分建议表，确保全年用款计划编报和预算执行工作的顺利实施。

（一）支付方式与范围划分标准

1. 2013 年公共财政预算和政府性基金预算支出实行财政直接支付的资金范围包括：

（1）年度财政投资超过 1000 万元以上的工程采购支出（包括建筑安装工程、设备采购、工程监理、设计服务、移民征地拆迁和工程质量保证金等支出，不包括建设单位管理费等零星支出）。

（2）单位所在地在直辖市、省会城市和计划单列市市辖区的中央预算单位项目支出中，纳入政府采购预算且单个采购项目金额 120 万元以上的物品和服务采购支出（以部门报送的项目支出预算明细表为划分依据），未列明单个采购项目的，部门预算中所列采购项目金额 200 万元以上的物品和服务采购支出。

按照财政部规定，下列情况可实行财政授权支付：一是单位所在地不在直辖市、省会城市和计划单列市市辖区的预算单位项目支出中，政府采购预算物品和服务采购支出可全部实行财政授权支付；二是单位所在地在直辖市、省会城市和计划单列市市辖区的预算单位项目支出中，虽然物品和服务采购支出在 200 万元以上，但是单个采购项目金额不到 120 万元以上的，可实行财政投权支付，单位需提供该项目支出预算明细表报部预算执行中心作为范围划分依据，经审核后报财政部审核。

（3）纳入财政统发范围的工资、离退休费。

2. 实行财政授权支付的资金范围包括：未纳入财政直接支付的工程、物品、服务等采购支出；特别紧急支出；财政部规定的其他支出。

（二）划分建议表报送

各级预算单位根据上报的"二上"预算数，在"国库集中支付信息管理系统"中按照《通知》规定的划分标准进行支付范围划分，由二级预算单位审核后进行确认。不能按照财政部要求进行划分的项目，各二级单位要向部预算执行中心报送相关说明。为配合做好全年用款计划编报工作，各单位在进行范围划分时，重点项目的支付方式应单独进行划分。

各二级预算单位应于 2012 年 12 月 12 日前在"国库集中支付信息管理系统"完成划分建议确认并将汇总建议表（见附件 2）及相关说明报送部预算执行中心。

部门预算批复后 10 个工作日内，各预算单位根据部门预算在"国库集中支付信息管理系统"中调整范围划情况，由二级预算单位进行审核确认并将汇总建议表加盖公章后报送部预算执行中心。

三、全年用款计划编报工作

各单位要严格按照《水利部转发财政部关于〈2013 年全年用款计划编报有关规定〉的通知》（水财务〔2012〕482 号）要求，充分认识编制全年用款计划的重要意义，认真做好重点项目标识和 2013 年全年用款计划编报工作。各单位要根据"二上"预算数，报送本单位上半年 1—5 月基本支出和项目支出分月用款计划其中，项目支出用款计划中，重点项目的直接支付和授权支付用款计划必须选择项目后上报；其他项目值直接支付用款计划必须选择项目后上报，投权支付用款计划仍按科目上报。各二级预算单位应于 2012 年 12 月 12 日前在"国库集中支付信息管理系统"中报送 1—5 月基本支出和项目支出分月用款计划，并向部预算执行中心报送说明。

四、国库集中支付信息管理系统有关事项

各单位在报送 2013 年国库集中支付范围划分及 1—5 月基本支出和项目支出分月用款计划时要在"国库集中支付信息管理系统"进行操作。

（一）登录模式

用户首先要登录"水利部预算执行平台"，登录地址为：http：//sl-gk.mwr.gov.cn/ctpis。部预算执行中心已按照各单位报送的"水利部预算执行信息系统使用人员信息统计表"对用户权限进行了授权。用户通过身份证号码登录，初始密码默认为 123456，登录"水利部预算执行平台"后点击"国库集中支付信息管理系统"即可进入系统办理业务。

（二）注意事项

一是登录网址字母全部为小写；二是系统登录不再使用原有系统密钥，目前用户使用身份证号码和密码验证后可直接登录是用户登录到"水利部预算执行平台"后请尽快修改登录用户名和密码，修改功能显示在平台首页上方。

五、预算执行基础工作

（一）各单位要按照调整后的财政授权支付指令编码规则填写支付凭证及办理报销等，财务人员要认真对照项目预算信息关联号进行填写，避免因支付信息填写错误导致项目支出超预算的情况。

（二）各单位可根据自身财务管理需求，在确保资金支付安全的前提下，向本单位零余额账户开户行提出开办财政授权支付网上银行的需求，不需再报财政部同意。

（三）各单位要严格按照有关制度规定开展政府采购工作，规范开展政府采购招标活动。各单位在办理政府采购项目财政直接支付申请时应提供真实完整的审核材料。

（四）2012 年国库集中支付年终结余资金，财政授权支付资金按预算科目结转，财政直接支付资金按预算项目结转。结余资金核定批复、恢复比例等事项仍按财政部现行规定执行。

六、预算执行动态监控工作

各单位要按照《水利部关于印发〈水利部预算执行动态监控暂行办法〉的通

知》(水财务〔2012〕499号)要求,做好本级及所属预算单位动态监控工作,组织本级并督促所属单位及时对疑点信息进行核实和反馈、对违反财政法规问题进行整改,积极配合部开展现场核查工作,及时准确提供有关资料。

七、其他工作

(一)严格执行公务卡制度

各单位要切实提高对公务卡制度改革重要性的认识,按照《财政部中国人民银行关于加快推进公务卡制度改革的通知》(财库〔2012〕132号)有关要求,全面实施公务卡制度,规范公务卡使用管理。

(二)加强预算执行进度管理

各单位要继续加强预算执行进度管理,在确保财政资金安全规范使用的前提下,不断提高预算执行的效率和均衡性。各单位要根据工作和事业发展计划,认真做好项目预算执行的各项前期准备工作;根据年度预算安排和项目实施进度等认真编制用款计划,提高用款计划编报的准确性和科学性,并及时提出支付申请;严格按照批复的预算、用款计划及项目进度支付资金;加强账务核算和资金支付管理等各项基础工作;严肃财经纪律,严格按照财政国库管理制度有关规定支付资金,防止财政资金使用管理中的各种违法违规行为;重视结转结余资金的预算执行,加快结转项目的执行进度,努力减少和消化结转结余资金。

(三)规范办理资金归垫行为

各单位要严格执行《财政部关于规范和加强中央预算单位国库集中支付资金归垫管理有关问题的通知》(财库〔2007〕24号)规定,进一步规范资金归垫行为,对确需进行垫付的,及时向部预算执行中心报送相关文件办理事前备案、归垫申请等手续。

附件:

1.《财政部关于中央预算单位2013年预算执行管理有关问题的通知》(财库〔2012〕169号)(略)

2.××××(单位)2013年国库集中支付制度改革范围划分汇总建议表(略)

水利部办公厅
2012年12月11日

水利部办公厅关于进一步加强财政支出预算执行管理的通知

办财务〔2014〕117号

部直属各单位：

近日，财政部印发了《关于进一步加强财政支出预算执行管理的通知》（财预〔2014〕85号，以下简称《通知》，见附件），现转发给你们，并结合我部实际，提出具体要求如下：

一、高度重视预算执行工作

截至6月10日，我部2014年当年财政拨款预算为69.92亿元，执行27.87亿元，执行进度为39.86%，低于财政部要求的序时进度约4.6个百分点，其中基建项目执行进度较序时进度有一定差距，6月底、7月底，我部将面临较为严峻的支付形势。各单位要充分认识加强预算执行管理的重大意义，切实贯彻落实陈雷部长"抓预算执行就是抓事业发展"的指示，加强组织领导，坚持依法理财，把预算执行管理作为年度工作的重中之重，在确保资金安全的前提下，采了切实有效措施，落实各个环节的管理责任，针对预算执行工作抓实抓好，实现预算执行均衡、及时、安全、有效。

二、加快资金支付进度

（一）做好基建项目执行工作。

各单位应按照《水利部财务司关于切实做好基建项目预算执行工作的通知》（财务财〔2014〕54号）的有关要求，立即采取有力措施，限期完成各项准备工作。初步设计或设计变更未获批复的，要抓紧报批。对于前期费等非工程类项目，要加强项目组织安排和落实，尽快分解各项任务，明确工作内容和分工，抓紧完成项目招投标或委托工作，加快工作进度。对于工程类项目，要制定详细的工作方案，抓紧完备项目实施的各准备工作，并倒排工期，落实具体的责任人，需办理征地、规划许可、开工许可等手续的项目，要协调有关部门尽快办理。需招投标的项目，要立即完成编制标书等准备工作，并尽快发布招标公告，及时签订施工合同并按照项目实施进度及时付款。

(二)加强政府采购管理工作。

各单位应严格按照批复的政府采购预算执行。严格按照采购进口产品和变更采购方式申报要求提供有关材料;基建项目须附经批准的初步设计方案,行政事业类项目须附报"二上"项目申报书等材料。

(三)加大结转结余资金执行力度。

财政部明确要求:对某一预算年度安排的项目支出连续两年未使用、或者连续三年仍未使用完形成的剩余资金,视同结余资金管理、各单位要加大以前年度形成结转结余资金的执行力度。对于预算执行进度缓慢、预计年底可能形成较多结转或结余资金,以及经清理确认属于已无法支出或已不需支出的项目,要及时提出调整当年预算的建议于6月底前报部。对于基建项目竣工财务决算批复后确认的结余资金,需抓紧完善相关工作,尽早安排使用。

(四)严格执行资金支付程序。

资金支付要以安全为前提,各单位应根据年度预算安排的项目实施进度拨付资金,不得以拨款。主管部门严格资金支付审查,对于符合支付条件的要及时予以审批并协助办理支付手续;对于不符合支付条件的,各项目单位应及时补充证明材料。

三、做好支出预算执行分析评价

(一)加强预算执行分析。

各单位要建立对本单位所属单位预算执行分析制度,要充分利用目前旬报、月报等相关数据,研究分析预算执行中存在的问题,对财政拨款规模较大的重点单位、重点项目要重点分析,对于进度缓慢的项目,要认真分析制约因素和主观原因,并提出切实可行的解决办法。

(二)严格贯彻考核制度。

各单位要按照《水利部预算执行考核暂行办法》及实施细则的要求,严格贯彻落实考核制度,及时报送自评报告及相关材料。部将严格落实预算执行与预算挂钩制度:6月底时,2013年年度考核得分和2014年上半年考核得分分别赋以40%,60%的权重后相加低于85分的,将核减2015年"一上"预算财政拨款控制数;9月底时,2013年年度考核得分和2014年前三季度考核得分分别赋以40%、

60%的权重后相加低于 85 分的,将 2015 年核减"二上"预算财政拨款规模。

(三)加大问责力度。

各单位应加大对所属单位和重点项目执行的督导力度,采取通报、调研或约谈等方式,提出加快预算执行的建议,推动所属查找预算执行缓慢的原因并采取针对性措施,切实加快项目实施。部将加大问责力度,对于预算执行不力的直属单位,严格落实预算执行考核结果与年终考核挂钩制度,将年度考核得分不低于 85 分,作为直属单位及其领导干部评先评优的基本条件之一。

附件:
财政部关于进一步加强财政支出预算执行管理的通知(财预〔2014〕85 号)(略)

水利部办公厅
2014 年 6 月 20 日

水利部关于做好 2015 年预算执行管理
有关工作的通知

水财务〔2015〕15 号

部直属各单位：

2015 年是贯彻落实党的十八届三中、四中全会各项改革部署的关键一年，也是实施"十二五"规划的收官之年，各单位要继续贯彻落实水利预算管理"三项机制"，扎实推进项目实施，全力抓好预算执行工作，为水利事业改革发展提供有力的资金保障。为切实做好 2015 年预算执行管理有关工人，按照《财政部关于中央预算单位 2015 年预算执行管理有关问题的通知》（财库〔2014〕198 号，见附件），结合我部实际，提出具体要求如下：

一、提高认识，高度重视

预算执行是财政资金管理的重要环节，不仅反映各单位预算管理水平和资金使用效益状况，而且反映了各项水利改革政策的落实和各事业任务的完成情况。各司局、各单位要提高认识，高度重视预算执行工作，主要领导作为预算执行的第一责任人，要亲自抓预算执行，对本单位预算执行负总责，要对项目实施和预算执行中的重大问题、重点环节、重要事项亲自过问、亲自部署、亲自协调；分管领导要认真抓好落实，及时解决预算执行中存在的问题，督促具体项目的组织实施；项目负责人要严格按照批复的项目内容，工作任务、技术线路、工作节点组织开展各项工作。

二、分工协作，齐抓共管

部有关司局要根据职责范围，定期了解各单位相关业务的项目执行情况，及时协调解决执行中存在的问题和困难；各单位业务部门要配合财务部门，强化对基层单位、具体项目执行的督导，并及时将有关情况反馈财务部门，切实落实财务、业务部门分工协作、齐抓共管的预算执行工作机制。

三、超前谋划，充分准备

各单位根据 2015 年下达的"一下"预算控制数，对已安排的预算项目进行认真梳理，超前谋划，充分做好预算执行前的准备工作。

（一）对于"一下"已安排的项目，各单位要严格按照"二上"预算申报书的有关内容，提早制定项目实施计划，进行任务分解。凡须执行招投标或政府采购管理规定的，要提前做好相关准备工作。对于延续性项目，要抓紧项目实施，加快实施进度；对新开工的基建项目要抓紧开展项目建设前期准备工人，加快可研、初设等前期工作并限期完成批复，需办理征地、城市规划、拆迁补偿、开工审批等事项的应协调有关部门及时办理。前期工作不完善的，不列入下一年度投资计划。

（二）对于年初下达的预算，凡是属于政府采购申报审批事项的，各单位应于"二下"预算批复前完成专家论证等各项前期工作。申请进口产品的，要严格按照《水利部办公厅关于规范部属单位政府采购进口产品管理工作的通知》（办财务〔2014〕164号）要求，做好各项前期论证、专家审查和相关材料的准备工作。部直属各单位应在部门预算正式批复后10个工作日内将采购进口产品或变更采购方式申请文件报部。个别政府采购申请事项涉及专家论证调整的，最迟必须于6月底前报部。凡未编报政府采购预算、计划，或6月底以后申报的，一律不予受理采购进口设备和变更采购方式申请。

（三）对于年中追加的项目预算，各单位应在申报细化预算中准确编制政府采购预算，并于细化预算申报后10个工作日内，补报政府采风实施计划和采购进口设备、变更采购方式申请。特别是基本建设项目，各单位要根据下达的基本建设项目计划，及时编报政府采购预算和计划。

（四）根据财政部的要求，从2015年开始，水利建设基金预算纳入一般公共预算，因此原水利建设基金安排的项目也将纳入2015年预算执行考核范围。各单位务必要引起高度重视，提前做好相关项目的实施准备工作，确保项目顺利实施和预算执行的序时均衡。

四、统筹兼顾，夯实基础

各单位要严格执行《关于加强和完善预算执行管理工作的实施意见》（水财务〔2014〕434号）的有关规定，扎实做好预算申报批复下达、国库集中支付范围划分、用款计划编报、人务卡管理、银行账户管理、非税收入收缴管理等各项工作，为2015年预算执行奠定良好的基础。

（一）及时做好预算计划申报批复下达工作

部署二级预算单位要在收到水利部预算文件7个工作日内，将预算下达到所属预算单位。年中因特殊情况申请追加预算、补报政府采购预算或由于客观原因导致项目无法执行需调减预算的，最迟6月底前须将调整预算正式文件报水利部。对基建项目，水利部规计司在收到国家发展改革委投资计划文件7个工作日内，将计划下达至部属二级预算单位，部署二级预算单位须于收到水利部印发投资计划文件起 5 个工作日内将追加预算申请正式文件报水利部。

(二) 严格政府工作采购工作程序

各单位要严格按照《政府采购法》的有关规定，对属于集中采购目录以内或者采购限额标准以上的项目，严格执行政府采购程序。严格执行批量集中采购的有关规定。要控制协议供货采购的数量和规模，凡是属于协议供货范围内，同一预算项目同一品目货物和服务政府采购预算金额达到 120 万元、工程政府采购预算金额达到 200 万元以上的，应委托集中采购机构组织公开招标，不得以协议供货拆分项目的方式规避公开招标。各单位要从严控制进口产品和变更采购方式规模，对国产设备能够满足需要或者符合公开招标条件的项目，一律不予办理进口和变更采购方式申报审批手续。水利部将加强对申报审批论证专家的管理，凡专家有弄虚作假出具不实论证意见的，纳入水利部政府采购专家诚信记录管理范畴，今后部直属单位不得再邀请其参加政府采购申报审批论证工作。

(三) 加大结转结余资金清理力度

各单位要加大年终财政拨款结转结余资金清理力度，及时按项目实施进度支付款项，已经批复竣工财务决算的基建项目要及时根据批复上交结余资金，未批复竣工财务决算的要及时批复或报批。各单位要逐项分析梳理，特别是对于 2012 年及以前年度项目形成的结转结余资金，要分项目说明原因并形成正式文件报部。

(四) 准确编制国库集中支付范围划分意见

各单位应及时根据 2015 年"二上"预算数，按照规定的划分标准进行支付范围划分，由二级预算单位审核汇总并在划分建议表上加盖公章后报送部预算执行中心。不能按照财政部要求进行划分的项目，各二级预算单位要向部预算执行中心报送相关说明。对 2015 年预算中确定的重点项目应单独划分支付方式。

(五) 深入开展用款计划编报工作

各单位要在 2014 年的基础上，进一步深入开展以细化到科目、重点项目为核心内容的全年用款计划编报工作。各单位业务部门要紧密结合事业发展年度计划，积极配合财务部门编实、编准全年用款计划，进一步提高用款计划编制的准确性。

(六) 严格执行公务卡计划

各单位要按照《党政机关厉行节约反对浪费条例》和相关经费管理要求，全面实行公务卡制度，严格执行公务卡强制结算目录，公务差旅费、公务接待费、公务用车购置及运行费、会议费、培训费等经费支出，除按规定实行银行转账的，应当使用公务卡结算。各单位要限制现金提取和使用,切实提供公务卡使用率。各单位要加强对所属预算单位公务卡制度实施情况的监督检查,对公务卡使用率不高的单位,要责令其分析原因、限时整改。

(七) 规范银行账户管理

各单位要加强零余额账户管理,因预算单位撤销或合并、项目完工或筹建期结束、停止使用财政资金等原因不再使用的零余额账户,应及时提交账户撤销申请。同时,各单位要认真厘清实有资金账户的资金来源和余额构成,规范账户资金使用,进一步清理、归并存量账户,性质相同或相近资金应在同一账户内分账核算。

(八) 加强非税收入管理

各单位要加强非税收入收缴管理,要确保各项非税收入及时足额上缴财政,及时开具《非税收入一般缴款书》,并协调代理银行及时予以确认入账,确保季度末、年度末没有未确认的非税收入。各单位应确保所有非税收入于每年12月25日前上缴至非税收入汇缴专户。

五、落实目标,强化考核

为确保2015年预算执行序时、均衡、安全、有效,各单位要建立严格的内部考核机制,落实全年执行目标,对本单位的执行情况进行考核。水利部将按照《预算执行考核暂行办法》的规定,严格落实考核结果的运用,将考核结果与下半年度投资计划及预算安排、年末单位评先和领导评先评优挂钩。

六、加强监管,保障安全

各单位要加强对本单位及所属预算单位预算执行情况的监督管理,采取预算执行检查、专项检查和动态监控等措施,加强财务监督。对财政部和水利部动态监控中发现的疑点问题和审计署审计询问函,要认真核实,及时、准确、真实反映情况,对确属问题的,要及时落实整改。要主动配合水利部及外部监督检查部门开展工作,对检查、审计工程中发现的问题要及时落实整改;对于整改不力、隐瞒真实情况或反馈虚假信息的,将按照有关规定严格惩处。

附件:
财政部关于中央预算单位2015年预算执行管理有关问题的通知(财库〔2014〕198号)(略)

水利部

2015年1月7日

水利部关于做好 2016 年预算执行管理
有关问题的通知

办财务〔2016〕31 号

部直属各单位：

2016 年是贯彻落实党的十八届五中全会会议精神、全面实施"十三五"规划的开局之年。各单位要继续贯彻落实水利预算管理"三项机制"，扎实推进项目实施，全力抓好预算执行管理工作，为水利事业改革发展提供有力的资金保障。为切实做好 2016 年预算执行管理有关工作，现将《财政部关于中央预算单位 2016 年预算执行管理有关问题的通知》（财库〔2015〕220 号，见附件）转发给你们，结合我部实际，提出具体要求如下：

一、提高认识，高度重视

预算执行是财政资金管理的重要环节，预算执行不仅反映各单位预算管理水平和资金使用效益的发挥，也反映了各项水利改革政策的落实和各项事业任务的完成情况。各单位要提高认识，高度重视预算执行工作，主要领导作为预算执行的第一责任人，要亲自抓预算执行，对本单位预算执行负总责，要对项目实施和预算执行中的重大问题、重点环节、重要事项亲自过问、亲自部署、亲自协调；分管领导要认真抓好落实，及时解决执行中存在的问题，督促具体项目的组织实施；项目负责人要严格按照批复的项目内容、工作任务、技术线路、工作节点组织开展各项工作。

二、分工协作，齐抓共管

部有关司局要根据职责范围，定期了解各单位相关业务的项目执行情况，及时协调解决执行中存在的问题和困难。各单位业务部门要配合财务部门，强化对基层单位、具体项目执行的督导，并及时将有关情况反馈财务部门，切实落实财务、业务部门分工协作、齐抓共管的预算执行工作机制。

三、超前谋划，充分准备

各单位要根据 2016 年下达的"一下"预算控制数，对已安排的预算项目进行认真梳理，超前谋划，充分做好预算执行前的准备工作。

（一）对于"一下"已安排的项目

各单位要严格按照"二上"预算申报书有关内容，提早制定项目实施计划，进行任务分解，应执行招投标管理规定的，要提前做好招投标准备工作。对于延续性项目，要抓紧项目实施，加快实施进度；对新开工的基建项目要抓紧开展项目建设前期准备工作，加快可研、初设等前期工作并协调及时完成批复，需办理征地、城市规划、拆迁补偿、开工审批等事项的应抓紧协调有关单位和部门及时办理。

（二）对于年初下达的预算

凡是属于政府采购申报审批事项的，各单位应于"二下"预算批复前完成专家论证等各项前期工作。申请进口产品的，各单位应根据"二上"预算，结合工作内容，逐级上报本单位当年进口产品采购需求。对政府采购频率较高的进口产品，由水利部实行统一论证；未经统一论证的产品，各单位要严格按照《水利部办公厅关于规范部属单位政府采购进口产品管理工作的通知》（办财务〔2015〕164号）要求，做好专家审查和相关材料的准备工作。部直属各单位应在部门预算正式批复后10个工作日内将自行论证采购进口产品或变更采购方式申请文件报部。个别政府采购申请事项涉及专家论证调整的，最迟必须于6月底前报部。凡未编报政府采购预算、计划，未统一报送进口产品需求或6月底以后申报的，一律不予受理采购进口设备和变更采购方式申请。

（三）对于年中追加的项目预算

各单位应及时申报细化预算，准确编制政府采购预算，并于细化预算申报后10个工作日内，补报政府采购实施计划和采购进口设备、变更采购方式申请。

四、统筹兼顾，夯实基础

各单位要严格执行《关于加强和完善预算执行管理工作的实施意见》（水财务〔2011〕434号）的有关规定，扎实做好预算申报批复下达、国库集中支付范围划分、用款计划编报、公务卡管理、银行账户管理、非税收入收缴管理等各项工作，为2016年预算执行奠定良好的基础。

（一）做好水利财务管理信息系统运行工作

2016年，水利财务管理信息系统已分模块逐步启动运行。各单位要高度重视系统的运行工作，把该项工作作为2016年的一项重点来抓，要明确专人负责，精心组织安排，按要求全面开展运行工作。要根据《关于建立和落实水利财务管理信息系统运行有关工作机制的通知》（财务财〔2015〕222号）的有关要求，自上而下逐级建立和落实专人负责、督导协调、考核评价、信息通报、交流反馈等各项工作机制,为系统顺利运行创造良好的机制环境。2016年,各单位的相关业务除了在新系统中处理以外,还应在旧系统中同步进行业务处理,并与新系统进行相互验证。各项业务处理应以新系统为主,旧系统仅作为辅助备份手段。从2016年起,对于变更采购方式申请等应通过新系统填报而未填报的业务,水利部将不予受理。

(二) 及时做好预算计划申报批复下达工作

部属二级预算单位要在收到水利部预算文件7个工作日内,将预算下达到所属预算单位。年中因特殊情况申请追加预算、补报政府采购预算或由于客观原因导致项目无法执行需调减预算的,最迟6月底前须将调整预算正式文件报水利部。对基建项目,部属二级预算单位须于收到水利部印发投资计划文件起5个工作日内将追加预算申请正式文件报水利部。

(三) 严格政府采购工作程序

各单位要严格按照《政府采购法》的有关规定,对属于集中采购目录以内或者采购限额标准以上的项目,严格执行政府采购程序,严格执行批量集中采购的有关规定。要控制协议供货采购的数量和规模,凡是属于集中采购目录内,同一预算项目同一品目货物和服务政府采购预算金额达到120万元、工程政府采购预算金额达到200万元以上的,应委托集中采购机构组织公开招标,不得拆分以规避公开招标。各单位要从严控制进口产品和变更采购方式规模,对国产设备能够满足需要或者符合公开招标条件的项目,一律不予办理进口和变更采购方式申报审批手续。水利部将加强对申报审批论证专家的管理,凡专家有弄虚作假出具不实论证意见的,纳入水利部政府采购专家诚信记录管理范畴,今后部直属单位不得再邀请其参加政府采购申报审批论证工作。

(四) 加大结转结余资金清理力度

各单位要加大年终财政拨款结转结余资金清理力度,及时按项目实施进度及合同约定支付款项,抓紧清理往来款项,已经批复竣工财务决算的基建项目要及时根据批复上交结余资金,未批复竣工财务决算的要及时批复或报批。各单位要逐项分析梳理,特别是对于2013年及以前年度项目形成的结转结余资金,要分项目说明原因并形成正式文件报部。

(五) 准确编制国库集中支付范围划分建议

从2016年起,各单位填报2016年范围划分明细表时,财政直接支付和授权支付均应填列到具体项目。各单位应及时根据 2016 年"二下"预算数，按照规定的划分标准进行支付范围划分，由二级预算单位审核汇总并在划分建议表上加盖公章后报送部预算执行中心。

（六）深入开展用款计划编报工作

从 2016 年起，项目支出按照具体项目编报全年用款计划并进行资金支付。各单位业务部门要紧密结合事业发展年度计划，积极配合财务部门编实、按项目编准全年用款计划，进一步提高用款计划编制的准确性。

（七）加强零余额资金支付管理

各单位应加强零余额资金支付管理，不得将资金支付到预算单位实有资金账户，从严控制资金垫付行为，严格执行资金垫付实现备案及归垫申请、审核和批复等规定。从 2016 年起，财政直接支付申请按照经济分类款级科目编报，财政授权支付指令填写到经济分类款级科目。各单位在支付资金时，应严格对照经济分类支出预算，不得随意填写支付指令，导致超经济分类预算支出。

（八）严格执行公务卡制度

各单位要按照《党政机关厉行节约反对浪费条例》和相关经费管理要求，全面实行公务卡制度，严格执行公务卡强制结算目录，公务差旅费、公务接待费、公务用车购置及运行费、会议费、培训费等经费支出，除按规定实行银行转账外，均应使用公务卡结算。各单位要限制现金提取和使用，切实提高公务卡使用率。各单位要加强对所属预算单位公务卡制度实施情况的监督检查，对公务卡使用率不高的单位，要责令其分析原因、限时整改。

（九）规范银行账户管理

各单位要加强零余额账户管理，因预算单位撤销或合并、项目完工或筹建期结束、停止使用财政资金等原因不再使用的零余额账户，应及时提交账户撤销申请。从 2016 年起，水利部将对各单位在中、农、工、建四大行开设的基本户和其他存款户等实有资金账户实行在线监控，实时监控各单位的资金余额和流向。原则上各单位所有的实有资金账户均应在中、农、工、建四大行中开立。各单位要认真厘清实有资金账户的资金来源和余额构成，规范账户资金使用，进一步清理、归并存量账户，性质相同或相近资金应在同一账户内分账核算。

（十）加强非税收入管理

各单位要加强非税收入收缴管理，要确保各项非税收入及时足额上缴财政，及时开具《非税收入一般缴款书》，并协调代理银行及时予以确认入账，确保季度末、年度末没有未确认的非税收入。各单位应确保所有非税收入于每年12月25日前上缴至非税收入汇缴专户。根据财政部的规定，各单位开设的非税收入上缴专户（收入零余额户）专门用于上缴资产处置收入和非税收入，其他收入不得缴入该上缴专户。各单位要明确区分资产处置收入、非税收入和其他收入的上缴账户，避免误缴错缴。

五、落实目标，强化考核

为确保2016年预算执行序时、均衡、安全、有效，各单位要建立严格的内部考核机制，落实全年执行目标，对本单位的执行情况进行考核。水利部将按照《预算执行考核暂行办法》的规定，严格落实考核结果的运用，将考核结果与下年度投资计划及预算安排、年末单位评先和领导评先评优挂钩。

六、加强监管，保障安全

各单位要加强对本单位及所属预算单位预算执行情况的监督管理，采取预算执行检查、专项检查和动态监控等措施，加强财务监督。对财政部和水利部动态监控中发现的疑点问题和审计署审计询问函，要认真核实，及时、准确、真实反映情况，对确属问题的，要及时落实整改。要主动配合水利部及外部监督检查部门开展工作，对检查、审计过程中发现的问题要及时落实整改；对于整改不力、隐瞒真实情况或反馈虚假信息的，将按照有关规定严格惩处，并按照《预算执行考核暂行办法》的规定，在资金安全部分予以扣分。

附件：

财政部关于中央预算单位2016年预算执行管理有关问题的通知（财库〔2015〕220号）（略）

水利部

2016年1月22日

水利部办公厅关于清理水利财政存量资金加快水利资金支付进度的通知

办财务〔2016〕166号

各省、自治区、直辖市水利（水务）厅（局），各计划单列市水利（水务）局，新疆生产建设兵团水利局：

按照国务院第143次常务会议决策部署，8月份，我部印发了《水利部办公厅关于开展中央财政投资水利项目存量资金情况自查工作的通知》（办财务函〔2016〕901号），部署地方水利部门按照地方政府的要求，开展中央财政投资水利项目存量资金情况自查。从自查情况来看，地方水利部门仍然不同程度地存在财政存量资金。为推动盘活水利财政存量资金，切实提高水利财政资金使用效率，按照《财政部关于推进地方盘活财政存量资金有关事项的通知》（财预〔2015〕15号）等相关文件要求，现就清理盘活水利财政存量资金有关工作通知如下：

一、分类采取措施，切实清理盘活水利财政存量资金

各省级水行政主管部门要根据前一阶段自查情况，督促有关市县和项目单位，对2013年及以前安排下达、截至2016年6月底仍未使用完毕的水利项目资金，逐项目分析存量原因，并按照政府及有关部门要求，分类采取措施，清理盘活水利财政存量资金。

对于项目已实施尚未完成的，各级水行政主管部门要督促项目单位，明确责任，倒排工期，限期完成。对同级财政部门要求缴回的未完成项目资金，水行政主管部门要督促项目建设单位按照财政部门要求及时缴回，并积极与财政部门协调，按预算管理程序重新申请安排。

对于项目完工后尚未支付资金，各级水行政主管部门要督促项目单位抓紧办理结算。按合同尽快完成支付，并积极向财政部门说明情况，争取财政部门支持。

对于因项目实施条件发生变化、确实无法实施的项目资金，以及项目实施完成后的结余资金（包括招标结余和财政评审后审减资金），各级水行政主管部门要督促项目单位及时缴回同级财政部门，并积极协调财政部门，按照预算管理程序申请继续用于水利建设。

二、加快水利资金支付进度,防止形成新的存量资金

各级水行政主管部门要按照加快推进水利建设进度有关要求,切实抓好项目前期、计划分解下达、配套投资落实等工作,督促和配合有关部门衔接好招投标、建设管理等各环节的工作。确保重大水利工程年度中央投资计划完成率达到90%以上,其他水利项目完成率达到80%以上,加快在建水利工程建设资金支付,防止因实施进度过慢形成新的存量资金。

水利部办公厅
2016年9月8日

水利部关于做好 2017 年预算执行管理
有关工作的通知

办财务〔2016〕439 号

部直属各单位：

2017 年是全面实施"十三五"规划的关键一年，各单位要继续贯彻落实水利预算管理"三项机制"，扎实推进项目实施，全力抓好预算执行管理工作，为水利事业改革发展提供有力的资金保障。为切实做好 2017 年预算执行管理有关工作，现将《财政部关于中央预算单位 2017 年预算执行管理有关问题的通知》（财库〔2016〕207 号，见附件）转发给你们，结合我部实际，提出具体要求如下：

一、总体要求

2017 年，根据《中华人民共和国预算法》的有关要求和国务院关于推进简政放权、放管结合、优化服务改革的精神，财政部将结合支出经济分类科目改革对中央预算单位预算执行管理业务流程和国库集中支付范围划分标准进行适当调整，扩大预算单位用款自主权，加大事前、事中、事后财政监管力度，在保障资金支付安全的基础上，进一步提高财政资金运行的效率和效益。各单位要充分认识相关业务调整的重要意义，尽快适应新业务要求，确保 2017 年预算执行工作顺利开展。

二、强化水利财务管理信息系统运行管理

自 2017 年开始，水利财务管理信息系统全面投入上线运行。各单位要高度重视系统运行工作，强化系统运行管理，把该项工作作为 2017 年的一项重点来抓，要精心组织安排，按要求全面开展运行工作；要根据《关于建立和落实水利财务管理信息系统运行有关工作机制的通知》（财务财〔2015〕222 号）的有关要求，在 2016 年试运行的基础上，进一步完善工作机制，理顺工作流程，为系统顺利运行创造良好的机制环境。各财务部门要积极与本单位信息管理部门沟通协调，为系统运行做好必要的保障工作。水利部将在 2017 年把各单位系统运行情况纳入预算执行考核范围。

三、切实采取措施加快预算执行

各单位要对 2017 年预算项目认真梳理，超前谋划，充分做好预算执行前的准

备工作。对于"一下"已安排的项目,各单位要严格按照"二上"预算申报书有关内容,提早制定项目实施计划,进行任务分解,应执行招投标管理规定的,要提前做好招投标准备工作;对于年初下达的预算,凡是属于政府采购申报审批事项的,各单位应于"二下"预算批复前完成专家论证等各项前期工作。申请进口产品的,各单位应根据"二上"预算,结合工作内容,逐级上报本单位当年进口产品采购需求;对于年中追加的项目预算,各单位应及时申报细化预算,准确编制政府采购预算,并于细化预算申报后10个工作日内,补报政府采购实施计划和采购进口设备、变更采购方式申请。各单位要积极采取措施,加快项目实施,提高水利资金使用效益,确保2017年预算执行序时、均衡、安全、有效。

四、提高用款计划编报准确性

自2017年开始,各单位不再报送财政直接支付和财政授权支付范围划分建议表,用款计划报送时间、内容、批复和调整等事项仍按照现行规定执行。用款计划中的资金支付方式由预算单位根据资金使用预计情况编制。各单位要加强预算执行事前规划,提高用款计划编报的准确性,资金使用预计情况发生变化时应及时上报调整用款计划。各单位应严格依据本单位预算指标编制用款计划。预算指标对用款计划的控制机制原则上全部细化到"基层预算单位+支出功能分类科目"。

五、合理划分资金支付方式

各单位在实际使用资金时,按照财政部规定的支付方式划分标准自行选择对应的资金支付方式。与原用款计划编报的资金支付方式不一致的,需提前调整用款计划。各单位应当为调整用款计划预留充足时间,避免影响资金支付。2016年国库集中支付结余资金应按照新的支付方式划分标准重新确定资金支付方式。除财政部规定的特殊情况外,单笔支付金额在500万元(含)以上的支出实行财政直接支付,单笔支付金额在500万元以下的支出实行财政授权支付。

六、扩大零余额账户开设范围

各单位所属异地、异址办公的非法人独立核算机构,由二级预算单位汇总审核后,报经财务司同意,由预算中心向财政部申请为其开设零余额账户。

七、加强预算单位实有资金账户管理

各单位要按照财政部有关要求加强实有资金账户管理,按规定程序办理实有资金账户开立、变更和撤销业务,及时报送账户备案和年检资料;要切实履行账户归口管理职责,对所属单位开立实有资金账户情况严格把关。目前,我部正在

与中国银行、工商银行、农业银行、建设银行四大银行签订合作协议，相关银行将进一步提高服务质量，提供更加便捷的服务，我部也将通过水利财务管理信息系统加强对各单位实有资金账户收支的监控。从 2017 年起，各单位新开立资金账户上应在上述四家银行中开立；在其他银行开立的原有资金账户也要逐步变更到上述四家银行。

八、从严控制向实有资金账户划转资金

各单位应将预算细化编制到基层预算单位，从源头上控制上级预算单位零余额账户向基层预算单位实有资金账户划转资金的行为。对于年初确实无法将预算细化到基层用款单位的，可在执行中按照预算调整程序对预算进行细化，并依据细化调整后的预算进行资金支付。除财政部规定的特殊情况外，各单位不得从本单位零余额账户向本单位或本部门其他单位实有资金账户划转资金。

九、严格执行公务卡制度

各单位要加强对所属预算单位执行公务卡制度情况的监督检查，切实提高公务卡使用率。各单位办理公务卡报销还款业务时，应据实完整填写财政授权支付指令编码中的支出经济分类和支出类型，不再填写简化的"300000"编码，用途填"公务卡还款"。

十、强化预算执行动态监控

财政部将结合资金支付方式划分调整，在全面实施预算执行动态监控基础上，完善预警规则，加大监控力度，严肃查处通过违反合同约定人为拆分支付金额等手段规避财政直接支付审核、违规向实有资金账户转款、不按规定履行政府采购程序、违反财经纪律使用财政资金等违规行为，确保资金合规使用。我部也将结合各单位实际，进一步完善预警规则，通过水利财务管理信息系统加大对各单位的动态监控力度。各单位应主动配合调查核实动态监控发现的疑点问题，对确认的违规问题要认真纠正、严肃整改。各部门应加强对所属预算单位的财务监督，加强资金监管，切实提高监控效率和效果。

十一、做好会计对账和结转结余资金清理工作

各单位要按照《财政部中国人民银行关于印发〈中央财政国库集中支付会计对账办法〉的通知》（财库〔2011〕180 号）及财政国库管理制度有关规定，及时规范开展会计对账工作，切实保障预算单位、代理银行、财政部、中国人民银行等相关各方会计信息的准确性、一致性。同时，各单位要做好年终结转结余资金清理工作。根据《中华人民共和国预算法》第四十二条关于"连续两年未用完的

结转资金，应当作为结余资金管理"的规定，2016年度及以前年度安排的项目资金在2017年底仍未执行完成的，应于2017年底确认为结余资金（基建项目除外）。各单位要加大项目结转结余资金清理力度，加快项目实施，提高资金使用效益。

十二、做好非税收入收缴管理工作

2016年10月，我部已根据财政部的要求实施了非税收入收缴电子化工作，原来开立的中央财政汇缴专户已经根据财政部的要求全部撤销。各单位要加强对非税收入收缴电子化有关工作流程的学习和宣传工作，要继续切实做好《非税收入一般缴款书》保管、年度审验和核销等工作，及时匹配资金信息。各单位业务部门要主动配合财务部门做好罚没收入、采砂管理收入等非税收入的催收、清缴工作，确保应收尽收、应缴尽缴。

十三、认真开展部门决算管理工作

各单位应当根据财政部的工作要求，在全面清理核实收入、支出、资产、负债，并在办理年终结账的基础上编制决算。决算编制必须符合法律、行政法规，做到收支真实、数额准确、内容完整、报送及时。各单位应当督促所属预算单位积极配合财政专员办审核属地预算单位决算工作，按时向专员办报送决算。

附件：

财政部关于中央预算单位2017年预算执行管理有关问题的通知（财库〔2016〕207号）（略）

水利部

2016年12月17日

水利部办公厅关于进一步加强预算单位资金存放管理的通知

办财务〔2017〕80号

部直属各单位：

近日，财政部印发了《关于进一步加强财政部门和预算单位资金存放管理的指导意见》（财库〔2017〕76号，附件1），现转发给你们，请遵照执行。结合我部实际，提出具体要求如下：

一、高度重视加强单位资金存放管理

是防范资金存放安全风险和廉政风险、提高资金使用效益的客观要求。各单位要从加强党风廉政和完善公共财政治理体系的高度，重视此项工作，提高思想认识，加强组织领导，切实采取措施规范资金存放行为。

二、完善制度

各单位应建立健全科学规范、公正透明的资金存放管理制度和内部控制办法，要综合考虑资金安全性、流动性、支持经济发展、资金收益等因素，科学设置存放银行评选指标和综合评分法的评分规程，明确决策流程和公告办法，按照规定采取竞争性方式或集体决策方式择优选择资金存放银行，从根本上防范利益输送行为。

三、清理账户

各单位银行账户开立、变更和撤销应严格遵循《中央预算单位银行账户管理暂行办法》（财库〔2002〕48号）的相关规定。按照《水利部预算执行动态监控办法》的规定和有关工作要求，我部将与中国银行、工商银行、建设银行、农业银行四大国有银行签订合作协议，将部直属各单位在上述四大银行中开立的账户资金实时变动情况纳入动态监控范围。各单位应立即对本单位银行账户进行全面清理，尽早撤销、归并常年不使用的"休眠户"。各单位银行账户应尽量在上述四大国有银行中开设。请各单位于5月24日前通过水利财务管理信息系统完成《银行账户基本情况表》（附件2）的填报工作，对确需在其他银行开立账户存放资金的，应在《银行账户基本情况表》的"备注栏"中说明原因。我部将根据各单位的银行账户情况，协调授权上述四大银行向我部提供相关账户信息，并通过水利财务管理信息系统进行动态监控。

各单位要严格贯彻落实银行账户设立、变更、备案制度。今后各单位银行账户的新设、变更、撤销应在 15 个工作日内通过水利财务管理信息系统逐级报备至水利部财务司，以确保动态监控工作正常开展。

四、严肃问责

各单位资金存放工作应严格执行利益回避制度，不得将本单位公款存放于单位主要领导干部、分管资金存放业务的领导干部以及相关业务部门负责人的配偶、子女及其配偶和其他直接利益相关人员工作的银行，不得采取购买理财产品的方式存放资金。各单位要加强对所属单位资金存放的监督检查力度，及时发现和纠正资金存放中的违规问题，对隐瞒不报或存在问题拒不纠正的，将予以严肃处理；对涉嫌违法违纪的，将移交有关部门查处和问责。对资金存放违法违纪典型案例，我部将予以通报曝光，发挥警示教育作用。

附件：

1. 财政部关于进一步加强财政部门和预算单位资金存放管理的指导意见（财库〔2017〕76 号）（略）
2. 银行账户基本情况表（略）

水利部办公厅
2017 年 5 月 16 日

水利部关于做好 2018 年预算
执行管理有关工作的通知

水财务〔2018〕15 号

2018 年是全面贯彻落实党的十九大精神的开局之年，各单位要认真学习习近平新时代中国特色社会主义思想，按照十九大报告提出的"建立全面规范透明、标准科学、约束有力的预算制度，全面实施绩效管理"的要求，进一步加强预算执行管理，继续贯彻落实水利预算管理"三项机制"，扎实推进项目实施，全力抓好预算执行管理工作，强化水利财务管理信息系统应用，为水利改革发展提供有力的资金保障。为切实做好 2018 年预算执行管理有关工作，现将《财政部关于中央预算单位 2018 年预算执行管理有关问题的通知》（财库〔2017〕207 号，见附件）转发给你们，结合我部实际，提出具体要求如下：

一、高度重视预算执行管理工作

水利改革发展进入新阶段，水利工作任务艰巨，各单位要高度重视，继续全力以赴做好预算执行管理各项工作。一要超前谋划部署。各单位要对 2018 年预算项目认真梳理，充分做好预算执行前期各项准备工作。对于"一下"已安排的项目，各单位要严格按照"二上"预算申报书有关内容，提早制定项目实施计划，进行任务分解，按照规定应招投标的，要提前做好各项准备工作；对于年初下达的预算，凡是属于政府采购申报审批事项的，各单位应于"二下"预算批复前完成专家论证等各项前期工作。二要加强环节控制。申请进口产品的，除科研单位外的各有关单位应根据"二上"预算，结合工作内容，逐级上报本单位当年进口产品采购需求；对于年中追加的项目预算，各单位应及时申报细化预算，准确编制政府采购预算，并于细化预算申报后 10 个工作日内，补报政府采购实施计划和采购进口设备、变更采购方式申请。三要紧盯序时进度。各单位要积极采取措施，加快项目实施，提高水利资金使用效益，确保 2018 年预算执行序时、均衡、安全、有效。

二、全面推进水利财务管理信息系统运行管理

水利财务管理信息系统自 2017 年全面投入上线运行以来，总体运行情况良好。各单位要高度重视系统运行工作，强化系统运行管理，把该项工作作为 2018 年的一项重点工作来抓。一要精心组织安排。及时对系统运行工作进行安排部署，

按要求全面开展运行工作；要发挥主观能动性，不断挖掘系统潜力，积极配合做好系统完善相关工作。二要完善工作机制。在总结 2017 年运行工作经验的基础上，进一步理顺工作流程、明确责任分工，为系统运行管理创造良好的机制环境。三要加强协调配合。各单位财务部门要积极与本单位信息管理部门沟通协调，为系统运行做好必要的保障工作。四要强化应用考核。我部已将系统运行使用情况纳入预算执行考核范围进行考核，各单位要进一步加强对所属单位的督促、考核力度，推进系统应用。

三、切实做好支出经济分类科目改革预算执行工作

按照财政部支出经济分类科目改革的要求，从 2018 年起，我部已在水利财务管理信息系统核算模块对会计科目进行了完善，增加了政府预算经济分类科目辅助核算。各单位应严格按照财政部关于支出经济分类科目改革要求，在记账凭证和支付指令中准确填写政府预算经济分类科目。

各单位应按要求强化预算约束，减少预算执行中的预算调整事项，不得突破政府预算经济分类"类"级科目。执行中如确需对政府预算经济分类"类"级科目调剂的，应于当年 7 月底前随同其它预算执行调整事项一并报我部，经我部汇总审核后，报财政部审批；需要对政府预算经济分类"款"级科目调剂的，应于当年 10 月底前报我部，经我部审核后报财政部备案。

四、深入贯彻国库集中支付运行机制

各单位要加强预算执行事前规划，提高用款计划编报的准确性，资金使用预计情况发生变化时应及时上报调整用款计划；在实际使用资金时，按照财政部规定的支付方式划分标准自行选择对应的资金支付方式。各单位所属异地、异址办公的非法人独立核算机构，由二级预算单位报水利部财务司，经财政部审核同意，可为其开设零余额账户。各单位应严格控制向实有资金账户划转资金，除财政部规定允许的情况外，各单位不得从本单位零余额账户向本单位或本部门其他单位实有资金账户划转资金。

五、认真落实预算单位实有资金账户管理和存放管理

各单位要按照《关于调整中央预算单位银行账户管理有关事项的通知》（财库〔2016〕210 号）有关规定，加强实有资金账户管理，按规定程序办理实有资金账户开立、变更和撤销业务，及时报送账户备案和年检资料；要切实履行账户归口管理职责，对所属单位开立实有资金账户情况严格把关。

各单位要严格落实《财政部关于进一步加强财政部门和预算单位资金存放管理的指导意见》（财库〔2017〕76 号）和《中央预算单位资金存放管理实施办法》

（财库〔2017〕176号）规定，建立健全科学规范、公正透明的资金存放管理机制，防范资金存放安全风险和廉政风险。

六、继续强化预算执行动态监控

财政部将结合资金支付方式划分调整，在全面实施财政资金预算执行动态监控基础上，进一步加大监控力度。2018年起，财政部还将开展实有资金的动态监控试点工作，我部部分单位纳入试点范围。

我部将结合各单位实际，进一步完善预警规则，通过水利财务管理信息系统加大对各单位的动态监控力度。各单位应主动配合调查核实财政部及我部动态监控发现的疑点问题，对确认的违规问题要认真纠正、严肃整改。同时，各单位应加强对所属预算单位的财务监督，加强资金监管，切实提高监控效率和效果。

七、扎实做好会计对账和结转结余资金清理工作

各单位要按照《财政部中国人民银行关于印发〈中央财政国库集中支付会计对账办法〉的通知》（财库〔2011〕180号）及财政国库管理制度有关规定，及时规范开展会计对账工作，切实保障预算单位、代理银行、财政部、中国人民银行等相关各方会计信息的准确性、一致性。同时，各单位要做好年终结转结余资金清理工作。

八、严格执行工资支付管理要求

各单位要严格按照国库集中支付制度有关规定发放工资。预算单位在发放非统发工资时实行财政授权支付，可通过本单位零余额账户将资金批量支付到最终收款人账户，也可通过零余额账户开户行设置的代发工资户批量支付到最终收款人账户。最终收款人账户开户行为中央国库集中支付代理银行（以下简称代理银行）时，预算单位还可使用最终收款人账户开户行设置的代发工资户发放非统发工资。代理银行应按有关规定设置代发工资户名称，保证账户名称包含"代发"字样，避免与预算单位实有资金账户的名称混淆。

最终收款人账户开户行不是代理银行时，预算单位在发放非统发工资时应协商最终收款人账户开户行合理设置代发工资户名称，账户名称需包含"代发"字样。

附件：

财政部关于中央预算单位2018年预算执行管理有关问题的通知（财库〔2017〕207号）（略）

水利部

2018年1月18日

第七章　水利部 2017 年修订的"三项机制"办法

水利部关于印发《水利部预算项目储备管理办法》的通知

水财务〔2017〕145 号

部机关各司局，部直属各单位：

为进一步推进预算管理的科学化、精细化，提高水利财政资金使用效率和效益，根据《中华人民共和国预算法》及有关法律法规，我部对《水利部预算项目储备管理暂行办法》（水财务〔2012〕498 号）进行了修订。现予印发，请遵照执行。

附件：
水利部预算项目储备管理办法

水利部办公厅
2017 年 4 月 1 日

附件：

水利部预算项目储备管理办法

第一章 总 则

第一条 为进一步推进预算管理的科学化、精细化，提高水利财政资金使用效率和效益，依据《中华人民共和国预算法》及有关法律法规，结合工作实际，制定本办法。

第二条 本办法适用于水利部对部机关及直属预算单位申请列入部门预算的项目（以下简称"项目"）的储备管理。

第三条 项目储备应遵循以下原则：超前谋划、统筹协调；规划先行、细化规范；科学论证、确保质量；讲求绩效、透明公开。

第四条 项目储备是项目支出预算编制的基础和前置条件，各单位开展项目储备至少比预算编制年度提前一年。未纳入储备的项目原则上不得纳入三年滚动规划，不得申请年度预算。

第五条 项目储备的主要程序是：项目建议、申报、审查、入库以及项目库管理。

第六条 项目按照管理模式划分为标准化管理项目和非标准化管理项目。

标准化管理项目，是指项目活动有明确范围，活动的内容、数量、频率有明确的定性、定量规范，分项支出有明确的定量、定价标准，按照相关规范和标准可直接测算支出需求的项目。

非标准化管理项目，是指除标准化管理项目之外的其他项目。

第七条 项目按照管理层次分为一级项目和二级项目。

一级项目按照水利部主要职责设立并由水利部作为实施主体，每个一级项目包含若干二级项目。

二级项目与对应的一级项目相匹配，有充分的立项依据、具体的支出内容、明确合理的绩效目标，其实施主体为项目立项单位。

所有拟申请年度预算和三年滚动规划的二级项目均应申报储备。

第二章 储备组织管理

第八条 项目储备工作实行"统一领导、分级负责"的管理体制。

项目储备工作由水利部预算管理领导小组统一领导，财务司会同业务主管司局组织实施。水利部委托预算执行中心等单位（以下简称"审查机构"），承担项目储备的相关具体工作。部机关及直属二级预算单位（以下简称"二级预算单位"）负责组织本单位及所属单位的项目储备工作。

纳入部门预算的中央财政专项资金预算项目储备工作，按照本储备办法的程序执行。

纳入部门预算的基建项目储备工作由水利部规划计划司，按照国家发展改革委、财政部的相关规定负责组织实施。

第九条 水利部财务司的主要职责：

（一）建立健全项目储备管理制度体系，并对制度执行情况进行监督检查；

（二）指导二级预算单位的项目储备管理工作；

（三）会同业务主管司局组织开展项目建议的征集和审查工作；

（四）会同业务主管司局组织开展储备项目的审查、汇总、入库等工作；

（五）建立和管理水利部项目库，定期对储备项目进行清理。

第十条 水利部业务主管司局的主要职责：

（一）建立健全本领域的技术标准、质量要求和业务管理等制度体系；

（二）配合财务司开展项目建议的征集和审查工作，对项目的必要性、可行性进行业务统筹审核把关；

（三）配合财务司组织开展储备项目的审查、汇总、入库等工作。

第十一条 二级预算单位的主要职责：

（一）建立健全本单位项目储备管理制度体系；

（二）组织开展本单位项目储备工作；

（三）指导所属单位的项目储备管理工作。

第三章 项 目 建 议

第十二条 二级预算单位根据下一年度中心工作，申报项目建议并以正式文件报水利部财务司。项目建议应符合以下基本条件：

（一）符合国家有关法律法规、方针政策和财政资金支持方向；

（二）符合水利事业改革发展方向；

（三）符合国家及水利部正式批复、印发的综合规划、专项规划等；

（四）符合单位履行职责和完成中心任务、重点工作的需要。

拟申报储备的非标准化管理项目以及有新增经费需求的标准化管理项目，均需编写项目建议（见附件1）。

第十三条 水利部财务司会同业务主管司局，对各单位上报的项目建议进行审核，形成初步审核结果，审核结果分为同意申报和不同意申报。项目建议审核的重点是：

（一）是否符合申报的基本条件；

（二）是否与已储备及以前年度预算已安排的项目重复；

（三）立项依据是否充分、合理；

（四）主要工作内容是否围绕水利中心工作；

（五）绩效目标与项目是否匹配；

（六）经费需求与项目工作内容是否匹配。

第十四条 水利部财务司将项目建议初步审核结果提交水利部预算管理领导小组审定后，反馈至二级预算单位。

第四章 项 目 申 报

第十五条 二级预算单位根据项目建议审核结论，组织项目申报工作。拟申报的项目应有明确的项目目标、组织实施计划和科学合理的项目预算，经过充分的研究、论证，项目绩效显著，风险可控，实施条件成熟。

第十六条 标准化管理项目，存量和新增经费需求的申报文本应分别编报。

标准化管理项目以及水利部统一编制实施方案并通过评审的重大项目，二级预算单位应根据审定的项目建议，直接编制项目申报文本。

非标准化管理项目，基层预算单位按照审定的项目建议，编制项目申报文本并逐级上报。二级预算单位应同时编制汇总二级项目申报文本。

第十七条 项目申报时，应进行充分的评估论证。

（一）必要性论证。必须符合项目申报基本条件，并详细说明项目实施对完成单位工作任务和促进水利事业发展的意义与作用。

（二）可行性论证。项目总体目标应满足业务工作的要求，并分解到具体的实施阶段。项目工作内容应与目标密切相关，符合单位职责和相关制度规定，细化到具体的工作活动和工作过程，并对每项具体工作活动进行量化说明。详细说明项目单位的实施能力和条件。

（三）绩效目标论证。分析项目实施后的社会效益、经济效益和生态效益，提出明确、可行、量化的绩效目标和绩效指标。

（四）经费预算论证。以国家有关规章制度、资金管理办法和定额标准为依据，按工作内容逐项进行科学合理的测算。没有定额标准的，参照合理的市场价格确定并详细说明。资产购置应结合配备现状，详细说明购置理由。对单价5万元（含）以上或总价50万元（含）以上的同类设备、物资购置，属于中央政府集中采购协议供货范围的可提供政府采购协议供货报价单，范围外的应提供至少3家供货商的产品报价单。

（五）前期工作论证。对可能制约项目执行的关键环节、条件以及项目实施存在的主要风险及不确定性进行分析论证，提出应对预案和保障措施。部直属预算单位基建项目应说明项目建设用地、城乡规划许可等关键条件落实情况，并提供相关证明材料。

第十八条 二级预算单位财务部门会同有关业务主管部门组织所属单位开展项目论证，编报项目申报文本，并将审核通过的项目以正式文件上报水利部。

部直属预算单位基建项目申报程序和相关要求按照基本建设有关规定执行。

第十九条 项目申报文本由财政部规定的项目申报文本和项目论证分析报告组成。项目论证分析报告（见附件2）包括项目立项依据、工作内容、实施方案、可行性、经费测算、对外委托分析等六部分，其中"工作内容"和"经费测算"部分应在规划周期内分年度表述。

财政部等主管部门对纳入部门预算的专项资金项目申报文本有特殊规定的，从其规定。

第二十条 由多个部直属预算单位协作共同完成的项目，应明确牵头单位，由牵头单位汇总编报项目申报文本，并明确协作的必要性和分工，各协作单位应同时分别编报项目申报文本，以正式文件统一申报。

第二十一条 项目申报应严格控制对外委托。申报对外委托必须符合以下条件之一：

（一）属于政府购买服务范围的；

（二）需要委托相关单位进行检验、测量和维护的；

（三）需要具备相应资质的专业机构进行评估、鉴定、审查和验收的；

（四）因地域、行业因素，需要有关单位和地方部门协助开展资料和数据收集整理、服务及技术保障的；

（五）需要专业机构提供政府采购和招标代理服务的；

（六）因其他客观原因不对外委托无法全面完成目标任务的。

第二十二条 项目申报应详细说明对外委托的原因，并明确受托单位应具备的专业资质、实施能力与条件等相关要求，细化工作任务和内容，并依据细化的工作内容、定额标准或市场价格进行对外委托经费测算。

项目申报应明确受托单位的确定方式，达到政府采购限额标准的，应遵照政府采购的相关规定。

第五章 项 目 审 查

第二十三条 项目审查由水利部、二级预算单位根据项目申报支出规模分级组织开展。

申报当年支出规模在100万元（含）以上的非标准化管理项目和新增当年支

出规模在100万元（含）以上的标准化管理项目，由水利部组织审查。

申报当年支出规模在100万元以下的非标准化管理项目和新增当年支出规模在100万元以下的标准化管理项目，由二级预算单位组织审查，并由水利部组织复核。水利部也可根据项目影响大小、专业技术复杂程度或组织实施难度等情况，重新组织项目审查。

第二十四条 水利部组织的项目审查采取机构审查与专家评审相结合的形式。水利部委托审查机构承担专家评审的具体组织和机构审查工作。

第二十五条 审查机构应根据工作实际需要，制定年度审查工作计划，明确项目审查的范围、工作程序和时间安排等，报水利部审定。

二级预算单位未按审查工作计划规定的时间申报项目，导致审查机构无法完成审查的，该项目当年不得入库。

第二十六条 项目审查包括合规性审查、项目评审、意见反馈和异议处理等环节。

第二十七条 审查机构负责项目的合规性审查，重点对申报材料的完整性和申报文本的规范性等进行审查。

审查机构应及时出具并向二级预算单位反馈合规性审查意见，对未按审查意见进行修改完善或经修改后仍未通过合规性审查，或随意调整、修改文本内容的项目，不得进入下一审查环节。

第二十八条 水利部设立项目专家库，委托预算执行中心按照水利部预算项目专家库管理细则（见附件3）的有关规定，具体实施管理工作。

第二十九条 审查机构组织成立专家组，人数应为5人以上单数。专家组成员应从水利部项目专家库相应专业领域中随机抽取，并指定一名专家担任组长。

第三十条 专家评审方式分为函审和会审。申报当年支出规模在1000万元以上的非标准化管理项目或新增当年支出规模在1000万元以上的标准化管理项目必须进行现场、电话或视频答辩。其他项目根据专业技术复杂程度及组织实施难度等情况，也可进行答辩式审查。

第三十一条 专家组独立开展项目评审工作，提出修改建议，由各成员分别填制《水利部预算项目专家评审赋分表》（见附件4），经算术平均形成项目最终得分，并出具评审报告。其中，70分（含）以上为通过评审，70分以下为不通过评审。

审查机构根据专家评审意见提出经费审核意见。

第三十二条 标准化管理项目存量经费规模由水利部统一组织核定。此后，除相关标准或规范发生变化外，每年度仅进行合规性审查，不再组织专家评审。

对水利部统一编制实施方案并通过评审的重大项目，由审查机构对项目申报文本进行审查，不再组织专家评审。

第三十三条 审查机构应加强沟通协调，并及时以正式文件向二级预算单位反馈评审意见及修改建议。

评审通过的项目，二级预算单位应于收到评审意见后5个工作日内按照修改建议进行修改，并报审查机构进行复核。逾期或未通过审查机构复核的，不得进入下一程序。

评审未通过的项目，二级预算单位如有异议，可申请复审，并详细说明申请理由，审查机构审核同意后组织复审。不提出申请的，视为无异议。

第三十四条 审查机构负责对二级预算单位组织审查的项目进行复核，主要复核项目申报文本和评审报告的完整性，以及项目是否重复申报等。

第三十五条 审查机构根据专家评审报告和复核情况，正式出具机构审查意见报水利部。

第六章 项目入库及项目库管理

第三十六条 水利部设立项目库，实行开放式滚动管理，符合储备要求的项目应全部纳入项目库管理。

预算执行中心受水利部委托，对项目库进行管理和维护。

第三十七条 财务司在收到审查机构的审查意见后，就项目审查结果征求相关业务司局意见，并经预算管理领导小组审定后，将审定通过的项目正式纳入项目库进行储备。项目入库时间以机构审查意见出具的日期为准。

纳入储备的项目应对部直属预算单位公开，便于在预算项目储备申报时查询。

第三十八条 已储备入库但尚未安排预算的项目，申报单位可在下一年度对项目申报文本做适当调整和修改后重新申请入库，但必须符合下列条件之一：

（一）因预算申请时间变化，对项目实施时间进行调整的；

（二）因国家规定的经费开支标准或设备采购价格变化（需提供相关证明材料），对经费细化预算进行调整的；

（三）因工作目标或任务变化，对细化的工作内容和经费预算进行压缩的。

符合以上条件的项目，由审查机构进行合规性审查，不再组织专家评审。

第三十九条 二级预算单位应每年对水利部项目库中本单位项目进行清理，主动提出清理意见。预算执行中心根据年度预算安排情况、二级预算单位的申请等，每年对水利部项目库进行清理，提出清理建议，经二级预算单位确认后，报水利部财务司审定。

第七章 储备项目预算申请

第四十条 申请年度预算和三年滚动规划的项目，原则上必须在预算编制年度的 5 月 31 日前纳入项目库，并以经审查入库的申报文本上报。

第四十一条 各单位于年中申请追加预算的项目，应按照本办法要求履行项目申报、审查及入库等手续。

因防汛应急抢险或其他突发事件应急处理等需要紧急申请追加预算的，应在申请追加预算的同时编报项目文本，随时申报和审查入库。

除特殊事项外，年中申请追加预算的项目申报的截止期限为当年 7 月 1 日。

第八章 附 则

第四十二条 二级预算单位对所属单位的项目储备管理，参照本办法执行。

第四十三条 涉密项目储备的保密要求按水利部保密工作管理相关规定执行。

第四十四条 本办法自发布之日起施行。《水利部关于印发〈水利部预算项目储备管理暂行办法〉的通知》（水财务〔2012〕498 号）、《水利部办公厅关于印发〈水利部预算项目储备管理暂行办法实施细则〉的通知》（办财务〔2013〕135 号）、《水利部办公厅关于进一步规范和完善水利部预算项目储备管理工作的通知》（办财务〔2013〕238 号）同时废止。

附件：

1. 项目建议表
2. 项目论证分析报告
3. 水利部预算项目专家库管理细则
4. 水利部预算项目评审专家组成表
5. 水利部预算项目专家评审赋分表

附件1：

项 目 建 议 表

所属一级项目	所属二级项目	上年度已安排经费（万元）	本年度拟申请经费（万元）	新增经费需求（万元）	新增经费因素	主要绩效目标及产出指标
						请逐项说明每项新增经费的工作内容和经费需求（500字以内） 1. …… 2. ……
例一：防汛抗旱减灾	本单位该一级项目年度工作重点和主要工作任务（300字以内）	防汛业务费				
		抗旱业务费				
		防汛工程设施应急修复				
		全国山洪灾害防治项目运行维护				

注：对于非标准化项目，新增经费因素为本年度拟开展的主要工作内容。

附件2：

项目论证分析报告

项目论证分析报告包括项目立项依据、工作内容、实施方案、可行性、经费测算和对外委托分析六部分内容。

一、立项依据

立项依据必须围绕如下方面进行简要说明：

1. 立项依据一般包括：法律法规规定的政府义务，国家及水利部正式批复、印发的综合规划、专项规划等相关规划，国务院政策文件，部门（单位）的职能等。

2. 无前述立项依据的项目，应对项目立项的意义和必要性进行全面阐述和论证，并对开展相关任务的决策过程进行描述。

3. 立项依据中应论述的内容：

①项目对于部门（单位）履行职能，完成工作任务的必要性，促进水利事业发展的意义与作用；

②项目是否属于本部门（单位）职能范围，其他部门（单位）是否开展类似项目，与本项目之间如何区分或衔接，其他部门（单位）已有类似项目的情况下，本部门（单位）相关项目立项是否必要等；

③直接支持项目立项的相关文件的具体条款摘要。

二、工作内容

工作内容应在规划周期内分年度以"标题＋内容"形式表述，标题同时注明经费需求情况。

工作内容应细化、量化到具体的工作活动及工作量（如具体的调研、研讨、检查、维修、监测等工作活动及频次、规模等工作量）。

三、实施方案

1. 项目的主要目标、总体思路、实施方式、步骤和进度计划。

2. 与本部门（单位）其他项目的关系（是否与其他项目交叉或互补）。

四、可行性

1. 项目单位的基础条件、人员条件、技术条件。

2. 分析可能制约项目执行的关键环节、条件以及项目实施存在的主要风险及不确定因素,并提出应急预算和保障措施。

五、经费测算

1. 对于以国家有关规章制度、资金管理办法和定额标准为依据的项目,应该先按照制度、办法及定额的要求的方式、方法,对规划周期内分年度项目经费进行测算,形成经费总额,之后根据每一项细化的工作内容对应的经费需求情况,转换为按经济分类科目进行测算。

2. 对于没有明确定额标准为依据的项目,项目应该参照合理的市场价格,根据每一项细化的工作内容对应的经费需求情况,转换为经济分类科目进行测算。

属于政府采购范围的,必须严格按照相关制度填报采购品目、方式和金额。资产购置应说明与项目实施的相关性和必要性,并结合配备现状,详细说明购置理由。

六、对外委托分析

项目中的对外委托需详细说明对外委托的原因、内容和经费,并明确受托单位应具备的专业资质、实施能力与条件等相关要求。明确受托单位的确定方式,达到政府采购限额标准的,应按照政府采购的相关规定确定。

对外委托经费应依据细化的工作内容、定额标准或市场价格进行详细的经费测算。

附件3：

水利部预算项目专家库管理细则

第一条 为加强水利部部门预算项目评审管理，水利部设立预算项目专家库，委托水利部预算执行中心承担相关具体管理工作。

第二条 项目专家应具备以下条件：

（一）具有良好的政治素质和职业道德，能够客观、公正、实事求是地提供咨询意见，具备较高的政策水平；

（二）熟悉水利事业发展，在所审查项目业务领域从事专业技术工作或相关管理工作5年以上，有较突出的专业特长；

（三）具有高级及以上专业技术职称或者具有同等专业水平；

（四）年龄不超过70周岁，中国科学院或中国工程院院士、勘测设计大师、政府特殊津贴享受人员的年龄可适当放宽；

（五）身体健康状况良好，能够履行职责，完成相关工作任务；

（六）没有违法违纪等不良记录。专家组组长除具备以上条件，还应为本专业领域的权威专家，具有主持过本专业领域重大项目的经历或行政领导经验，年龄可适当放宽。

第三条 项目专家面向水利行业内外公开征集，由个人提出申请或单位推荐，部财务司审查确定，并在一定范围内公开。审查确定的专家，纳入预算项目专家库，实行动态管理。

第四条 项目专家分为工程勘察设计、水文水资源、水利水电工程建设与管理、水环境与水土保持、防洪减灾、工民建、水利信息技术、政策法规、财务经济、综合规划、水文化、水利管理及其他等专业领域。

每名专家根据技术特长和工作经历，可最多申请2个专业领域。

第五条 项目专家资格应每3年检验复审一次，符合条件的继续纳入水利部预算项目专家库。对在预算项目管理工作中有违规行为、检验复审不合格的，或者本人提出不再担任评审专家申请的专家，可随时调整出水利部预算项目专家库。

第六条 组织专家评审时，应根据项目工作内容，采用随机抽取的方式，从水利部预算项目专家库相关专业领域中选取。专家组人数应为5人以上单数，其中新增投资额度在1000万元以上的项目，专家组人数不少于7人；其他项目专家组专业领域构成及人数，由审查机构根据项目主要工作内容确定，但财务经济领域专家不少于1名。

第七条 专业技术复杂、涉及面广、经费数额巨大或主要工作内容涉及专家库涵盖领域外专业的项目，经财务司批准，可邀请水利部预算项目专家库外的专家参与项目评审工作，并可直接邀请相关领域的知名专家担任专家组组长。

第八条 项目评审专家的选取实行回避制度，不得选择与被评审项目承担单位及协作单位有利害关系的专家。

第九条 专家审查结束后，应从工作态度、业务能力、客观公正等方面，对专家履职情况进行评价并备案。

第十条 结合评审专家日常评价情况等，开展评审专家资格检验复审工作，主要包括以下内容：

（一）本人专业水平和执业能力是否能够继续满足预算项目管理工作要求；

（二）本人在参加预算项目管理工作中是否严格遵守客观公正等职业道德规范，认真履行自己的职责；

（三）本人有无违反本细则规定或其他违纪违法不良记录。

附件4：

水利部预算项目评审专家组成表

序号	项目类别		专家组成	专家人数
1	防汛抗旱减灾类	防汛、抗旱、特大防汛、应急度汛等	防洪减灾领域	≥2名
			工程勘察设计、水利水电工程建设与管理、综合规划等领域	≥2名
			财务经济领域	≥1名
		防汛（抗旱）物资采购、防汛（抗旱）物资管理等	防洪减灾领域	≥3名
			财务经济领域	≥2名
2	水资源管理、节约与保护类	水资源管理等	水文水资源、水环境与水土保持等领域	≥3名
			综合规划、政策法规等领域	≥1名
			财务经济领域	≥1名
		监控能力建设等	水文水资源、水环境与水土保持等领域	≥2名
			水利信息技术、工民建等领域	≥2名
			财务经济领域	≥1名
3	数据监测类	水文测报、水质监测和水土流失动态监测等	水文水资源、水环境与水土保持等相关业务领域	≥3名
			综合规划、政策法规等领域	≥1名
			财务经济领域	≥1名
4	水利行政管理类	水利行业管理、水利部干部教育培训与人才培养、专项会议等	综合规划、水利管理、政策法规等相关业务领域	≥3名
			财务经济领域	≥2名
5	水利执法与监督类	水政执法监督、水利稽查与监督、水土保持执法等	政策法规、水利水电工程建设与管理、水环境与水土保持等相关业务领域	≥4名
			财务经济领域	≥1名
6	水利科技类	技术示范与标准化、基本科研业务费等	主要工作内容涉及的相关业务领域	≥4名
			财务经济领域	≥1名
		科研单位修缮购置等	工民建、水利水电工程建设与管理等领域	≥3名
			综合规划等领域	≥1名
			财务经济领域	≥1名
7	水利国际交流与合作类	水利国际交流与合作、国际河流管理等	综合规划领域	≥2名
			水利管理领域	≥2名
			财务经济领域	≥1名

第七章 水利部2017年修订的"三项机制"办法

续表

序号	项 目 类 别		专 家 组 成	专家人数
8	项目管理类	重大项目管理专项等	综合规划、水利水电工程建设与管理、防洪减灾等相关业务领域	≥3名
			财务经济领域	≥2名
9	运行维护类	水利工程维修养护、水利信息系统运行维护、公益性科研基地设施运行维护、流域机构防汛抗旱调度设施运行维护、水利基层单位房屋维修等	水利水电工程建设与管理、水利信息技术、工民建等相关业务领域	≥4名
			财务经济领域	≥1名
10	规划编制与政策研究类	水利重大政策研究和制度建设、立法前期研究、规划编制等	主要工作内容涉及的相关业务领域	≥3名
			政策法规等领域	≥1名
			财务经济领域	≥1名
11	水利宣传与水文化建设类	水利宣传、出版发行、水情教育、水文化建设等	水文水资源、水利管理、政策法规、水文化等相关业务领域	≥3名
			财务经济领域	≥2名

附件5：

水利部预算项目专家评审赋分表

项目名称：　　　　　　　　　　　　　　　　　　　项目单位：

一级指标	分值	二级指标	分值	三级指标	分值	打分标准	得分	备注
项目必要性	25分	立项依据的充分性	20分	项目立项依据	10分	1. 是否有明确的立项依据，是否列出文件名称文号，并引用具体条款； 2. 是否符合财政重点支持方向和范围。		对项目存在与单位职责不符、与现行法律法规、规章制度相抵触等重大缺陷的，专家组可直接认定为"不通过评审"。
				项目与单位履行职责的关联性和必要性	5分	是否说明单位职责，以及项目与单位履行职责的关联性和必要性。		
				项目对促进水利事业发展的重要性和紧迫性	5分	是否说明项目对促进水利事业发展的重要性和紧迫性。		
		预期效益	5分	项目预期社会、经济和生态效益	5分	是否详细说明项目预期社会、经济或生态效益，效益是否显著并细化量化。		
项目可行性	30分	目标设置的合理性	5分	项目总体目标和阶段目标的合理性	5分	1. 是否分别说明项目总体目标和分阶段目标； 2. 项目目标是否符合实际。		
		工作内容的合理性	17分	项目工作内容的细化	7分	1. 是否将工作内容细化、量化到具体的工作活动和过程； 2. 是否说明每项工作内容对应的经费需求。		
				工作量的合理性	7分	每项工作量是否合理。		
				项目目标实现的支撑度	3分	1. 工作内容与阶段性目标是否匹配。 2. 工作内容能否对项目目标实现起到支撑作用。		

续表

一级指标	分值	二级指标	分值	三级指标	分值	打分标准	得分	备注
项目可行性	30分	组织实施能力和条件	8分	项目单位组织实施能力与条件	4分	1. 项目单位是否具备专业资质或实施能力； 2. 人员条件是否符合项目实施需要的专业资格要求，项目负责人是否符合项目实施要求； 3. 技术资源条件是否符合项目实施要求； 4. 资产设备等基础条件是否符合项目实施要求。		
				项目前期工作	2分	是否具备前期工作基础。		
				工作进度安排的合理性	2分	1. 是否说明详细工作进度安排； 2. 工作进度安排与阶段性目标、组织实施计划是否匹配。		
项目绩效目标设置	12分	绩效目标设定	4分	绩效目标设定	4分	绩效目标是否全面、合理、是否与项目工作内容匹配。		
		绩效指标设定	8分	指标内容设定	4分	指标设定是否全面、科学、合理。		
				指标值设定	4分	1. 指标值设定是否合理； 2. 指标值是否细化、量化； 3. 指标值是否符合相关行业技术规范等要求。		
经费测算	18分	经费测算的合理性	18分	经费测算的合规性	10分	是否有详细经费测算过程，是否符合相关政策规定。		
				经费支出与工作内容的相关性	5分	经费支出是否与工作内容相关，是否按照细化工作内容进行了逐项测算。		
				项目资金使用计划与项目实施计划的匹配性	3分	资金使用计划与项目实施计划是否匹配。		

续表

一级指标	分值	二级指标	分值	三级指标	分值	打分标准	得分	备注
对外委托情况	12分	对外委托的必要性	3分	对外委托的必要性	3分	对外委托的理由是否充分，受托单位的专业资质和实施能力是否符合要求。		对外委托不符合条件的，此项直接记0分；项目无对外委托的，此项不扣分。
		对外委托工作内容细化	3分	对外委托工作内容细化	3分	对外委托工作任务和内容是否细化。		
		对外委托经费测算	3分	对外委托经费测算	3分	是否按照相关规定逐项细化并测算对外委托经费。		
		受托单位的选择方式	3分	受托单位的选择	3分	是否说明了受托单位选择方式。		
项目风险点和不确定因素	3分	风险与不确定因素	3分	风险与不确定因素	2分	对项目风险与不确定因素是否进行了充分分析。		
				应急预案及保障措施	1分	是否制定了相应的应急预案和保障措施。		
总分	100分		100分		100分			
专家评审修改建议								
专家签字						评审日期： 年 月 日		

水利部关于印发《水利部预算执行动态监控办法》的通知

水财务〔2017〕146号

部机关各司局，部直属各单位：

为进一步加强水利部预算执行动态监控，确保水利资金资产安全、规范和有效使用，根据《中华人民共和国预算法》及有关法律法规，我部对《水利部预算执行动态监控暂行办法》（水财务〔2012〕499号）进行了修订。现予印发，请遵照执行。

附件：
水利部预算执行动态监控办法

水利部办公厅
2017年4月1日

附件：

水利部预算执行动态监控办法

第一章 总 则

第一条 为加强预算执行管理，确保水利资金安全、规范和有效使用，依据《中华人民共和国预算法》及有关法律法规，结合工作实际，制定本办法。

第二条 水利部预算执行动态监控（以下简称"动态监控"）是依托水利财务管理信息系统，采取自动预警、在线研判、现场核查、专项检查等方式，对水利资金资产运行进行实时监督、纠偏和控制，有效防范资金风险的活动。

第三条 动态监控目标是实现对纳入部门预算资金的全覆盖、全过程、全天候监控，提高资金资产使用的安全性、规范性和有效性。

第四条 动态监控单位范围为水利部纳入预算管理的各级预算单位。动态监控资金范围为纳入预算管理的各类水利部门预算资金。

第五条 动态监控遵循以下原则：全面监控、分级实施，突出重点、查控结合，整改提高、奖惩挂钩。

第二章 动态监控职责

第六条 动态监控工作由水利部预算管理领导小组统一领导，财务司负责组织实施。水利部委托预算执行中心承担动态监控的具体工作，预算执行中心对监控行为及结果负责。部直属各级预算单位负责对本级和所属预算单位进行动态监控并对监控行为及结果负责。

第七条 财务司的职责：

（一）接收、核实和反馈财政部监控互动、审计署在线审计发出的疑点信息；

（二）指导日常监控工作，组织对疑点信息及违反财政法规问题等进行会商，提出处理意见并下达整改通知；

（三）提出动态监控结果运用建议，报水利部预算管理领导小组审议后纳入预算执行考核；

（四）通报动态监控结果。

第八条 预算执行中心的职责：

（一）负责日常监控工作，及时向财务司反映动态监控中的重大问题；

（二）提出动态监控发现的疑点信息，及时予以核实，提出处理建议报财务司；

（三）对财务司确认的违反财政法规问题整改情况进行跟踪和现场核查；

（四）对监控疑点信息、核实反馈信息及整改核查材料等进行登记备案；

（五）会同有关部门对监控指标进行定期评估，及时对监控指标进行调整。

第九条 部直属预算单位的职责：

（一）负责本级及所属预算单位的动态监控工作；

（二）准确完整填写支付信息，及时正确填制会计凭证，进行会计核算；

（三）组织本级并督促所属单位及时对疑点信息进行核实和反馈，其中，对收到的财政部下发的疑点，逐级上报至部预算执行中心；

（四）组织本级并督促所属单位及时对违反财政法规问题进行整改；

（五）积极配合现场核查工作，及时准确提供有关资料。

第三章 监控手段和方式

第十条 动态监控分财政部、审计署的外部监控和水利部内部监控。

财政部使用财政国库动态监控互动系统对水利部各级预算单位国库集中支付信息进行实时动态监控。

审计署使用水利财务管理信息系统和其他业务系统进行在线监控和在线审计。

水利部和部直属预算单位使用水利财务管理信息系统进行在线互动。

第十一条 水利部根据工作安排组织开展财务专项检查。部直属预算单位结合本单位实际组织对所属预算单位开展监督检查。

第十二条 水利部和部直属预算单位根据动态监控发现的重大问题及时组织开展现场核查。

第四章 监控内容

第十三条 动态监控内容主要包括基础管理、国库支付、政府采购、会计核算、资产管理、项目管理等方面：

（一）基础管理

1. 会计岗位设置的合理性，财务人员配备的合规性；
2. 银行账户开立、变更、撤销程序的合规性，账户使用的合法性；
3. 现金每日提取量、使用量、库存余额的合规性，现金使用的合法性；
4. 资金划转方式、程序的合规性，资金流向的合法性；
5. 公务卡申领、使用的合规性，公务卡结算报销程序的规范性等。

(二）国库支付

1. 用款计划上报的合规性

（1）用款计划编制的合理性；

（2）用款计划说明材料的完备性；

（3）用款计划电子数据与纸质文件的一致性；

（4）用款计划补报或调整的合规性等。

2. 直接支付申请的合规性

（1）直接支付申请书审核程序的完整性；

（2）直接支付申报材料的齐全性与准确性；

（3）直接支付申请电子数据与纸质申请书内容的一致性等。

3. 授权支付的合规性

（1）授权支付业务与预算编制内容的一致性；

（2）授权支付凭证要素信息填写的完整性、准确性等。

4. 财政资金使用的合法性、合规性

（1）是否违反规定扩大开支范围；

（2）是否违反规定提高开支标准；

（3）是否违反规定发放奖金、津贴、补贴；

（4）是否违反规定向个人或单位支付财政资金；

（5）是否违反规定使用、截留、挪用、骗取财政资金等。

5. 资金归垫的合规性

（1）申请归垫条件的合规性；

（2）申请归垫程序的合规性；

（3）申请归垫材料的完备性；

（4）是否有擅自归垫资金的行为等。

（三）政府采购

1. 政府采购预算编制的完整性、准确性，上报的及时性；

2. 政府采购计划与预算的适配性，计划编制的合规性和准确性；

3. 政府采购组织形式的合规性；

4. 政府采购方式选择的合规性，政府采购程序、行为的规范性；

5. 进口产品采购程序的合规性，采购行为的规范性；

6. 是否规避公开招投标而将项目拆分；

7. 政府采购基础信息的完整、准确性等。

（四）会计核算

1. 会计科目设置的合规性，科目使用的规范性；
2. 凭证信息的准确性、完整性；
3. 会计事项的真实性、合法性；
4. 账务处理的规范性等。

（五）资产管理

1. 资产配置程序的合规性；
2. 自用资产使用管理程序的合规性；
3. 资产出租、出借程序的合规性；
4. 对外投资程序的合规性；
5. 工资产处置程序的合规性；
6. 资产收益管理程序的合规性等。

（六）项目管理

1. 项目储备管理的规范性；
2. 项目预算编报程序的规范性，内容科学、合理性；
3. 项目开支内容的合规性，与项目预算文本的一致性；
4. 项目验收管理的规范性等。

（七）绩效管理

1. 绩效目标分解批复情况；
2. 绩效目标保障情况；
3. 绩效目标实现情况；
4. 绩效目标纠偏情况。

（八）其他应当实行动态监控的内容（略）。

第五章 监 控 程 序

第十四条 水利部动态监控的基本流程：

（一）预算执行中心通过水利财务管理信息系统发现疑点信息并加以标识，对疑点信息进行研判并予以核实；

（二）基层预算单位收到疑点信息后立即组织核查，并在 3 个工作日内将核实情况逐级反馈预算执行中心；

（三）预算执行中心收到反馈的核实信息后3个工作日内提出处理建议；

（四）财务司接到处理建议后3个工作日内组织进行会商，对违反财政法规问题下达整改通知；

（五）基层预算单位接到整改通知后立即组织进行整改，并于5个工作日内将整改情况报预算执行中心；

（六）预算执行中心汇总整改情况，并于每月结束后5个工作日内形成动态监控报告报财务司。

第十五条 对财政部发出疑点信息互动反馈的基本流程：

（一）基层单位接财政部疑点通知后逐级上报，预算执行中心在1个工作日内负责在水利财务管理信息系统中录入财政部疑点并下发；

（二）基层预算单位收到疑点信息后，立即组织核查，对确属问题的要进行整改，并在3个工作日内将核实及整改情况逐级反馈预算执行中心；

（三）预算执行中心对反馈情况进行分析，在2个工作日内提出建议报财务司；

（四）财务司于2个工作日内组织研究，提出相关意见。

第十六条 对审计署询问函反馈的基本流程：

（一）财务司收到询问函后1个工作日内通过传真发送到有关二级预算单位；

（二）二级预算单位收到询问函后，立即组织核查，对确属问题的要进行整改，并在5个工作日内将核实及整改情况反馈财务司；

（三）财务司在收到反馈后5个工作日内组织研究，提出相关意见并反馈审计署。

第十七条 专项检查和现场核查的基本流程：

（一）根据工作需要，财务司制定专项检查（现场核查）计划，开展专项检查（现场核查）；

（二）下发专项检查（现场核查）通知，明确具体要求；

（三）组织检查组开展专项检查（现场核查）；

（四）与被查单位沟通检查（核查）情况；

（五）形成检查（核查）报告，对有关问题提出处理建议；

（六）对有关问题，财务司向有关二级预算单位发整改通知并督促限期整改。

第六章 监控结果运用

第十八条 动态监控发现严重问题的，将及时发出限期整改通知，并视情形采取暂停上报该单位用款计划、驳回直接支付申请或通知代理银行暂停办理授权支付业务等措施,控制相关单位资金支付。

财务司确认问题整改落实后,再恢复相关单位办理有关业务。

第十九条 每季度结束后,财务司汇总动态监控结果,报水利部预算管理领导小组审议后予以通报。

第二十条 预算执行考核时,将动态监控结果作为资金安全考核的重要内容,按照《水利部预算执行考核办法》进行考核并实施奖惩。

第二十一条 动态监控中发现重大违纪违法案件线索的,按照《关于违纪违法案件线索移送纪检监察部门处理的暂行办法》(驻水纪〔2012〕4号)有关规定办理。

第七章 附 则

第二十二条 部直属预算单位可结合本办法制定实施细则,加强对所属预算单位动态监控管理。

第二十三条 本办法自发布之日起施行。《水利部关于印发〈水利部预算执行动态监控暂行办法〉的通知》(水财务〔2012〕499号)及《水利部办公厅关于印发〈水利部预算执行动态监控暂行办法实施细则〉的通知》(办财务〔2013〕136号)同时废止。

水利部关于印发《水利部预算执行考核办法》的通知

水财务〔2017〕147号

部机关各司局,部直属各单位:

为进一步加强预算执行管理,提高预算执行科学化、规范化、精细化水平,确保预算执行序时、均衡、安全、有效,根据《中华人民共和国预算法》及有关法律法规,我部对《水利部预算执行考核暂行办法》(水财务〔2012〕455号)进行了修订。现予印发,请遵照执行。

附件:
水利部预算执行考核办法

水利部办公厅
2017年4月1日

附件：

水利部预算执行考核办法

第一章 总 则

第一条 为进一步加强预算执行管理，提高预算执行科学化、规范化水平，确保预算执行序时、均衡、安全、有效，依据《中华人民共和国预算法》及有关法律法规，结合工作实际，制定本办法。

第二条 本办法适用于水利部直属二级预算单位（以下简称"二级预算单位"）财政资金预算执行的考核。

第三条 考核遵循以下基本原则：公正公开、突出重点、量化考核、奖惩挂钩。

第二章 考核的组织及方式

第四条 预算执行考核工作由水利部预算管理领导小组统一领导，财务司负责组织实施。预算执行中心受水利部委托，承担预算执行考核的具体工作。

第五条 考核分为月度考核、季度考核和年度考核。

第六条 月度考核由水利部预算执行中心根据二级预算单位支付进度、加分扣分情况直接考核，于月末后1个工作日内完成。

考核结果经财务司审定后予以通报。

第七条 季度考核由水利部预算执行中心根据司局和有关单位打分，结合季度内月进度得分计算得出，于季度结束后10个工作日内完成。

财务司对预算执行管理及资金资产安全部分书面征求相关司局、单位的打分意见（具体内容和责任部门见附件），有关司局、单位于收到征求意见函之日起5个工作日内将经主要负责人签字并加盖公章的打分意见提交财务司。

考核结果经财务司审核后予以通报。

第八条 年度考核由水利部预算执行中心依据四个季度考核结果进行考核，于年度结束后10个工作日内完成。

考核结果经财务司审核报部预算管理领导小组审定后，财务司予以通报。

第九条 遇自然灾害、政策调整等不可抗力因素及其他特殊因素影响预算执行的，二级预算单位应提供相关书面材料报送水利部。

水利部核实确认后，对于不可抗力因素及其他特殊因素影响预算执行部分不予扣分。

第三章 考核内容及评价

第十条 考核内容包括二级预算单位的预算执行管理、资金安全和支付进度。

第十一条 考核实行百分制,其中预算执行管理30分、资金安全20分和支付进度50分。

第十二条 预算执行管理(30分)。包括二级预算单位的组织管理、计划预算的下达及批复、项目实施、支付管理等4个方面。

(一)组织管理(20分)

1. 领导重视及制度建设情况(2分)

(1)预算执行管理领导责任制建立情况(1分)。预算执行管理领导责任制未建立的扣1分。

(2)预算执行管理制度建设情况(1分)。预算执行管理联席会议制度、督导约谈制度和奖惩制度,有一项未建立的扣0.5分,扣完为止。

2. 绩效管理(6分)

(1)绩效目标审核(2分)。部门预算"一上""二上"阶段单位整体支出和项目支出绩效目标审核结果为"中"或"差"的,每出现一次分别扣0.25分和0.5分,扣完为止。

(2)绩效评价情况(2分)。纳入财政部"二下"确定试点范围内的单位整体支出和项目支出绩效评价结果为"良"以下的,每出现一个项目或单位扣1分,扣完为止。

(3)绩效管理过程(2分)。各二级预算单位未按照规定对二级项目绩效目标进行汇总和分解的,或汇总和分解不准确的,每出现一次扣0.5分;未按照规定对项目和单位整体支出绩效目标进行中期绩效监控的,每出现一次扣0.5分;未根据绩效监控和评价反馈意见进行整改并提交整改报告的,扣0.5分,扣完为止。

3. 水利财务管理信息系统使用情况(4分)

未按要求在系统中进行财务业务处理或报送数据,导致系统数据不完整、不及时、不准确、不规范的,每出现1次扣1分,扣完为止。

4. 基建决算申报审批情况(2分)

未按《水利部基本建设项目竣工财务决算管理暂行办法》要求在规定时间内编制和上报竣工财务决算,未严格履行审核审批程序的,每出现一次扣1分,扣完为止。

5. 结转结余资金管理情况(3分)

(1)当年结转结余资金占水利部结转结余资金的比例(1分)。单位当年预算执行进度低于水利部总体进度,且结转结余金额占水利部总的结转结余金额每超过5%,扣0.5分,扣完为止。

(2) 上年结转结余资金使用情况(2分)

①结转资金消化情况(1分)。6月底消化比例低于50%,扣0.5分;12月底消化比例低于100%,扣0.5分。

②结余资金按批复用途使用或上交情况(1分)。未按批复用途使用的,每出现一次扣0.5分,扣完为止;未按规定时间上交的,每出现一次扣0.5分,扣完为止。

6. 其他会计基础工作(3分)

报送财政部、审计署等部门要求的日常统计报表数据不及时或重复出现错误的,部门预决算审核中发现问题不及时修改的,每出现1次扣1分,扣完为止。

(二) 计划预算的下达及批复(3分)

1. 基建项目投资计划细化(1分)。报送水利部的基建项目投资建议计划未细化到基层预算单位(项目法人)的,每出现一次扣0.5分,扣完为止。

2. 基建项目投资计划下达(1分)。基建项目投资计划未在规定时间内下达的,每出现一次扣0.5分,扣完为止。

3. 预算批复(1分)。预算未在规定时间内批复下达的,每出现一次扣0.5分,扣完为止。

(三) 项目实施(4分)

1. 政府采购申报审批(2分)。采购进口产品或变更采购方式的,未在规定时间内将申请文件报送水利部的,每出现一次扣1分,扣完为止。

2. 项目实施准备工作(2分)。项目实施前期准备工作未在规定时间内落实,影响预算执行的,每出现一次扣1分,扣完为止。

(四) 支付管理(3分)

1. 用款计划编报(1.5分)。未在规定时间内将用款计划报送水利部的,每出现一次扣0.5分,扣完为止;用款计划报送错误,需报财政部重新调整的,每出现一次扣0.5分,扣完为止。

2. 直接支付申请(1.5分)。直接支付被财政部退票的,每出现一次扣0.5分,扣完为止。

第十三条 资金资产安全(20分)

1. 凡预算执行在线监控发现二级预算单位及其所属单位资金资产管理方面有违反财政法规问题,且未在规定时间内整改完成的,每类问题出现一次扣0.5分;

同一类问题在同一单位累计发现三次以上的,扣 1.5 分。

2. 凡水利部组织的专项检查、财务检查、审计、稽查、监察发现二级预算单位及其所属单位资金资产管理方面有违反财政法规问题,且未在规定时间内整改完成的,每类问题出现一次扣 1 分;同一类问题在同一单位累计发现三次以上的,扣 3 分。

3. 凡审计署、财政部等部门审计、监督检查等发现二级预算单位及其所属单位资金资产管理方面有违反财政法规问题的,每类问题出现一次扣 2 分;未在规定时间内整改完成的,加扣 2 分;相关问题在审计公告或其他情况通报中予以披露的,加扣 5 分。

4. 二级预算单位及其所属单位在资金资产管理方面出现重大违反财政法规问题,被财政、审计部门移交主管部门或移送纪检监察、司法部门处理的,一次扣 15 分。移送后,受到党纪政纪或司法部门处理的,再加扣 5 分。

以上各项扣分,扣完为止。

资金安全考核时,不论违反财政法规问题何时发生,均扣减发现问题当季度的考核得分。同一问题被不同部门发现不重复扣分。

第十四条 支付进度(50 分)

月度支付进度考核时,月末达到规定进度得 50 分。月末进度每低于规定进度一个百分点扣 3 分,扣完为止;每高于规定进度一个百分点加 1 分,该项考核加分不超过 4 分。

自 7 月开始,月度考核中增加旬进度因素,月内每出现一次旬末未达到规定进度加扣 0.5 分,扣完为止。

月度支付进度得分=50 分+高于规定进度的百分点×1-低于规定进度的百分点×3-上旬未达进度扣 0.5 分-中旬未达进度扣 0.5 分。月度支付进度得分最高不超过 54 分。

高于规定进度的百分点=(当月实际进度-当月规定进度)×100;低于规定进度的百分点=(当月规定进度-当月实际进度)×100。当月实际进度、当月规定进度均取到小数点后三位,不进行四舍五入。

第四章 考 核 计 算

第十五条 月度考核得分按月度支付进度情况直接计算;季度考核得分按季度内三个方面考核内容得分之和,乘以相应修正系数计算;上半年、前三季度和年度考核得分在各季度考核得分基础上,考虑相应权重计算得出。考虑预算批复时间及年内各季度工作开展实际,对各季度设置不同权重。1~4 季度权重分别为 10%、25%、35%、30%。

第十六条　计算公式

（一）月度考核。月度考核得分＝月度支付进度得分/50％。月度考核得分超过 100 分的，按 100 分计算。

（二）季度考核。季度支付进度考核时，以季度内各月度考核得分进行算术平均，计算季度支付进度得分。季度考核得分＝（预算执行管理部分得分＋资金安全部分得分＋支付进度部分得分）×修正系数。季度考核得分超过 100 分的，按 100 分计算。

（三）前三季度考核。前三季度考核得分＝（1 季度考核得分×10％＋2 季度考核得分×25％＋3 季度考核得分×35％）/70％。

（四）年度考核。年度考核得分＝1 季度考核得分×10％＋2 季度考核得分×25％＋3 季度考核得分×35％＋4 季度考核得分×30％。

第十七条　修正系数

水利部依据二级预算单位管理的单位级次、财政资金量占水利部总财政资金量比例、基建项目投资计划及追加项目预算下达时间的不同，每季度计算二级预算单位的修正系数，对季度考核得分进行修正。

修正系数＝基数＋管理级次调整数＋资金占比调整数＋基建项目投资计划及追加项目预算调整数。修正系数基数为 1，考虑相关因素对修正系数进行调整。

（一）管理级次每增加一个级次，修正系数增加 0.005。

（二）二级预算单位及其所属单位财政资金总量占水利部总财政资金量的比例每增加 5％，修正系数增加 0.01。二级预算单位及其所属单位该比例未达到划，则不增加修正系数；该比例达到 5％但未达到 10％，修正系数仍增加 0.01；该比例达到 10％但未达到 15％，修正系数增加 0.02；以此类推。

（三）基建项目投资计划及追加项目预算下达时间不同，对修正系数进行调整，具体为：1—5 月下达基建项目投资计划及追加项目预算的不增加修正系数；6 月下达基建项目投资计划及追加项目预算的，修正系数增加 0.01；第三季度下达基建项目投资计划及追加项目预算，修正系数增加 0.02；第四季度下达基建项目投资计划及追加项目预算的，修正系数增加 0.03。当季度不论基建项目投资计划及追加项目预算下达几批，资金量多少，均只增加一次修正系数。

（四）修正系数最高不超过 1.05。

第五章　考核结果运用

第十八条　实行预算执行考核通报制度。月度考核、季度考核和年度考核完成后 1 个工作日内，水利部通报考核结果。

第十九条　实行预算执行督导整改制度。二级预算单位月度考核、季度考核结果低于 90 分的，水利部对其进行督导约谈。被督导约谈的二级预算单位应在 5 个工作日内制定整改措施报送水利部；逾期未报整改措施的，扣 2 分，记入下一月度、季度考核结果。

第二十条 实行预算执行考核结果与预算挂钩制度。水利部根据二级预算单位上年度考核得分和当年前三季度考核得分，控制二级预算单位下年度部门预算财政拨款"一下"规模。

第二十一条 具体挂钩措施为：

二级预算单位上年度考核得分和当年前三季度考核得分，分别赋以 40%、60%的权重后相加计算得分。

二级预算单位考核结果 95 分（含）以上的，在财政部同意的基础上，优先保证该单位下年度部门预算财政拨款"一下"规模。

二级预算单位考核结果介于 85 分（含）～95 分之间的，水利部对该单位下年度部门预算财政拨款"一下"规模不予调减，并按年度预算政策予以正常安排。

二级预算单位考核结果低于 85 分的，行政事业类和科研类按照实际进度低于规定进度的差额乘以当年行政事业类或科研类财政拨款预算，扣减该单位下年度部门预算财政拨款"一下"控制数，先扣减未达到规定进度的项目，相关项目不够扣减时，再扣减其他项目；基建类项目按照实际进度低于规定进度的比例，相应控制下年度基建投资规模。

第二十二条 实行预算执行与二级预算单位及其领导干部评先评优挂钩制度。将年度考核得分不低于 85 分，作为二级预算单位及其领导干部评先评优的基本条件之一。

第六章 附 则

第二十三条 二级预算单位可依据本办法并结合单位实际制定考核办法，对所属单位进行考核。

第二十四条 本办法自发布之日起施行。《水利部关于印发〈水利部预算执行考核暂行办法〉的通知》（水财务〔2012〕455 号）及《水利部办公厅关于印发〈水利部预算执行考核暂行办法实施细则〉的通知》（办财务〔2013〕134 号）同时废止。

附件：
司局打分内容及评价责任部门

附件：

司局打分内容及评价责任部门

在预算执行考核时，每季度结束后，财务司对预算执行管理及资金安全部分书面征求相关司局、单位的打分意见，相关司局和单位应当及时提供有关打分意见和材料，主要是：

规计司提供基建项目投资计划细化、下达的打分意见和说明，提供前期工作项目、小基建等项目实施准备工作及按计划进度实施情况的打分意见和说明。

政法司提供水政执法监察等项目实施准备工作及按计划进度实施情况的打分意见和说明。

水资源司提供水资源管理、节约与保护项目等项目实施准备工作及按计划进度实施的打分意见和说明。

财务司提供预算细化、批复的打分意见和说明；提供绩效评价、水利财务管理信息系统使用情况、基建决算申报审批情况、财政结转结余资金（非国库集中支付）管理情况、其他会计基础工作的打分意见和说明；提供财务检查、预算执行督导等有关预算执行管理情况的打分意见和说明；提供财政部监督检查、审计署审计发现二级预算单位及其所属单位违反财政法规问题及未在规定时间内完成整改的情况，相关问题在审计公告或其他情况通报中披露情况的打分意见和说明；提供水利部组织的财务检查发现二级预算单位及其所属单位违反财政法规且未在规定时间内完成整改情况的打分意见和说明。

国科司提供科技类等项目实施准备工作及按计划进度实施的打分意见和说明。

建管司提供大基建等项目实施准备工作及按计划进度实施的打分意见和说明。

安监司提供水利工程稽察发现的部直属预算单位违反财政法规问题且未在规定时间内完成整改情况的打分意见和说明。

驻部纪检组提供监督执纪工作中发现的重大违反财政法规问题的打分意见和说明；提供财政、审计部门移送驻部纪检组有关问题线索的处理情况以及打分意见和说明。

防办提供特大防汛抗旱、应急度汛、山洪灾害防治等项目实施准备工作及按计划进度实施的打分意见和说明。

水文局提供水文水资源等项目实施准备工作及按计划进度实施的打分意见和说明。

预算执行中心提供项目实施方案修改、政府采购申报审批、用款计划编报、直接支付报送、国库集中支付结转结余资金情况的打分意见和说明；提供在线监控、现场核查中发现的二级预算单位及其所属单位违反财政法规且未在规定时间内整改完成情况的打分意见和说明。

审计室提供内部审计发现的二级预算单位及其所属单位违反财政法规且未在规定时间完成整改情况的打分意见和说明。